● 本书提供授课教师PPT与习题参考答案

审计基础与实务

SHENJI JICHU YU SHIWU

戚少丽　曲云翚　编著

中国市场出版社
· 北京 ·

图书在版编目(CIP)数据

审计基础与实务/戚少丽,曲云翚编著.—北京:中国市场出版社,2014.2
ISBN 978-7-5092-1206-6

Ⅰ.①审… Ⅱ.①戚…②曲… Ⅲ.①审计学 Ⅳ.①F239.0

中国版本图书馆 CIP 数据核字(2013)第 317535 号

审计基础与实务
戚少丽　曲云翚　编著

出版发行:中国市场出版社
社　　址:北京月坛北小街 2 号院 3 号楼　　　邮政编码　100837
电　　话:编 辑 部 (010) 68037344　读者服务部 (010) 68022950
发 行 部 (010) 68021338　68020340　68053489
68024335　68033577　68033539
总 编 室 (010) 68020336
盗版举报 (010) 68020336
邮　　箱:943341659@qq.com
经　　销:新华书店
印　　刷:河北鑫兆源印刷有限公司
规　　格:185 mm×260 mm　16 开本　　版　　次:2014 年 2 月第 1 版
印　　张:18.25　　印　　次:2014 年 2 月第 1 次印刷
字　　数:345 000　　定　　价:32.00 元

CONTENTS 前　　言

教材是教学内容的载体。一本好的教材如同一枚指南针在手，引领自己不会迷失于知识的丛林中。以注册会计师审计为例，课程学习之难源于抽象的审计理论基础与实践性很强的审计实务。理论基础是实务的指明灯，抓流程、学方法是初学者的法宝。本书在编写过程中，力求将目前普遍应用的风险导向审计思想渗透到教材中。本书包含理论基础、案例、实训、研究性学习等内容，并采用了课堂讲解、案例分析、实训操作、小组讨论等多种形式的教学方法。

具体而言，本教材具有以下鲜明特点：

一是内容新颖，实用有效。本书以现行的《中国注册会计师法》、《中国注册会计师审计准则》、《中国注册会计师职业道德守则》、《企业内部控制基本规范》、《企业内部控制配套指引》等为依据，吸收了审计理论的最新研究成果。同时，案例、实训资料可以更直观地说明审计工作的技术性与操作性。

二是结构紧凑，线索明确。本书以现代风险导向审计为纵线，统领全书的主要内容；以案例、实训、小组讨论性学习为横线，将抽象的审计理论融于案例分析与实训操作中。

三是与教学过程衔接性强。第一章至第八章每章之前设有课堂引例，便于学生很快进入审计环境情境学习之中；第九章审计抽样练习中编写了一个综合性案例，演示风险导向审计流程与方法，帮助学生将前面章节学到的审计理论基础应用于具体的审计项目中；第十章至第十四章每章练习题中设有审计工作底稿认知方面的训练，帮助学生熟悉审计技术与方法并进行操作。小组讨论性题目贯穿全书，引导学生进行审计领域的专题性学习，将自主研究与团体合作相结合。眼看、耳听、嘴说、手动、心想等全方位感官学习可以促进学生对审计理论基础与实务的理解与掌握。

本书由戚少丽、曲云犁共同编著完成。在编写过程中，本书参考了注册会计师全国统一考试辅导教材《审计》的部分内容，并借鉴、吸收了国内外审计理论研究、实务操作和教学的优秀成果。在此谨向相关作者深表感谢。

本书可以作为普通高校、职业教育、成人教育等各类本专科审计教学用教材，也可作为从事审计等相关实际工作的人员进行考试和工作参考用书。

由于作者水平有限，书中可能存在疏漏、错误和表述不当之处，诚待广大读者、师生及学界同仁批评指正。

编者

2013 年 12 月

教学课件与习题参考答案

本书配备有教学用 PPT 和习题参考答案，订购本教材的教师请与我社联系。敬请提供教师姓名、所在学校、联系电话等信息。

联系人：胡超平

电　话：010－68037344，13611077880

E-mail：huchaoping1966@sina.com

CONTENTS 目 录

CHAPTER

1 第一章 概　论

【**学习目标**】通过本章学习，了解我国的审计监督体系，掌握审计的概念与分类，熟悉注册会计师审计起源和发展的历程。

引例

审计的万花筒

沈名是一名会计学专业注册会计师方向的大学新生，在新生的专业动员大会上，他了解了自己所学专业涉及的领域，并熟悉了注册会计师审计是会计师事务所开展的对单位财务报表合法性、公允性等方面发表审计意见的工作。沈名觉得这样的工作具有挑战性，便经常上网浏览审计相关方面的新闻。最近，他看到两篇新闻报道：

一则是来源于国家审计署网站2013年10月22日的报道：《世界审计组织第21届大会在京成功举办获丰硕成果》。10月22日至26日，由审计署主办的世界审计组织第二十一届大会于北京举行。大会两项主议题分别为"国家审计与国家治理"、"最高审计机关在维护财政政策的长期可持续性领域的作用"，中国和墨西哥分别担任两项主议题的主席。国务院总理李克强在开幕式上致辞。李克强总理在开幕致辞中指出，审计与财政形影相随，在促进财政可持续，改善国家治理中发挥了重要的、不可替代的作用。中国的审计制度是国家监督体系的重要组成部分，国家审计机关依据宪法设立，依法独立履行职责，不受其他行政机关、社会团体与个人的干涉。他结合中国情况，就审计提出3点主张：一是当好财政可持续的"卫士"。审计要发挥对财政的监督作用，及时发现风险隐患，督促进行整改，推动财政用好增量、盘活存量、提高效率、惠及民生、防范风险，从而实现可持续运行。二是当好防治腐败的"哨兵"。国家审计在国家治理体系中具有相当于人体中“免疫系统”的功能，可以预防和抵御各种“病害”，特别是防腐反腐，审计机关具有独特的专业化优势。国家审计要成为国家和人民利益的捍卫者、权力运行的“紧箍咒”、公共资金的守护者。三是当好国际合作的“使者”，各国审计机关应加强多、双边交流合作，共同推动制定和完善国际金融监管规则、国际会计和审计准则，促进全球金融和经济稳定。

第二则新闻是来源于北京青年报 2013 年 12 月 2 日的报道：《内部审计发现问题——南航四员工被调查》。针对南航员工被调查一事，南航官微证实，该公司确有四名员工被调查。不过该线索是南航在内部审计中发现并主动向公安机关报告的。南航方面表示，目前正在协助公安机关进行调查，但未提及被调查员工具体信息。

沈名发现，以上两则报道出现的国家审计、内部审计是他之前没有注意到的。这两类审计与注册会计师审计又有什么联系与区别呢？

第一节　审计的概念与种类

一、审计的概念

审计自产生之日起，经过不断的实践与发展，至今已经形成了一套比较独立的理论体系。美国会计学会（American Accounting Association，简称 AAA）审计基本概念委员会于 1973 年发表《基本审计概念说明》的公告中，将审计概念描述为：“审计是一个系统化过程，即通过客观地收集、评价与经济活动和经济事项认定相关证据，以确认这些认定与既定标准之间的一致程度，并将结果传达给有关使用者。”在我国，中国审计学会（1989）认为审计的概念是：“审计是由专职机构或人员接受委托或授权，对被审计单位的财政、财务收支及经济活动的真实性、合法性、效益性进行监督、评价与鉴证，以维护财经法纪、改善经营管理，提高经济效益，促进宏观调控的独立性经济监督活动。”

依据审计的不同概念，我们可以从下述几个方面去理解：

（一）审计的主体

审计的主体是指审计活动的执行者，即审计的专职机构和专职人员。这里的专职机构是指以审计为专门职务的单位，包括国家审计机关、部门或单位内部的内部审计机构和社会审计组织。专职人员是指专门从事国家审计、部门或单位内部审计人员和依法批准的执业注册会计师。

（二）审计的客体

审计的客体（或对象）是指被审计单位的经济活动。国家审计的对象为国务院各部门和地方各级政府的财政收支、国家财政金融机构和国有企业、事业组织的财务收支。内部审计的对象为本部门、本单位的财务收支以及其他有关的经济活动。社会审计的对象是委托人指定的被审计单位的财务收支及其有关的经营管理活动。

（三）审计的核心

审计的核心是收集和评价证据。审计人员对在审计过程中获取的会计资料或其他信息，根据一定的标准进行独立审查判断，形成审计结论。

（四）审计的本质

审计的本质是独立性。独立性是审计的灵魂，审计人员只有保持独立性，才能客观地收集、评价审计证据，才能使审计意见令使用者信服。

（五）审计的依据

审计的依据是审计人员在审计过程中用来评价和判断被审计单位经济活动的真实性、合法性、效益性，据以提出审计意见、得出审计结论的客观标准。审计依据主要包括国家相关的法律、法规；企业会计准则、会计制度、注册会计师执业准则；企业内部的预算、计划、经济合同等。

（六）审计的目的

审计的目的，就是审计工作预期要达到的目标。审计的目的取决于审计的职能和审计授权人或委托人对审计工作的要求。例如，注册会计师执行财务报表审计工作的目的是提高财务报表预期使用者对财务报表的信赖程度。

二、我国审计监督体系

我国审计监督体系由政府审计、内部审计和注册会计师审计共同构成。三者既相互联系，又各司其职，在不同的领域实施审计。

（一）政府审计

政府审计，又称国家审计，是由政府审计机关代表政府依法进行的审计。政府审计主要监督检查各级政府及其部门的财政收支及公共资金的收支、运用情况。在我国，审计机关包括国务院设置的审计署及其派出机构和地方各级人民政府设置的审计厅（局）两个层次。

（二）内部审计

内部审计是指各部门、各单位内部设置的专门机构或人员实施的审计。内部审计主要是对内部控制的有效性、财务信息的真实性和完整性以及经营活动的效率和效果所开展的一种评价活动。在我国，国家机关、金融机构、企事业单位、社会团体及其他单位，应当按照国家规定设立专职的内部审计机构。

（三）注册会计师审计

注册会计师审计，又称民间审计或独立审计，是指经有关主管部门批准注册的由注册会计师组成的会计师事务所进行的独立审计。

三、注册会计师审计的分类

注册会计师提供的审计服务可以分为财务报表审计、经营审计和合规性审计。

（一）财务报表审计

财务报表审计是指注册会计师通过执行审计工作，对财务报表是否按照适用的财务报告编制基础编制发表审计意见。财务报告编制基础分为通用目的编制基础和特殊目的编制基础。其中，通用目的编制基础主要是指会计准则和会计制度；特殊目的编制基础主要包括计税核算基础、收付实现制基础以及监管机构的报告要求等。财务报表通常包括资产负债表、利润表、现金流量表、所有者权益（或股东权益）变动表以及财务报表附注。尽管财务报表审计在大多数情况下由注册会计师完成，但政府审计和内部审计有时也会涉及财务报表审计。

（二）经营审计

经营审计是指注册会计师为了评价被审计单位经营活动的效果和效率，而对其经营程序和方法进行的评价。在经营审计结束后，注册会计师一般要向被审计单位管理层提出经营管理的建议。在经营审计中，审计对象不限于会计领域，还包括组织机构、计算机系统、生产方法、市场营销以及注册会计师能够胜任的其他领域。在某种意义上，经营审计更像是管理咨询。

（三）合规性审计

合规性审计是指注册会计师确定被审计单位是否遵循了特定的法律、法规、程序或规则，或者是否遵守将影响经营或报告的合同的要求。例如，确定会计人员是否遵循了财务主管规定的手续；检查工资率是否符合法律法规规定的最低限额；或者审查与银行签订的合同，以确信被审计单位遵守了法定要求。合规性审计的结果通常报送被审计单位管理层或外部特定使用者。

第二节 注册会计师审计的起源与发展

一、西方注册会计师审计的起源与发展

注册会计师审计起源于意大利合伙企业制度，形成于英国股份制企业制度，发展和完善于美国发达的资本主义市场，是伴随着商品经济的发展而产生和发展起来的。

（一）注册会计师审计的起源

注册会计师审计起源于 16 世纪的意大利。当时地中海沿岸的航海贸易日益繁荣，而威尼斯是东西方贸易的枢纽，商业经营规模不断扩大。为适应筹集大量资金的需要，合伙制企业应运而生。合伙制企业中，有的合伙人只是出资但不参与企业的经营管理，因此出现了所有权和经营权的分离。两权分离使得那些参与企业经营管理的合伙人承担受托经济责任，他们有责任向不参与经营管理的合伙人证明合伙契约得到了认真执行，利润的计算与分配是正确而合理的，以保障全体合伙人的权利。因此，在客观上产生了独立第三方对合伙企业进行监督、检查的需要。这样，在 16 世纪意大利的商业城市中出现了一批具有良好的会计知识、专门从事查账和公证工作的专业人员，他们所进行的查账与公证，可以说是注册会计师审计的起源。1581 年，在威尼斯创立了威尼斯会计协会。这就是早期注册会计师产生的萌芽。

（二）注册会计师审计的形成

18 世纪下半叶，英国的资本主义经济得到了迅速的发展，生产的社会化程度大大提高，股份有限公司逐渐兴起，企业的所有权和经营权进一步分离。绝大多数脱离经营管理的股东出于自身利益的需要，关心公司的经营成果，以决定是否继续持有公司股票。证券市场上潜在的投资人也关注公司的经营情况，以决定是否购买公司的股票。金融资本对产业资本逐渐渗透，增加了债权人的风险，他们也重视公司的生产经营情况，以便作出是继续贷款还是索偿债务的决定。而公司的财务状况和经营成果只有通过公司提供的财务报表才能反映。因此，在客观

上产生了由独立会计师对公司财务报表进行审计，以保证财务报表真实可靠的需求。

注册会计师审计产生的导火索是1721年英国的“南海公司事件”。

南海公司始创于1710年，以发展南大西洋的贸易为目的，获得了专卖非洲黑奴给西班牙美洲殖民地的30年垄断权，兼营捕鲸业。它最大特权是可以自由地从事海外贸易活动。

1719至1720年之间，公司趁股份投机热在英国方兴未艾之机，发行巨额股票，同时公司董事对外散布公司利好消息，致使公众对股价上扬增强了信心，带动了公司股价上升。据英国商业史学家T. G. 威廉姆斯（T. G. Williams）介绍，“共有11种渔业计划；10个保险计划；2个汇兑公司；4个盐业公司；2个糖业公司；12个美洲殖民或贸易公司；2个建筑公司；18个土地公司；6个油脂公司；4个河港公司；4个专门供应伦敦煤炭、牲畜、饲料和铺路公司；6个麻业公司；5个丝棉工业公司；1个蚕桑公司；15个矿业公司；还有60多个莫名其妙的企业。谁都可以在一定时间定以内为实现的目标而筹集到款项”。

1719年，南海公司股价为114英镑，到1720年3月股价升至300英镑，1720年7月公司股票价格高达1 050英镑。公司老板布伦特决定以高于面值数倍的价格发行新股。一时间南海公司股价扶摇直上，一场股票投机浪潮席卷全国。由此，170多家刚成立的股份公司股票以及原有的公司股票，都成为投机对象，股价暴涨5～6倍，各种职业的人，包括军人和家庭妇女都卷入了这场漩涡。美国经济学家加尔布雷斯在其《大恐慌》一书中这样描绘当时人们购买股票的情形：“政治家忘了政治，律师忘了法庭，贸易商放弃了买卖，医生丢弃了病人，店主关闭了铺子，教父离开了圣坛，甚至连高贵的夫人也忘记了高傲和虚荣。”

英国议会为了制止国内“泡沫公司”的膨胀，于1720年6月通过了《泡沫法案》，随之一些公司被解散。许多投资者开始清醒，并抛售手中所持股票。股票投资热的降温，致使南海公司股价一路下滑。而后，南海公司宣布破产。

英国议会面对舆论压力，为平息南海公司破产引发的风波，于1720年9月成立了由13人组成的特别委员会，秘密查证南海公司破产事件。在查证中发现该公司的会计记录严重失真，并有明显的篡改舞弊行为。为此，特别委员会特聘请伦敦市霍斯特·莱恩学校的会计教师查尔斯·斯耐尔（Charles Snell）对南海公司账目进行审查。斯耐尔应议会特别委员会的要求，通过对南海公司会计账目的审核，于1721年编制了一份题为《伦敦市霍斯特·莱恩学校的习字教师兼会计师查尔斯·斯耐尔对索布里奇商社会计账簿检查的意见》的查账报告书，指出了公司存在的舞弊行为。

英国议会根据斯耐尔的审计报告书，没收了全部公司董事的个人财产，将公司一名直接责任经理押进了英国伦敦塔监狱。为此，查尔斯·斯耐尔成为世界民间审计的最早先驱者，他编制的查账报告是世界上最早由会计师编制的审计报告。这也是历史上的第一次民间审计。

为了监督经营者的经营管理，防止其徇私舞弊，保护投资者、债权人利益，避免南海公司案的重演，独立会计师业务得到迅速发展，独立会计师人数越来越多。英国政府于 1844 年颁布了《公司法》，规定股份公司必须设监察人，负责审计公司账目。1845 年又对《公司法》进行修订，规定股份公司的账目必须经董事以外的人员审计。1853 年，爱丁堡创立了第一个注册会计师的专业团体——爱丁堡会计师协会。该协会的成立，标志着注册会计师职业的诞生。1862 年，英国《公司法》确定注册会计师为法定的破产清算人，奠定了注册会计师审计的法律地位。

从 1844 年到 20 世纪初，是注册会计师形成时期。在这一时期内，由于英国的法律规定了股份公司和银行必须聘请注册会计师审计，致使英国注册会计师审计得到了迅速发展，并对当时的欧洲、美国及日本等产生了重要影响。这一时期的注册会计师审计被称为“详细审计”或“英国式审计”，其主要特点是：注册会计师审计的法律地位得到了法律确认；审计的目的是查错防弊，保护企业资产的安全和完整；审计的方法是对会计账目进行详细审计；审计报告使用人主要为企业股东等。

（三）注册会计师审计的发展

20 世纪初的美国，由于国内经济的起飞，注册会计师审计得以迅速发展，对全球注册会计师职业的发展产生了重要作用。注册会计师的审计大致经历了以下三个阶段。

1. 资产负债表审计阶段

美国南北战争结束后，英国的巨额资本进入美国，也使众多执业会计师远跨重洋来到美国以保护广大投资者和债权人的利益。美国很快形成了自己的注册会计师队伍，出现了一些民间会计组织。1882 年成立会计师和簿记师协会（The Institute of Accountants and Bookkeepers），该学会为会计人员提供教育等服务。1887 年，美国公共会计师协会（The American Association of Public Accountants）成立，1916 年该协会改组为美国注册会计师协会，后来成为世界上最大的注册会计师职业团体。注册会计师审计逐步渗透到社会经济领域的不同层面。在 20 世纪初期，由于金融资本对产业资本更加广泛的渗透，企业同银行利益关系更加紧密，银行逐渐把企业资产负债表作为了解企业信用的主要依据，于是在美国产生了帮助贷款人及其他债权人了解企业信用的资产负债表审计，即美国式注册会计师审计。审计方法也逐步从单纯的详细审计过渡到初期的抽样审计。这一时期，美国注册会计师审计的主要特点是：审计对象由会计账目扩大到资产负债表；审计的主要目的是通过资产负债表数据的检查，判断企业信用状况；审计方法从详细审计初步转向抽样审计；审计报告使用人除企业股东外，扩大到债权人。

2. 财务报表审计阶段

从1929到1933年，资本主义世界经历了史无前例的经济危机，大批企业倒闭，投资者和债权人蒙受了巨大的经济损失，使得企业利益相关者从只关心企业财务状况转变到更加关心企业盈利水平，产生了对企业利润表进行审计的客观要求。美国1933年的《证券法》规定，在证券交易所上市的企业财务报表必须接受注册会计师审计，向社会公众公布注册会计师出具的审计报告。因此，审计报告使用人也扩大到社会公众。在这一时期，注册会计师审计的主要特点是：审计对象转为以资产负债表和利润表为中心的全部财务报表及相关财务资料；审计的主要目的是对财务报表发表审计意见，以确定财务报表的可信性，查错防弊转为次要目的；审计范围已扩大到测试相关的内部控制，并以控制测试为基础进行抽样审计；审计报告使用人扩大到股东、债权人、证券交易机构、税务、金融机构及潜在投资者；审计准则开始拟定，审计工作向标准化、规范化过渡；注册会计师资格考试制度广泛推行，注册会计师专业素质普遍提高。

3. 现代审计阶段

第二次世界大战以后，经济发达国家通过各种渠道推动本国的企业向海外拓展，跨国公司得到空前发展。国际资本的流动带动了注册会计师审计的跨国界发展，形成了一批国际会计师事务所。随着会计师事务所规模的扩大，形成了“八大”国际会计师事务所，20世纪80年代末合并为“六大”，之后又合并成为“五大”国际会计师事务所。2001年，美国出现了安然公司会计造假丑闻，出具审计报告的安达信会计师事务所，因涉嫌舞弊和销毁证据受到美国司法部门的调查，之后宣布关闭，世界各地的安达信成员所也纷纷与其他国际会计师事务所合并。因此，时至今日，尚有“四大”国际会计师事务所，即普华永道、安永、毕马威、德勤。这个时期，注册会计师的主要特点是：抽样审计方法得到普遍运用；风险导向审计方法得到推广；计算机辅助审计技术得到广泛采用。

二、我国注册会计师审计的起源与发展

进入20世纪以来，随着我国民族工商业的发展，注册会计师审计应运而生。1918年9月，北洋政府颁布了我国第一部注册会计师法规——《会计师暂行章程》。同年，我国著名会计学家谢霖先生被批准成为中国的第一位注册会计师，

并创办中国第一家会计师事务所——正则会计师事务所。1930 年，国民政府颁布了《会计师条例》，确立了会计师的法律地位。之后，上海、天津、广州等地也相继成立了多家会计师事务所。注册会计师业务主要是为企业设计会计制度、代理申报纳税、培训会计人才和提供会计咨询服务。但是，在半封建、半殖民地的旧中国，注册会计师职业未能得到很大的发展，注册会计师审计也未能充分发挥应有的作用。

新中国建立初期，注册会计师对当时平抑物价、保证国家税收、争取国家财政经济状况好转发挥了积极作用。但后来由于推行苏联高度集中的计划经济模式，中国的注册会计师审计也退出了经济舞台。

1978 年，党的十一届三中全会以后，为适应社会主义现代化建设发展，逐渐恢复了注册会计师审计。1980 年 12 月 14 日，财政部颁发了《中华人民共和国中外合资经营企业所得税实施细则》，规定外资企业财务报表要由注册会计师进行审计。1980 年 12 月 23 日，财政部发布《关于成立会计顾问处的暂行规定》，标志着我国注册会计师审计职业开始复苏。1981 年 1 月 1 日，“上海会计师事务所”正式成立，成为新中国第一家由财政部批准独立承办注册会计师业务的会计师事务所，接受国内外企事业单位的委托，承办与会计、审计相关的业务。1985 年 1 月实施的《中华人民共和国会计法》规定：“经国务院财政部门批准组成会计师事务所，可以按照国家有关规定承办查账业务。”1986 年 7 月 3 日，国务院颁发《中华人民共和国注册会计师条例》，同年 10 月 1 日起实施。1988 年 11 月 15 日，财政部领导下的中国注册会计师协会正式成立。1993 年 10 月 31 日，第八届全国人大常委会第四次会议审议通过了《中华人民共和国注册会计师法》，自 1994 年 1 月 1 日起施行。1996 年 10 月 4 日，中国注册会计师协会加入亚太会计师联合会。1997 年 5 月 8 日，中国注册会计师协会加入国际会计师联合会（International Federation of Accountants，IFAC）。按照国际会计师联合会章程的规定，中国注册会计师协会同时成为国际会计准则委员会（International Accounting Standards Committee，IASC）的正式会员。

练习题

一、单项选择题

1. 下列项目中，需要接受被审计单位委托后才能提供审计服务的是（　　）。

A. 政府审计　　　　B. 注册会计师审计

C. 内部审计　　　　D. 内部控制审核

2. 西方注册会计师审计之所以起源于 16 世纪初的意大利，最根本的原因是

（ ）。

A. 合伙企业应运而生

B. 合伙企业会计制度发生了重大变化

C. 合伙企业所有权与经营权发生分离

D. 合伙企业账目混乱

3. 按照审计的主体不同，审计可以分为（ ）。

A. 财务报表审计和合规性审计

B. 政府审计、内部审计和注册会计师审计

C. 详细审计和资产负债表审计

D. 报送审计和就地审计

4. 下列有关注册会计师审计的说法中，错误的有（ ）。

A. 政府审计比注册会计师审计更具有独立性

B. 注册会计师审计的独立性体现为双向独立

C. 注册会计师审计实际上是提供一种有偿服务

D. 财产所有权与经营权的分离是注册会计师审计产生的重要原因

5. 在20世纪初期，审计对象由会计账目扩大到资产负债表，通过对数据的检查，判断企业信用状况；审计方法从详细审计初步转向抽样审计；审计报告使用人为（ ）。

A. 除企业股东外，扩大到债权人 B. 社会公众

C. 企业债权人 D. 企业股东

二、多项选择题

1. 我国的审计监督体系主要包括（ ）。

A. 政府审计 B. 财务报表审计

C. 民间审计 D. 内部审计

2. 注册会计师提供的审计业务可以分为（ ）。

A. 财务报表审计 B. 经营审计

C. 合规性审计 D. 政府审计

3. 从1844年到20世纪初，是注册会计师审计的形成时期，这一时期英国注册会计师审计的主要特点是（ ）。

A. 审计的目的是查错防弊，保护资产的安全与完整

B. 审计的方法是对会计账目详细审计

C. 审计对象是财务报表

D. 审计报告使用人主要是企业股东等

4. 注册审计师审计发展到资产负债表审计阶段时，下列说法正确的是（ ）。

A. 审计的主要目的是通过对资产负债表数据的检查，判断企业信用状况
B. 审计抽样方法得到广泛应用
C. 审计报告使用人除企业股东外，扩大到债权人
D. 审计的对象由会计账目扩大到资产负债表
5. 以下有关西方注册会计师审计发展历程的说法中，正确的有（　　）。
A. 注册会计师审计最早起源于意大利的合伙企业
B. 注册会计师审计在英国股份公司出现以后形成
C. 注册会计师审计伴随着美国资本市场的发展而逐步完善
D. 注册会计师审计在第二次世界大战以后引入了抽样技术

三、判断题

1. 审计按照目的和内容不同，可以划分为政府审计、内部审计和注册会计师审计。（　　）
2. 财产所有权和经营权的分离是注册会计师审计产生的直接原因。（　　）

四、小组讨论题

请查阅中国审计署（http://www. audit. gov. cn）、中国注册会计师协会（http://www. cicpa. org. cn）、中国内部审计协会（www. ciia. com. cn）等网站，比较政府审计、内部审计与注册会计师审计的异同。

CHAPTER

2 第二章 注册会计师管理与法律责任

【学习目标】 通过本章学习，了解注册会计师考试与注册登记内容；理解注册会计师审计业务范围；掌握会计师事务所形式与成立条件；熟悉注册会计师协会的组织性质与会员分类；掌握注册会计师法律责任的成因与种类。

引例

"银广夏"事件

银广夏的全称是广夏（银川）实业股份有限公司，1994 年 6 月 17 日在深圳证券交易所上市，代码 000557。2001 年 8 月 2 日，媒体发表署名文章，称其财务报告存在着严重的信息披露虚假。2001 年 9 月，财政部、证监会组成联合调查组对事件立案调查。2002 年 2 月，财政部拟对银广夏案所涉及的会计师事务所和注册会计师依法进行处罚：中天勤会计师事务所存在重大审计过失，严重损害广大投资者合法权益，吊销中天勤会计师事务所的执业资格，并会同证监会吊销其证券、期货相关业务许可证，同时，将追究中天勤会计师事务所负责人的责任；吊销签字注册会计师刘某某、徐某某的注册会计师资格。2002 年 4 月 23 日，中国证监会发布公告：经查，银广夏通过伪造销售、采购合同和发票，伪造银行票据、海关出口报关单等手段，自 1998 年至 2001 年期间累计虚构销售收入 104 962.60 万元，少计费用 4 845.34 万元，导致虚增利润 77 156.70 万元。对于在银广夏事件中涉嫌犯罪的有关人员，监管部门已依法移送公安机关追究其刑事责任。2003 年 9 月 16 日，宁夏回族自治区银川市中级人民法院对银广夏原高管人员以编制虚假财务报告追究其刑事责任，判处有期徒刑；以出具证明文件重大失实罪分别判处被告人深圳中天勤会计师事务所合伙人刘某某、徐某某有期徒刑 2 年零 6 个月、2 年零 3 个月，并各处罚金 3 万元。

在中国证监会于2002年4月对银广夏作出行政处罚决定后，深受“银广夏”造假事件侵害的广大中小股东们就踏上了漫漫艰辛的维权之路。2002年7月30日，银川市中级人民法院正式立案受理了4名股民诉银广夏虚假证券信息披露侵权纠纷案，到2004年4月，银川市中级人民法院共受理投资者起诉银广夏虚假陈述民事赔偿案103件，涉及847名投资人，遍布全国20多个省、市、自治区，总标的高达1.8亿元。经历了漫长而错综复杂的审理过程，2007年5月25日，银广夏以资本公积金转增股本，向中小股东支付了543.50万股赔偿股份。至此，号称“中国证券市场虚假陈述民事赔偿第一案”的“银广夏案”在历时数年、一波三折后，终于落下了帷幕。

第一节　注册会计师的管理

一、注册会计师考试及其注册

注册会计师是依法取得注册会计师证书并接受委托从事审计和会计咨询、会计服务业务的执业人员。在我国，从1991年起实施注册会计师全国统一考试制度，1994年起将通过注册会计师全国统一考试作为取得注册会计师资格的前提。

（一）注册会计师考试

1. 报考条件

凡是具有高等专科以上学校毕业学历，或者具有会计或者相关专业中级以上技术职称的中国公民都可以报名参加注册会计师全国统一考试；同时，被吊销注册会计师证书自处罚决定之日起至申请报名之日止不满五年者，或者以前年度参加注册会计师全国统一考试因违规而受到停考处理期限未满者，均不得报名参加注册会计师全国统一考试。此外，具有会计或者相关专业高级技术职称的人员，可以申请免予专业阶段考试1个专长科目的考试。

2. 考试阶段与科目

注册会计师全国统一考试划分为专业阶段考试和综合阶段考试。考生在通过专业阶段考试的全部科目后，才能参加综合阶段考试。专业阶段考试设会计、审计、财务成本管理、公司战略与风险管理、经济法、税法6个科目；综合阶段考试设职业能力综合测试1个科目。第一阶段的单科合格成绩5年有效。对在连续5年内取得第一阶段6个科目合格成绩的考生，发放专业阶段合格证。第二阶段考试科目应在取得专业阶段合格证后5年内完成。对取得第二阶段考试合格成绩的考生，发放全科合格证。

（二）注册会计师注册

参加注册会计师全国统一考试成绩合格，具有2年以上从事独立审计业务工作实践经验的人员可以向所在地的省、自治区、直辖市注册会计师协会申请注册。

有下列情形之一的，受理申请的注册会计师协会不予注册：

（1）不具有完全民事行为能力的；

（2）因受刑事处罚，自刑罚执行完毕之日起至申请注册之日止不满5年的；

（3）因在财务、会计、审计、企业管理或者其他经济管理工作中犯有严重错误受行政处罚、撤职以上处分，自处罚、处分决定之日起至申请注册之日止不满2年的；

（4）受吊销注册会计师证书的处罚，自处罚决定之日起至申请注册之日止不满5年的；

（5）国务院财政部门规定的其他不予注册的情形的。

省级注册会计师协会负责注册会计师的审批，受理的注册会计师协会应当批准符合法律规定条件的申请人的注册，并报财政部备案。准予注册的申请人，由注册会计师协会发给国务院财政部门统一制定的注册会计师证书。

二、业务范围和规则

（一）业务范围

注册会计师可以承办下列审计业务：审查企业财务会计报告，出具审计报告；验证企业资本，出具验资报告；办理企业合并、分立、清算事宜中的审计业务，出具有关的报告；法律、行政法规规定的其他审计业务。注册会计师可以承办会计咨询、会计服务业务。

注册会计师承办业务，由其所在的会计师事务所统一受理并与委托人签订委托合同。注册会计师与委托人有利害关系的，应当回避；委托人有权要求其回避。

注册会计师依法执行审计业务出具的报告，具有证明效力。注册会计师执行审计业务，遇有下列情形之一的，应当拒绝出具有关报告：

（1）委托人示意其作不实或者不当证明的；

（2）委托人故意不提供有关会计资料和文件的；

（3）因委托人有其他不合理要求，致使注册会计师出具的报告不能对财务会计的重要事项作出正确表述的。

（二）执业规则

注册会计师对在执行业务中知悉的国家秘密、商业秘密，负有保密义务。注册会计师及会计师事务所不得违反国家有关规定向境内外机构和个人提供审计工作底稿。

注册会计师不得有下列行为：

（1）在执行审计业务期间，在法律、行政法规规定不得买卖被审计单位的股票、债券或者不得购买被审计单位或者个人的其他财产的期限内，买卖被审计单位的股票、债券或者购买被审计单位或者个人所拥有的其他财产；

（2）索取、收受委托合同约定以外的酬金或者其他财物，或者利用执行业务之便牟取其他不正当利益；

（3）接受委托催收债款；

（4）冒用他人名义或者允许他人以本人名义执行业务；

（5）同时在两个或者两个以上的会计师事务所执行业务；

（6）采取欺诈、贿赂等不正当方式招揽业务；

（7）对其能力进行广告宣传以招揽业务；

（8）拒绝、阻挠有关部门依法实施的监督检查；

（9）隐匿、伪造、篡改、销毁有关文件和资料；

（10）违反法律、行政法规的其他行为。

三、会计师事务所

会计师事务所是依法设立并承办注册会计师业务的机构。注册会计师执行业务，应当加入会计师事务所。

（一）会计师事务所的类型

从世界范围看，会计师事务所的组织形式有四种：独资制、普通合伙制、有限责任公司制、有限责任合伙制。

1. 独资会计师事务所

独资会计师事务所又称个人会计师事务所，由具有注册会计师执业资格的个人独立开业，承担无限责任。它的优点是，对执业人员的需求不多，容易设立，执业灵活，能够在代理记账、代理纳税等方面很好地满足小型企业对注册会计师服务的需求，虽承担无限责任，但实际发生风险的程度相对较低。缺点是无力承担大型业务，缺乏发展后劲，很难做大做强。

2. 普通合伙会计师事务所

普通合伙会计师事务所是由两位或两位以上注册会计师组成的合伙组织。合伙人以各自的财产对会计师事务所的债务承担无限连带责任。它的优点是，在风险牵制和共同利益的驱动下，促使会计师事务所强化专业发展，扩大规模，提高规避风险的能力。缺点是任何合伙人的执业行为都会影响整个事务所的生存和发展；同时也不利于建立一个跨地区、跨国界的大型会计师事务所。

3. 有限责任会计师事务所

有限责任会计师事务所由注册会计师认购会计师事务所股份，并以其认购股份对事务所承担有限责任，会计师事务所以其全部资产对其债务承担有限责任。它的优点是，可以通过股份制形式迅速聚集一批注册会计师，建立规模型大所，承办大型业务。缺点是降低了风险责任对执业行为的高度制约，弱化了注册会计师的个人责任。

4. 有限责任合伙会计师事务所

有限责任合伙会计师事务所又称特殊普通合伙会计师事务所。依据 2007 年 6 月 1 日起施行的新修订的《中华人民共和国合伙企业法》对“特殊普通合伙企业”的规定，对合伙人本人执业行为中因故意或重大过失引起的合伙企业债务，其他合伙人以其在合伙企业中的财产份额为限承担责任，执业行为中因故意或重大过失引起的合伙企业债务的合伙人，应当承担无限连带责任；对合伙人本人执业行为中非故意或重大过失引起的合伙企业债务和合伙企业的其他债务，全体合伙人承担无限连带责任。特殊普通合伙会计师事务所的最大特征是既融入了普通合伙和有限责任会计师事务所的优点，又摒弃了它们的不足，成为当今注册会计师职业界组织形式发展的一大趋势。

（二）我国会计师事务所设立的条件

在我国，会计师事务所可以采用普通合伙或者特殊的普通合伙形式。会计师事务所采用普通合伙形式的，应当有 5 名以上注册会计师；采用特殊的普通合伙形式的，应当有 25 名以上合伙人和 100 名以上注册会计师。

会计师事务所符合下列条件的，可以是负有限责任的法人：（1）不少于 30 万元的注册资本；（2）有一定数量的专职从业人员，其中至少有 5 名注册会计师；（3）国务院财政部门规定的业务范围和其他条件。负有限责任的会计师事务所以其全部资产对其债务承担责任。

会计师事务所的合伙人或者股东，应当符合下列条件：（1）持有注册会计师证书或者国务院财政部门认可的其他专业资格证书；（2）成为合伙人或者股东前 3 年内，未因执业活动受到行政处罚；（3）成为合伙人或者股东前 1 年内，未因隐瞒有关情况或者提供虚假材料、欺骗、贿赂等不正当手段申请设立会计师事务所而被拒绝批准或者撤销注册；（4）最近 5 年连续在会计师事务所从事本法规定的业务；（5）国务院财政部门规定的其他条件。其中，持有国务院财政部门认可的其他专业资格证书的人员，不得作为会计师事务所设立时的合伙人或者股东，且在全体合伙人或者股东中所占比例不得超过国务院财政部门的规定。

四、注册会计师协会

注册会计师协会是由注册会计师组成的社会团体。中国注册会计师协会是注册会计师的全国组织，省、自治区、直辖市注册会计师协会是注册会计师的地方组织。国务院财政部门和省、自治区、直辖市人民政府财政部门，依法对注册会计师、会计师事务所和注册会计师协会进行监督、指导。

中国注册会计师协会的会员分为个人会员和团体会员。会员入会均须履行申请和登记手续。凡参加注册会计师全国统一考试全科合格并经申请批准者和依照原规定考核取得中国注册会计师协会会员资格者，为中国注册会计师协会个人会员。个人会员分为执业会员和非执业会员。其中，依法取得中国注册会计师执业证书的，为执业会员。依法批准设立的会计师事务所，为中国注册会计师协会的团体会员。设立团体会员是因为考虑目前我国法律规定，注册会计师不允许个人开业，必须加入会计师事务所才能接受委托承办业务。会计师事务所作为协会会员的团体会员，便于协会对其实施有效的监督，也便于会计师事务所向协会反映工作中的意见和建议。

截至 2013 年 6 月 30 日，中国注册会计师协会有团体会员（会计师事务所）8 151 家，其中，有 46 家证券期货资格会计师事务所；个人会员近 20 万人，其中，执业注册会计师近 10 万人，资深会员 684 人，名誉会员 17 人。注册会计师行业服务于包括 2 490 余家上市公司在内的 350 万家以上行政、企事业单位。

第二节　注册会计师的法律责任

法律责任的出现，经常是因为注册会计师没有保持应有的职业谨慎，并因此而导致了对其他人权利的损害。应有的职业谨慎，指的是注册会计师应当具备足够的专业知识和业务能力，按照执业准则的要求执业。近年来我国颁布的不少重要的法律、法规中，都有专门规定会计师事务所、注册会计师法律责任的条款，其中比较重要的有：《中华人民共和国注册会计师法》、《中华人民共和国公司法》、《中华人民共和国证券法》及《中华人民共和国刑法》。此外，最高人民法院还出台了一系列相关司法解释，如 2007 年 6 月 11 日发布的《关于审理涉及会计师事务所在审计活动中民事侵权赔偿案件的若干规定》等。

一、对注册会计师法律责任的认定

（一）违　约

所谓违约，是指合同的一方或几方未能达到合同条款的要求。当违约给他人造成损失时，注册会计师应负违约责任。比如，会计师事务所在商定的时期内，未能提交纳税申报表，或违反了与被审计单位订立的保密协议等。

（二）过　失

所谓过失，是指在一定条件下，缺少应具有的职业谨慎。评价注册会计师的过失，是以其他合格注册会计师在相同条件下可做到的谨慎为标准的。当过失给他人造成损害时，注册会计师应负过失责任。通常将过失按其程度不同分为普通过失和重大过失两种。

（1）普通过失（也称为“一般过失”）通常是指没有保持职业上应有的职业谨慎。对注册会计师而言是指没有完全遵循专业准则的要求。比如，未按特定审计项目取得必要和充分的审计证据就出具审计报告的情况，可视为一般过失。例如，应收账款函证采用肯定式函证程序时，对于未回函的那些应收账款，注册会计师如果没有采取恰当的替代程序验证是否存在，则应视为一般过失。

（2）重大过失是指连起码的职业谨慎都未能保持。对注册会计师而言，则是指根本没有遵循专业准则或没有按专业准则的基本要求执行审计。例如，注册会计师不遵守审计准则的规定，对应收账款函证完全没有采用函证程序，就得出了“财务报表反映的应收账款项目真实”的审计结论，则应视为重大过失。

区别一般过失或重大过失的方法是：如果注册会计师的审计程序恰当，但因不够谨慎而要被追究法律责任，通常视为一般过失；如果审计程序不恰当或未执行某些必要的审计程序而被追究法律责任，通常视为重大过失。例如，对某上市公司年报存货进行审计时，没有按照审计准则的要求监盘，只凭被审计单位年终盘点表认可存货的真实性，后来存货被证实存在大量虚构情况，注册会计师应被视为重大过失。

（三）欺　诈

欺诈又称舞弊，是以欺骗或坑害他人为目的的一种故意的错误行为。作案具有不良动机是欺诈的重要特征，也是欺诈与普通过失和重大过失的主要区别之一。对于注册会计师而言，欺诈就是为了达到欺骗他人的目的，明知委托单位的财务报表有重大错报，却加以虚伪的陈述，出具无保留意见的审计报告。

二、注册会计师和会计师事务所承担法律责任的种类

注册会计师因违约、过失或欺诈给被审计单位或其他利害关系人造成损失的，按照有关法律和规定，可能被判承担行政责任、民事责任或刑事责任。这三种责任可单处，也可并处。行政处罚对注册会计师个人来说，包括警告、暂停执业、吊销注册会计师证书；对会计师事务所而言，包括警告、没收违法所得、罚款、暂停执业、撤销等。民事责任主要是指赔偿受害人损失。刑事责任是指触犯刑法所必须承担的法律后果，其种类包括罚金、有期徒刑以及其他限制人身自由的刑罚等。一般来说，因违约和过失可能使注册会计师负行政责任和民事责任，因欺诈可能会使注册会计师负民事责任和刑事责任。表 2-1 说明了注册会计师和会计师事务所承担法律责任的种类及成因。

表 2-1　　注册会计师和会计师事务所承担法律责任的种类及成因

承担法律责任的主体	行政责任（违约、过失）	民事责任（违约、过失、欺诈）	刑事责任（欺诈）
注册会计师	警告、暂停执业、吊销注册会计师证书	赔偿受害人损失	五年以下有期徒刑或者拘役，并处罚金
会计师事务所	警告、没收违法所得、罚款、暂停执业、撤销		—

练习题

一、单项选择题

1. 下列各项中，能够成为中国注册会计师协会团体会员的是（　　）。

A. 注册会计师理事会

B. 5 名以上注册会计师组成的科研团体

C. 会计师事务所

D. 地级市的注册会计师协会分会

2. 注册会计师对 ABC 股份有限公司 20×3 年度会计报表进行审计，按照《中国注册会计师审计准则第 1312 号——函证》规定，对有关应收账款进行了函证，但由于肯定式函证数量不足，最终仍有重大错报未能查出。在此情况下，一般认为注册会计师应属于（　　）。

A. 没有过失　　　　B. 普通过失

C. 重大过失　　　　D. 欺诈

3. 注册会计师未能遵循审计准则的要求执行审计业务属于（　　）。

A. 错误　　　　B. 责任
C. 欺诈　　　　D. 过失

4. 以下情况下，表明注册会计师违约的是（　　）。
A. 未按约定时间提交审计报告　　　　B. 未出具无保留意见审计报告
C. 没有利用专家的工作结论　　　　D. 没有测试内部控制

5. 在判定注册会计师的法律责任时，（　　）是欺诈的重要特征，也是欺诈与普通过失和重大过失的主要区别。
A. 具有不良动机　　　　B. 未能保持应有的职业谨慎
C. 违反审计准则　　　　D. 没有发现重大错报

二、多项选择题

1. 根据普通过失和重大过失的概念，注册会计师的普通过失和重大过失的主要区别在于（　　）。
A. 在多大程度上没有保持应有的职业谨慎
B. 在多大程度上没有遵循审计准则
C. 未发现错报的金额是否重大
D. 未发现错报的性质是否严重

2. 纵观注册会计师行业在各国的发展，会计师事务所主要有（　　）组织形式。
A. 独资会计师事务所　　　　B. 普通合伙会计师事务所
C. 有限责任会计师事务所　　　　D. 有限责任合伙会计师事务所

3. 下列关于会计师事务所和注册会计师法律责任的说法，恰当的有（　　）。
A. 违约、过失和欺诈是引起注册会计师的法律责任的重要原因
B. 对会计师事务所来说，民事责任一般是指经济赔偿
C. 对注册会计师来说，行政责任包括警告、暂停执业、吊销注册会计师证书以及罚款
D. 一般来说，因违约和过失可能引起注册会计师的行政责任和民事责任，因欺诈可能引起注册会计师的民事责任和刑事责任

4. 注册会计师法律责任的种类有（　　）。
A. 民事责任　　　　B. 刑事责任
C. 过失　　　　D. 行政责任

5. 注册会计师应有的职业谨慎，是指注册会计师应当（　　）。
A. 具备足够的专业知识和业务能力　　　　B. 根据获取的审计证据形成结论
C. 具有很强的职业责任感　　　　D. 按照执业准则的要求执业

三、判断题

1. 注册会计师明知委托单位的会计报表有重大错报，却加以虚伪的陈述，出具无保留意见的审计报告，应属于重大过失。（　　）

2. 有限责任合伙制会计师事务所最明显的特征是所有的合伙人只需承担有限责任。（　　）

3. 如果取得注册会计师考试全科合格，同时具有两年审计工作经验的，即可成为执业的注册会计师。（　　）

4. 在我国，凡依法成立的会计师事务所，均可根据自愿原则加入中国注册会计师协会，成为协会的团体会员。（　　）

5. 所有的注册会计师会员都是执业会员。（　　）

四、简答题

A注册会计师负责对上市公司丁公司20×3年度财务报表进行审计。20×3年，丁公司管理层通过与银行串通编造虚假的银行进账单和银行对账单，虚构了一笔大额营业收入。A注册会计师实施了向银行函证等必要审计程序后，认为丁公司20×3年度财务报告不存在重大错报，出具了无保留意见审计报告。

在丁公司20×3年度已审计财务报告表公布后，股民甲购入了丁公司股票。随后，丁公司财务舞弊案件曝光，并受到证券监管部门的处罚，其股票价格大幅下跌。为此，股民甲向法院起诉A注册会计师，要求其赔偿损失。A注册会计师以其与股民甲未构成合约关系为由，要求免于承担民事责任。

要求：请查阅2007年6月11日发布的《关于审理涉及会计师事务所在审计活动中民事侵权赔偿案件的若干规定》，回答下列问题：

（1）为了支持诉讼请求，股民甲应当向法院提出哪些理由？

（2）指出A注册会计师提出的免责理由是否正确，并简要说明理由。

（3）在哪些情形下，A注册会计师可以免于承担民事责任？

五、小组讨论题

请查阅中国证监会网站（www.csrc.gov.cn）处罚公告，整理分析会计师事务所以及注册会计师遭受处罚的原因及类型。

CHAPTER

3 第三章 注册会计师执业准则与职业道德

【学习目标】 通过本章学习，熟悉中国注册会计师执业准则体系框架；掌握注册会计师业务准则的具体内容；掌握注册会计师职业道德的基本原则；理解注册会计师独立性的含义与可能威胁独立性的情形；理解对职业道德基本原则产生不利影响的因素及防范措施。

引例

注册会计师如何"勤勉尽责"

2013 年 4 月 27 日，中国证监会发布公告：对深圳鹏城会计师事务所有限公司（以下简称深圳鹏城）在云南绿大地生物科技股份有限公司（以下简称绿大地）欺诈发行上市时未勤勉尽责的行为进行了立案调查、审理。经查明，深圳鹏城在绿大地欺诈发行上市时未勤勉尽责，未发现绿大地为发行上市所编制的财务报表编造虚假资产、虚假业务收入，从而对绿大地 2004 年、2005 年、2006 年年度财务报表和 2007 年半年度财务报表进行审计并出具无保留意见的审计报告，发表了不恰当的审计意见。

司法机关认定，绿大地在招股说明书中编造虚假资产、虚假业务收入的金额巨大，性质严重。违法事实如下：

（1）绿大地 2004 年至 2006 年财务报表披露的各年度前 5 大销售客户与实际不符。深圳鹏城的审计底稿中没有记录对绿大地前 5 大销售客户的审计程序。

（2）绿大地招股说明书披露的 2006 年销售收入中包含通过绿大地交通银行 3711 银行账户核算的销售收入，交通银行提供的资料显示，上述交易部分不存在。绿大地招股说明书披露，2006 年 12 月 31 日货币资金余额为 47 742 838.19 元；其中，交通银行 3711 账户余额为 32 295 131.74 元。交通银行提供的资料显示，2006年12月31日的3711账户余额为4 974 568.16元。深圳鹏城没有向交通银行函证绿大地交通银行3711账户2006年12月31日的余额。

深圳鹏城未勤勉尽责，未对部分银行账户进行函证、未真实完整编制工作底稿，对上述违法行为直接负责的主管人员为注册会计师姚某某、廖某某。根据当事人违法行为的事实、性质、情节与社会危害程度，证监会决定：撤销深圳鹏城的证券服务业务许可；没收深圳鹏城业务收入60万元，并处以60万元的罚款；对姚某某、廖某某给予警告并分别处以10万元罚款。

在我国证券市场上，因作为中介机构之一的会计师事务所未能勤勉尽责而遭到中国证监会处罚的案例包括宇通客车、中炬高新、天歌科技、大唐电信、九发股份、夏新电子、金荔科技、亚星化学案例等。在执业过程中，注册会计师遵守职业道德，勤勉尽责，恪守独立、客观、公正的职业操守才是其立身之本，也是实施审计程序、获取审计证据并发表恰当审计意见的重要保障。

第一节　注册会计师执业准则

一、注册会计师执业准则建设的三个阶段

执业准则作为规范注册会计师执行业务的权威性标准，对提高注册会计师执业质量、降低审计风险、维护社会公众利益具有重要的作用，其建设经历了三个阶段。

（一）制定执业规则阶段（1991—1993年）

中国注册会计师协会成立后，非常重视执业规则的建设。从1991年到1993年，先后发布了《注册会计师检查验证会计报表规则（试行）》等7个执业规则。这些执业规则对我国注册会计师行业走向正规化、法制化和专业化起到了积极作用。

（二）建立准则体系阶段（1994—2003年）

1993年10月31日，第八届全国人民代表大会常务委员会第四次会议通过《中华人民共和国注册会计师法》，规定中国注册会计师协会依法拟订执业准则、规则，报国务院财政部门批准后施行。经财政部批准同意，中国注册会计师协会自1994年5月开始起草独立审计准则。到2003年，中国注册会计师协会先后分6批制定了审计准则，共计48个项目。

（三）完善与提高阶段（2004 年至今）

随着独立审计准则体系的基本建立，制定工作转向完善独立审计准则体系与提高准则质量并重。自 2004 年以来，中国注册会计师协会在起草新准则的同时，根据变化的审计环境、国际审计准则的最新发展和注册会计师执业的需要，有计划、有步骤地制定和修订审计准则。中国注册会计师协会拟订了 22 项准则，并对 26 项准则进行了必要的修订和完善。这 48 项执业准则已于 2006 年 2 月 15 日由财政部发布，自 2007 年 1 月 1 日起在所有会计师事务所施行。这些准则的发布，标志着我国已建立起一套适应社会主义市场经济发展要求，顺应国际趋同大势的中国注册会计师执业准则体系。

由于审计环境发生重大变化，国际审计准则也随之修改。我国审计实务中也面临一些新的问题需要解决，中国注册会计师协会于 2009 年初进一步启动了审计准则修订工作，共涉及《中国注册会计师审计准则第 1101 号——注册会计师的总体目标和审计工作的基本要求》等 38 个准则项目。2010 年 10 月 31 日，中国审计准则委员会会议审议通过修订后的新审计准则，2010 年 11 月 1 日由财政部正式发布，自 2012 年 1 月 1 日起施行。中国注册会计师行业的国际趋同战略向前迈出了重要一步。

二、中国注册会计师执业准则体系

（一）注册会计师执业准则框架

中国注册会计师执业准则体系包括业务准则和质量控制准则。业务准则又分为鉴证业务准则、相关服务准则。鉴证业务准则由鉴证业务基本准则统领，按照鉴证业务提供的保证程度和鉴证对象的不同，分为中国注册会计师审计准则、中国注册会计师审阅准则和中国注册会计师其他鉴证业务准则（以下分别简称审计准则、审阅准则和其他鉴证业务准则）。其中，审计准则是整个执业准则体系的核心。中国注册会计师执业准则体系框架，如图 3-1 与 3-2 所示。

（1）审计准则用以规范注册会计师执行历史财务信息的审计业务。在提供审计服务时，注册会计师对所审计信息是否不存在重大错报提供合理保证，并以积极方式提出结论。

（2）审阅准则用以规范注册会计师执行历史财务信息的审阅业务。在提供审阅服务时，注册会计师对所审阅信息是否不存在重大错报提供有限保证，并以消极方式提出结论。

（3）其他鉴证业务准则用以规范注册会计师执行历史财务信息审计或审阅以外的其他鉴证业务，根据鉴证业务的性质和业务约定的要求，提供有限保证或合

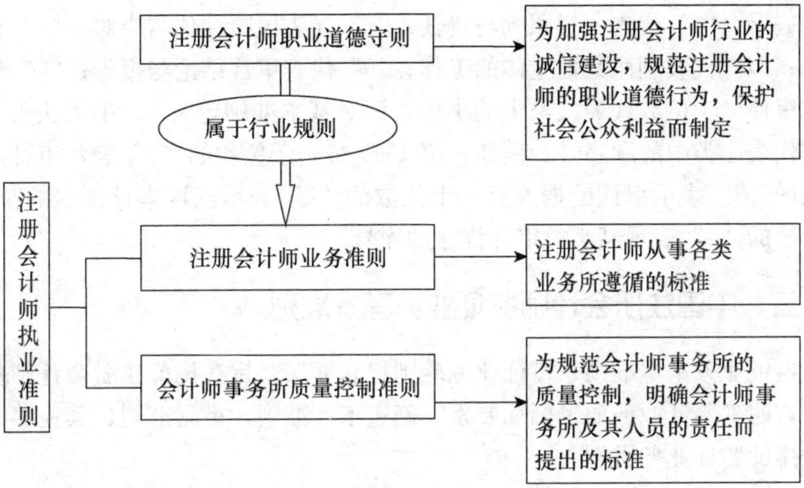

图 3-1　中国注册会计师执业准则

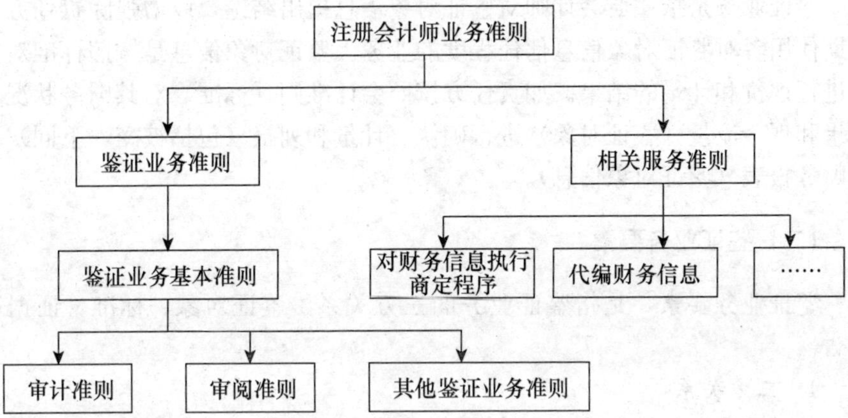

图 3-2　注册会计师业务准则

理保证。

(4) 相关服务准则用以规范注册会计师代编财务信息、执行商定程序、提供管理咨询等其他服务。在提供相关服务时，注册会计师不提供任何程度的保证。

(二) 执业准则的编号

在注册会计师执业准则体系中，准则编号由 4 位数组成。其中，千位数代表不同类别的准则，“1”代表审计准则；“2”代表审阅准则；“3”代表其他鉴证业务准则；“4”代表相关服务准则；“5”代表质量控制准则。百位数代表某一类别准则中的大类。以 44 项审计准则为例，我们将审计准则分为六大类，分别用 1

至 6 表示。“1”代表一般原则与责任；“2”代表风险评估与应对；“3”代表审计证据；“4”代表利用其他主体的工作；“5”代表审计结论与报告；“6”代表特殊领域审计。十位数代表大类中的小类，针对基本准则定为 0，小类从 1 开始。个位数代表小类中的顺序号。例如：第 1311 号，千位数的“1”表示审计准则、百位数的”3”表示审计证据大类、十位数的“1”表示获取审计证据的某一小类、个位数的“1”表示某小类审计程序的序号。

三、中国注册会计师鉴证业务基本准则

鉴证业务基本准则是鉴证业务准则概念框架，旨在规范注册会计师执行鉴证业务，明确鉴证业务的目标和要素，确定审计准则、审阅准则、其他鉴证业务准则适用的鉴证业务类型。

（一）鉴证业务定义

鉴证业务是指注册会计师对鉴证对象信息提出结论，以增强除责任方之外的预期使用者对鉴证对象信息信任程度的业务。鉴证对象信息是按照标准对鉴证对象进行评价和计量的结果。如责任方按照会计准则（标准）对其财务状况、经营成果和现金流量（鉴证对象）进行确认、计量和列报（包括披露，下同）而形成的财务报表（鉴证对象信息）。

（二）鉴证业务要素

鉴证业务要素，是指鉴证业务的三方关系、鉴证对象、标准、证据和鉴证报告。

1. 三方关系

三方关系人分别是注册会计师、责任方和预期使用者。责任人是对所鉴证的对象负责的人，如管理层；预期使用者是对注册会计师所鉴证的信息使用的那一方，如股东、投资者、债权人、政府有关部门；注册会计师以独立客观公正的面目出现，对责任方所编制的鉴证信息进行鉴证，提出结论。是否存在三方关系人是判断某项业务是否属于鉴证业务的重要标准之一。如果某项业务不存在除责任方之外的其他预期使用者，那么该业务不构成一项鉴证业务。鉴证业务还会涉及委托人，但委托人不是单独存在的一方，委托人通常是预期使用者之一，委托人也可能由责任方担任。

2. 鉴证对象

在鉴证业务中，存在多种不同类型的鉴证对象，相应地，鉴证对象信息也具有多种不同的形式。当鉴证对象为财务业绩或状况时（如历史或预测的财务状

况、经营成果和现金流量），鉴证对象信息是财务报表；当鉴证对象为非财务业绩或状况时（如企业的运营情况），鉴证对象信息可能是反映效率或效果的关键指标；当鉴证对象为物理特征时（如设备的生产能力），鉴证对象信息可能是有关鉴证对象物理特征的说明文件；当鉴证对象为某种系统和过程时（如企业的内部控制或信息技术系统），鉴证对象信息可能是关于其有效性的认定；当鉴证对象为一种行为时（如遵守法律法规的情况），鉴证对象信息可能是对法律法规遵守情况或执行效果的声明。

3. 标准

标准即用来对鉴证对象进行评价或计量的基准，当涉及列报时，还包括列报的基准。标准可以是正式的规定，如编制财务报表所使用的会计准则；也可以是某些非正式的规定，如单位内部制定的行为准则或确定的绩效水平。

4. 证据

获取充分、适当的证据是注册会计师提出鉴证结论的基础。

5. 鉴证报告

注册会计师应当针对鉴证对象信息（或鉴证对象）在所有重大方面是否符合适当的标准，以书面报告的形式发表能够提供一定保证程度的结论。

（三）鉴证业务的保证程度与目标

鉴证业务不同，保证程度也不同。鉴证业务的保证程度分为合理保证和有限保证。合理保证是一个与积累必要的证据相关的概念，它要求注册会计师通过不断修正的、系统的执业过程，获取充分、适当的证据，对鉴证对象信息整体提出结论、提供一种高水平但不是百分之百的保证。与合理保证相比，有限保证在证据收集程序的性质、时间、范围等方面受到有意识的限制，提供适度水平的保证。因此，合理保证的保证水平要高于有限保证的保证水平。

合理保证的鉴证业务目标是注册会计师将鉴证业务风险降至该业务环境下可接受的低水平，以此作为以积极方式提出结论的基础。如在历史财务信息审计中，要求注册会计师将审计风险降至该业务环境下可接受的低水平，对审计后的历史财务信息提供高水平保证（合理保证），在审计报告中对历史财务信息采用积极方式提出结论。这种业务属于合理保证的鉴证业务。

有限保证的鉴证业务目标是注册会计师将鉴证业务风险降至该业务环境下可接受的水平，以此作为以消极方式提出结论的基础。如在历史财务信息审阅中，要求注册会计师将审阅风险降至该业务环境下可接受的水平（高于历史财务信息审计中可接受的低水平），对审阅后的历史财务信息提供低于高水平的保证（有限保证），在审阅报告中对历史财务信息采用消极方式提出结论。这种业务属于有限保证的鉴证业务。

（四）鉴证业务类型

1. 审计业务

在提供审计服务时，注册会计师对所审计信息是否不存在重大错报提供合理保证，并以积极方式提出结论。

2. 审阅业务

在提供审阅服务时，注册会计师对所审阅信息是否不存在重大错报提供有限保证，并以消极方式提出结论。财务报表审阅目标，是注册会计师在实施审阅程序的基础上，说明是否注意到某些事项使财务报表没有按照适用的会计准则规定编制，未能在所有重大方面公允反映被审阅单位的财务状况、经营成果、现金流量。

相对审计而言，审阅成本较低。例如，小企业可能聘请注册会计师对年度财务报表进行审阅。此外，有些国家的证券监管机构可能要求上市公司聘请注册会计师对中期财务报表进行审阅，以提高季报中披露信息的可信度，或者提高年报中披露的季度信息的可靠性。

3. 其他鉴证业务

根据鉴证业务的性质和业务约定的要求，其他鉴证业务提供有限保证或合理保证。例如，预测性财务报表的审核，内部控制审核，信息技术系统有效性的鉴证，遵守法律法规情况的鉴证，等等。

以预测性财务信息审核为例，说明注册会计师在执行其他鉴证业务时提供的保证程度。预测性财务信息建立在一系列假设的基础上，因此注册会计师对财务信息的审核分为两方面：一方面，需要审核企业使用的一系列假设是否合理，但在判断时往往费很大的时间和精力，也判断不准，因此注册会计师提供有限保证；另一方面，需要审核企业编制预测性财务信息所选用的会计政策是否符合企业的实际情况，是否具有连续性、一致性，这时注册会计师可以提供合理保证。

下面对审计、审阅、其他鉴证业务的主要区别进行比较，如表 3-1 所示。

表 3-1　　审计、审阅、其他鉴证业务的比较

种类	对象	程序性质和范围	保证程度	提出结论的方式
审计业务	历史财务信息	获取充分、适当的证据，证据收集程序包括检查、观察、询问、函证、重新计算、重新执行、分析程序等，使审计风险降至可接受的低水平	合理保证	以积极方式提出结论。例如："我们认为，ABC 公司财务报表在所有重大方面已经按照企业会计准则的规定编制，公允反映了 ABC 公司 20×3 年 12 月 31 日的财务状况以及20×3年度的经营成果和现金流量"。

续表

种类	对象	程序性质和范围	保证程度	提出结论的方式
审阅业务	历史财务信息	获取充分、适当的证据，证据收集程序受到有意识的限制，主要采用询问和分析程序获取证据，使审阅风险降至可接受的水平	有限保证	以消极方式提出结论。例如，“根据我们的审阅，我们没有注意到任何事项使我们相信财务报表没有按照企业会计准则的规定编制，未能在所有重大方面公允反映被审阅单位的财务状况、经营成果和现金流量”。
其他鉴证业务	历史财务报表以外的其他信息（预测性财务信息审核等）	足够的审核程序，使审核风险降至可接受的低水平或可接受的水平	合理或有限保证	以消极或积极方式提出结论。以预测性财务信息审核为例提出结论：“根据我们对支持这些假设的证据的审核，我们没有注意到任何事项使我们认为这些假设没有为预测提供合理基础。而且，我们认为，该预测是在这些假设的基础上恰当编制的，并按照适用的会计准则编制基础的规定进行了列报”。

（五）相关服务业务

相关服务业务包括对财务信息执行商定程序、代编财务信息、税务服务、管理咨询以及会计服务等。

1. 对财务信息执行商定程序

对财务信息执行商定程序，是注册会计师对特定财务数据、单一财务报表或整套财务报表等财务信息执行与特定主体商定的具有审计性质的程序，并就执行的商定程序及其结果出具报告。例如：应某公司委托，对应收账款明细表执行商定程序，目的是为了协助单位评价应收账款记录的正确性。

2. 代编财务信息

代编财务信息，是注册会计师运用会计而非审计的专业知识和技能，代客户编制一套完整或非完整的财务报表，或代为收集、分类和汇总其他财务信息。

3. 税务服务

税务服务包括税务代理和税务策划。税务代理是注册会计师接受企业或个人委托，为其填制纳税申报表，办理纳税事项。税务策划是由于纳税义务发生范围和时间不同，注册会计师从客户利益出发，代替纳税义务人设计可替代或不同结果的纳税方案。其所得税的纳税筹划，现已扩展到财产税、遗产税等诸多税种。

4. 管理咨询

管理咨询服务是注册会计师与非注册会计师激烈竞争的一个领域。从 20 世纪 50 年代起，注册会计师的管理咨询服务收入开始增长，并保持了强劲的增长势头。最近几年，大型会计师事务所越来越明显地成为管理咨询服务的主要提供者。管理咨询服务范围很广，主要包括对公司治理结构、信息系统、预算管理、人力资源管理、财务会计、经营效率、效果和效益等提供诊断及专业意见与建议。

5. 会计服务

注册会计师提供的会计咨询和会计服务业务，除了代编财务信息外，还包括对会计政策的选择和运用提供建议、担任常年会计顾问等。注册会计师执行的会计咨询和会计服务业务属于服务性质，是所有具备条件的中介机构甚至个人都能够从事的非法定业务。

下面对鉴证业务与相关服务业务的主要区别进行比较，如表 3-2 所示。

表 3-2　　鉴证业务与相关服务业务的区别

	鉴证业务	相关服务业务
业务关系人	涉及责任人、预期使用者、注册会计师	客户、注册会计师
业务关注的焦点	鉴证的信息质量	信息的生成及其利用（财务信息的收集、分类和汇总）
工作结果	注册会计师对提出的工作结果要有一定的鉴证结论和保证程度	注册会计师按照约定的标准完成工作
对独立性的要求	要求注册会计师要具有独立性，无论是形式还是实质上	不对独立性提出要求

第二节　注册会计师职业道德

一、注册会计师职业道德概述

注册会计师职业道德，是指对注册会计师的职业品德、职业纪律、职业行为、专业胜任能力及职业责任等的总称。

注册会计师的职业性质决定了其对社会公众应承担的责任。注册会计师以独立的立场对企业管理层编制的财务报表进行审计，提出客观、公正的审计意见，作为财务报表使用人进行决策的依据。所谓财务报表使用人，包括企业现有和潜在的投资人、债权人以及政府有关部门等所有与企业有关并关心企业的人士，可泛指为社会公众。社会公众在很大程度上依赖企业管理层编制的财务报表和注册会计师发表的审计意见，并以此作为决策的基础。注册会计师尽管接受被审计单位的委托并向其收取费用，但从本质上讲，服务的对象却是社会公众，这就决定了注册会计师从诞生的那一天起就承担了对社会公众的责任。

中国注册会计师协会自 1988 年成立以来，一直非常重视注册会计师职业道德建设。1992 年，发布了《中国注册会计师职业道德守则（试行）》；1996 年 12 月 26 日，经财政部批准，发布了《中国注册会计师职业道德基本准则》；2002 年 6 月 25 日，为解决注册会计师职业中违反职业道德的现象，发布了《中国注册会计师职业道德规范指导意见》，于 2002 年 7 月 1 日起施行。2009 年 10 月，中国注册会计师协会印发了《中国注册会计师职业道德守则》（以下简称《职业道德守则》），于 2010 年 7 月 1 日起施行。《职业道德守则》包括五个组成部分，即《中国注册会计师职业道德守则第 1 号——职业道德基本原则》、《中国注册会计师职业道德守则第 2 号——职业道德概念框架》、《中国注册会计师职业道德守则第 3 号——提供专业服务的具体要求》、《中国注册会计师职业道德守则第 4 号——审计和审阅业务对独立性的要求》和《中国注册会计师职业道德守则第 5 号——其他鉴证业务对独立性的要求》。《职业道德守则》的颁布实施标志着我国注册会计师行业诚信建设取得又一重大成果。

二、职业道德基本原则

注册会计师为实现执业目标，必须遵守一系列前提或基本原则。这些基本原则包括诚信，独立性，客观和公正，专业胜任能力和应有的关注，保密，良好职业行为。

（一）诚　信

诚信原则要求会员应当在所有的职业关系和商业关系中保持正直和诚实，秉公处事、实事求是。注册会计师如果认为业务报告、申报资料或其他信息存在含有严重虚假或误导性的陈述、含有缺少充分依据的陈述或信息、存在遗漏或含糊其辞的信息，则不得与这些有问题的信息发生牵连。

（二）独立性

在执行鉴证业务时，注册会计师必须保持独立性。独立性是注册会计师执行鉴证业务的灵魂。中国注册会计师协会会员职业道德守则规定，独立性包括实质上的独立性和形式上的独立性。

（1）实质上的独立性是一种内心状态，要求注册会计师在提出结论时不受有损于职业判断的因素影响，能够诚实公正行事，并保持客观和职业怀疑态度。

（2）形式上的独立性，要求注册会计师避免出现重大的事实和情况，使得一个理性且掌握充分信息的第三方在权衡这些事实和情况后，很可能推定会计师事务所或项目组成员的诚信、客观或职业怀疑态度已经受到损害。

注册会计师在执行鉴证业务时，应从以下几个方面考虑对独立性可能产生的不利影响：经济利益；贷款担保以及商业关系、家庭和私人关系；与审计客户发生雇佣关系；高级职员与审计客户的长期关联；为审计客户提供非鉴证服务；收费；其他事项（薪酬和业绩评价政策、礼品和接待、诉讼或诉讼产生的不利影响）。

（三）客观和公正

客观和公正是指按照事物的本来面目去考察，从实际出发，不添加个人偏见。客观和公正原则要求注册会计师应当公正处事、实事求是，不应因偏见、利益冲突以及他人的不当影响而损害职业判断。如果某一情形导致偏见或者对职业判断产生不当影响，注册会计师不应提供相关专业服务。

（四）专业胜任能力和应有的关注

1. 专业胜任能力

注册会计师不断通过教育、培训和执业实践获取和保持专业胜任能力，将专业知识和技能始终保持在应有的水平之上，以适应当前实务、法律和技术的发展，确保客户或雇佣单位能够得到合格的专业服务。

2. 应有的关注

应有的关注，要求注册会计师勤勉尽责，认真、全面、及时地完成工作任务。在审计过程中，注册会计师应当坚持质疑的思维方式，保持职业怀疑态度，运用专业知识、技能和经验，获取和评价审计证据。所谓质疑的思维方式，是指并不假设责任方是不诚实的；绝不假设是诚信的；对产生怀疑的证据一定要追查。

（五）保　密

注册会计师与客户维持正常的关系，有赖于双方自愿而又充分地进行沟通和交流，不掩饰任何重要的事实和情况，这以保密原则作为基础。保密原则要求注册会计师对由于职业关系和商业关系获知的信息要保密，并不得利用这些信息为自己或第三方谋取利益。在下列情况下，注册会计师可以披露涉密信息：法律法规允许披露，并取得客户的授权；根据法律法规的要求，为法律诉讼、仲裁准备文件或提供证据，以及向监管机构报告所发现的违法行为；法律法规允许的情况下，在法律诉讼、仲裁中维护自己的合法权益；接受注册会计师协会或监管机构的执业质量检查，答复其询问和调查；法律法规、执业准则和职业道德规范规定的其他情形。

（六）良好职业行为

职业行为原则要求注册会计师应当遵守相关法律法规，避免发生任何损害职业声誉的行为。在推介自身和工作时，注册会计师不应损害职业形象。注册会计师应当诚实、实事求是，不应存在下列行为：对其能够提供的服务、拥有的资质以及积累的经验进行夸大宣传；对其他注册会计师的工作进行贬低或无根据地比较。

三、对职业道德基本原则产生不利影响的因素及防范措施

（一）对职业道德基本原则产生不利影响的因素

1. 自身利益导致不利影响的情形

自身利益导致不利影响的情形主要包括：（1）鉴证业务项目组成员在鉴证客户中拥有直接经济利益；（2）会计师事务所的收入过分依赖某一客户；（3）鉴证业务项目组成员与鉴证客户存在重要且密切的商业关系；（4）会计师事务所担心可能失去某一重要客户；（5）鉴证业务项目组成员正在与鉴证客户协商受雇于该客户；（6）会计师事务所与客户就鉴证业务达成或有收费的协议；（7）在评价所在会计师事务所以往提供的专业服务时，发现了重大错误。

2. 自我评价导致不利影响的情形

自我评价导致不利影响的情形主要包括：（1）会计师事务所在对客户提供财务系统的设计或操作服务后，又对该系统的运行有效性出具鉴证报告；（2）会计师事务所编制用于生成有关记录的原始数据，又将这些数据作为鉴证对象；（3）鉴证业务项目组成员现在是或最近曾是客户的董事或高级管理人员；（4）鉴证业务项目组成员现在受雇于或最近曾受雇于客户，且在客户中担任能够对鉴证对象产生重大影响的职务；（5）会计师事务所为鉴证客户提供了其他服务，该服务会直接影响鉴证业务中的鉴证对象信息。

3. 过度评价导致不利影响的情形

过度评价导致不利影响的情形主要包括：（1）会计师事务所推介审计客户的股份；（2）在鉴证客户与第三方发生诉讼或纠纷时，注册会计师担任该客户的辩护人。

4. 密切关系导致不利影响的情形

密切关系导致不利影响的情形主要包括：（1）项目组成员的近亲属担任客户的董事或高级管理人员；（2）项目组成员的近亲属是客户的员工，而该员工所处职位能够对业务对象施加重大影响；（3）客户的董事、高级管理人员或所处职位

能够对业务对象施加重大影响的员工，最近曾担任会计师事务所的项目合伙人；（4）注册会计师接受客户的礼品或款待；（5）会计师事务所的合伙人或高级员工与鉴证客户存在长期业务关系。

5. 外在压力导致不利影响的情形

外在压力导致不利影响的情形主要包括：（1）会计师事务所受到客户解除业务关系的不利影响；（2）审计客户表示，如果会计师事务所不同意对某项交易的会计处理，则不再委托其承办拟议中的非鉴证业务；（3）客户威胁将起诉会计师事务所；（4）会计师事务所受到降低收费的影响而不恰当缩小工作范围；（5）由于客户的员工对所讨论的事项更具专长，注册会计师面临服从其判断的压力；（6）会计师事务所合伙人告知注册会计师，除非同意审计客户的不恰当的会计处理，否则将影响晋升。

（二）注册会计师应对不利影响的防范措施

注册会计师应当运用职业判断，确定如何应对超出可接受水平的不利影响，包括采取防范措施消除威胁或将其降至可接受水平，或者终止业务约定或拒绝接受业务委托。在具体工作环境中，防范措施包括会计师事务所层面和具体业务层面的防范措施。

1. 会计师事务所层面的防范措施

会计师事务所层面的防范措施包括：（1）会计师事务所领导层强调遵循职业道德基本原则的重要性；（2）会计师事务所领导层倡导鉴证业务项目组成员维护公众利益；（3）实施和监控项目质量控制的政策和程序；（4）制定有关政策，以识别对遵循职业道德基本原则的威胁、评价这些威胁的重要程度、采取防范措施以消除威胁或将其降至可接受水平。如果无法采取适当的防范措施，应当终止业务约定或拒绝接受业务委托；（5）制定有关政策和程序，保证遵循职业道德基本原则；（6）制定有关政策和程序，识别会计师事务所或项目组成员与客户之间的利益或关系；（7）制定有关政策和程序，监控对某一客户收入的依赖程度；（8）当向鉴证客户提供非鉴证服务时，分派不同的合伙人和项目组，并向不同的上级报告工作；（9）制定有关政策和程序，防止项目组以外的人员对业务结果产生不当影响；（10）及时与所有合伙人和专业人员沟通会计师事务所的政策和程序及其变化情况，并就这些政策和程序进行适当的培训和教育；（11）指定高级管理人员负责监督会计师事务所质量控制系统是否适当运行；（12）向合伙人和专业人员提出鉴证客户和关联实体的名单，要求与之保持独立性；（13）公开相关政策和程序，以鼓励和授权员工向会计师事务所的高层反映遵循职业道德基本原则方面的问题；（14）建立惩戒机制，保障相关政策和程序得到遵守。

2. 具体业务层面的防范措施

具体业务层面的防范措施包括：(1) 对已执行的非鉴证服务，由未参与该业务的注册会计师复核，或在必要时提供建议；(2) 对已执行的鉴证工作，由鉴证业务项目组以外的注册会计师复核，或在必要时提供建议；(3) 向审计委员会、监管机构或注册会计师协会咨询；(4) 与客户治理层讨论职业道德问题；(5) 向客户治理层披露服务性质和收费金额；(6) 由其他会计师事务所执行或重新执行部分业务；(7) 轮换鉴证业务项目组高级员工。

练习题

一、单项选择题

1. 注册会计师接受委托人的委托从事下列业务，其中属于其他鉴证业务的是（　　）。

A. 对财务信息执行商定程序　　B. 对预测性财务信息进行审核

C. 为委托人代编财务信息　　D. 对中期财务报表进行审阅

2. 鉴证业务涉及的三方关系人是指（　　）。

A. 注册会计师、委托人、被鉴证单位

B. 注册会计师、委托人、责任方

C. 注册会计师、责任方、预期使用者

D. 注册会计师、委托人、预期使用者

3. 如果会计师事务所坚持不同意审计客户对某项交易的会计处理，审计客户可能不将计划中的非鉴证服务合同提供给该会计师事务所，该情形将因（　　）因素导致对职业道德基本原则产生不利影响。

A. 密切关系　　B. 自身利益

C. 自我评价　　D. 外在压力

4. 根据《中国注册会计师职业道德守则》，下列说法中正确的是（　　）。

A. 注册会计师在执业过程中，一定要保持实质上的独立性，但是形式上的独立性可以不需要保持

B. 注册会计师可以夸大宣传提供的服务、拥有的资质或获得的经验

C. 会计师事务所任何情况下都不得以或有收费的形式为客户提供鉴证服务

D. 在审计过程中，注册会计师应当保持职业怀疑态度，运用专业知识、技能和经验，获取和评价审计证据

5. 注册会计师的下列行为中，违反职业道德守则的是（　　）。

A. 注册会计师应按照业务约定和专业准则的要求完成委托业务

B. 注册会计师应当对执行业务过程中知悉的商业秘密保密，并不得利用其为自己或他人牟取利益

C. 除有关法规允许的情形外，会计师事务所不得以或有收费形式为客户提供各种鉴证服务

D. 注册会计师可以对其能够提供的服务、拥有的资质进行夸大宣传，但不得诋毁同行

6. 在以下有关注册会计师职业道德的基本原则中，（　　）主要是针对注册会计师在专业过程中所持内心状态的要求。

A. 诚信　　B. 独立

C. 专业胜任能力和应有的关注　　D. 客观与公证

7. 在执行审计业务过程中，如果项目合伙人接受了客户财务负责人赠送的红包，将会从（　　）方面对职业道德产生不利影响。

A. 自我评价　　B. 过度推介

C. 密切关系　　D. 外在压力

二、多项选择题

1. 注册会计师相关服务业务包括（　　）。

A. 代编财务报表　　B. 管理咨询

C. 内部控制审核　　D. 税务代理

2. 注册会计师能够提供的相关服务业务不包括（　　）。

A. 管理咨询　　B. 税务服务

C. 审阅业务　　D. 验资

3. 中国注册会计师业务准则包括（　　）。

A. 鉴证业务准则　　B. 职业道德守则

C. 质量控制准则　　D. 相关服务准则

4. 在X公司审计项目组成员存在的以下情形中，违反职业道德的有（　　）。

A. 项目组成员甲在审计报告日通知其朋友抛售所持有的X公司股票

B. 项目组成员乙在审计报告日协助其他公司在竞标中击败了X公司

C. 项目组成员丙在加入项目组之前出售了持有的X公司股票

D. 项目合伙人决定在审计报告中披露X公司无力偿还债务的情况

5. 下列关于注册会计师职业道德的说法中，正确的有（　　）。

A. 独立性是注册会计师执行鉴证业务的灵魂

B. 独立性有两个方面，实质上的独立和形式上的独立

C. 实质上的独立，是指注册会计师在发表意见时其专业判断不受影响，公

正执业，保持客观和专业怀疑

D. 形式上的独立，是指会计师事务所或鉴证小组避免出现使得任意第三方推断其公正性、客观性或专业怀疑受到损害的重大情形

6. 中国注册会计师鉴证业务基本准则是鉴证业务准则的概念性框架，旨在规范注册会计师执行鉴证业务。在该基本准则确定的适用范围中，包括（　　）。

A. 中国注册会计师审阅准则

B. 会计师事务所质量控制准则

C. 中国注册会计师审计准则

D. 中国注册会计师其他鉴证业务准则

三、判断题

1. 注册会计师在执行各类业务时，都应遵守独立、客观、公正、专业胜任能力和应有的关注、保密等职业原则。（　　）

2. 在提供审计服务时，注册会计师对所审计信息是否不存在重大错误提供合理保证，并以消极方式提出结论。（　　）

3. 注册会计师可以夸大宣传提供的服务、拥有的资质或获得的经验。（　　）

4. 在审计过程中，注册会计师应当保持职业怀疑态度，运用专业知识、技能和经验，获取和评价审计证据。（　　）

四、简答题

ABC会计师事务所首次接受委托，承办V公司20×3年度财务报表审计业务，并于20×3年底与V公司签订审计业务约定书。假定存在以下情况：

(1) ABC会计师事务所以明显低于前任注册会计师的审计收费承接了业务，并且，通过与前任注册会计师和当地相同规模的其他会计师事务所进行比较，向V公司保证，在审计中能够遵循中国注册会计师执业准则，审计质量不会因降低收费而受到影响。

(2) 在签订审计业务约定书后，ABC会计师事务所的A注册会计师受聘担任V公司独立董事。按照原定审计计划，A注册会计师为该审计项目的审计负责人。为保持独立性，ABC会计师事务所在执行该审计业务前，将A注册会计师调离审计小组。

(3) V公司因为产品质量问题与X公司发生经济纠纷，项目组成员B注册会计师担任V公司的辩护人。

(4) 项目组成员C注册会计师出资500万元与V公司共同成立了Y公司，对Y公司实施共同控制。

(5) 项目组成员D注册会计师两年前为V公司财务主管，离职后同V公司

没有任何联系，且不拥有V公司的股票。

要求：请就上述5种情况判断是否对职业道德原则产生不利影响，属于何种类型，并简要说明理由。

五、小组讨论题

与其他行业比较，注册会计师职业道德有什么特殊之处？当前，我国注册会计师职业道德建设面临的问题以及影响因素有哪些？

CHAPTER

4 第四章 审计目标与审计程序

【学习目标】通过本章学习，掌握审计的总目标；熟悉财务报表审计责任的划分；掌握管理层的认定和具体审计目标的确定；了解风险导向审计程序。

引例

“会计责任”与“审计责任”之争

2009年10月14日，中国证监会发布行政处罚决定书40号与41号公告，涉及夏新电子股份有限公司（以下简称夏新电子）2006年年度报告违反证券法律法规行为，以及出具了含有虚假内容审计报告的天健华证中洲（北京）会计师事务所有限公司（以下简称天健所）。具体违法事实如下：

（一）商业承兑汇票披露存在误导性陈述

夏新电子在2006年年度会计报表附注中披露，2006年12月31日应收票据明细项目中：银行承兑汇票699 833 498.04元、商业承兑汇票10 682 440.00元，合计710 515 938.04元。天健所在对应收票据进行审计时，所抽查的凭证号为5000045266、5000045095、5000045083的记账凭证所附的票据号为03151018、05939918、06422551的应收票据均为商业承兑汇票，但抽查结论仍为“未见异常”、“可以确认”，从而未发现夏新电子商业承兑汇票披露存在误导性陈述。实际上，除上述已披露的商业承兑汇票外，夏新电子2006年12月31日的银行承兑汇票中有280 878 100元为商业承兑汇票。

（二）未如实披露销售退回

夏新电子未根据资产负债表日后调整事项的要求，将2006年度销售、2007年1—3月份退回的产品，冲减2006年度的主营业务收入31 424 138.89元和主营业务成本 18 212 444.77 元，导致虚增利润 13 211 694.12 元。天健所未对夏新电子资产负债表日后销售退回事项予以关注。在对资产负债表日后销售退回进行审计时，未对期后退回事项进行充分的内控程序测试；在“主营业务收入”底稿中，针对审计程序“检查决算日后所有在决算日前销售的退回记录”，天健所标注“N/A”，即不适用；抽查“主营业务收入”项目凭证中，天健所仅抽查了 2006 年 3、4、5 月的退货凭证，未对 2007 年 1—3 月的退货进行抽查；在资产负债表日前后进行截止性测试时，仅抽查了夏新电子 2006 年度凭证，未对 2007 年 1—3 月凭证进行抽查；在其他相关审计底稿中，也未见天健所针对期后销售退回所实施的相应审计程序，导致天健所未发现夏新电子未在 2006 年财务报表中对资产负债表日后销售退回进行恰当的会计处理。

（三）未足额计提返利价保

夏新电子除 2006 年年报已预提的返利价保金额外，还存在已与客户确认、应归属于 2006 年度的部分返利价保 27 561 924.77 元，未予以计提，导致虚增利润 27 561 924.77 元。天健所在对 2006 年度返利价保预提事项审计时，未进一步采取其他替代性程序，去关注期后维护核算系统的相关记录。

在中国证监会调查过程中，夏新电子认为商业承兑汇票在会计报表附注归类不当、处理不准确，是公司和会计师审核疏漏。天健所认为夏新电子在财务报表附注中对应收票据的分类没有作出恰当的披露，是夏新电子的会计责任问题；夏新电子财务报表的会计责任不能连带推定注册会计师一定要承担相应的审计责任。

中国证监会认为，会计责任和审计责任是两种性质完全不同的责任，二者不可替代和混淆，公司会计责任并不能消除注册会计师审计责任；审计工作的整体质量是建立在对每一个会计科目审计程序的规范执行上，整体审计质量离不开勤勉尽责的项目审计；审计工作的计划和实施过程中，注册会计师都应当保持职业怀疑态度，充分考虑可能存在导致财务报表发生重大错报的情形。

在这场会计责任与审计责任之争中，中国证监会最终决定：对夏新电子给予警告，并处以 60 万元罚款，相关高管处以总金额 39 万元的罚款并警告；没收天健所业务收入 75 万元，并处以 25 万元罚款，给予两名签字注册会计师警告，并分别处以 5 万元罚款。

第一节　财务报表审计的目标与责任划分

一、财务报表审计的总目标

审计目标是在一定历史环境下，人们通过审计实践活动所期望达到的境地或最终结果，它包括财务报表审计的总目标以及各类交易、账户余额、列报相关的具体审计目标两个层次。

注册会计师审计的发展主要经历了详细审计、资产负债表审计和财务报表审计三个阶段，审计总目标随之也有所变化。详细审计阶段的审计目标是查错防弊；资产负债表审计阶段的审计目标是对历史财务信息进行鉴证，查错防弊的目标已退居第二位，审计的功能从防护性发展为公证性；在财务报表审计阶段，注册会计师判定被审计单位一定时期内的财务报表是否公允地反映其财务状况、经营成果和现金流量，并在出具审计报告的同时，提出改进经营管理的意见。现阶段，审计目标不再限于查错防弊和历史财务信息公证，而是向管理领域有所深入和发展。尽管审计总目标发生了变化，注册会计师的重要职责之一却始终是对被审计单位财务报表进行审计。财务报表审计是与审计相关业务的基础，其他性质的业务从某种意义上讲都是财务报表审计的延伸和发展。

审计的目的是提高财务报表预期使用者对财务报表的信赖程度。《中国注册会计师审计准则第 1101 号——注册会计师的总体目标和审计工作的基本要求》规定，财务报表审计的目标是注册会计师通过执行审计工作，对财务报表的下列方面发表审计意见：（1）对财务报表整体是否不存在由于舞弊或错误导致的重大错报获取合理保证，使得注册会计师能够对财务报表是否在所有重大方面按照适用的财务报告编制基础编制发表审计意见；（2）按照审计准则的规定，根据审计结果对财务报表出具审计报告，并与管理层和治理层沟通。

财务报表审计的目标对注册会计师的审计工作发挥着导向作用，它界定了注册会计师的责任范围，直接影响注册会计师计划和实施审计程序的性质、时间和范围，决定了注册会计师如何发表审计意见。例如，既然财务报表审计目标是对财务报表整体发表审计意见，注册会计师就可以只关注与财务报表编制和审计有关的内部控制，而不对内部控制本身发表鉴证意见。同样，注册会计师关注被审计单位的违反法规行为，是因为这些行为影响到财务报表，而不是对被审计单位是否存在违反法规行为提供鉴证。

二、财务报表审计的责任划分

在财务报表审计中，明确划分责任，不仅有助于被审计单位管理层、治理层和注册会计师认真履行各自的责任，为财务报表及其审计报告的使用者提供有用的经济决策信息，还有利于保护相关各方的正当权益。

（一）被审计单位管理层和治理层的责任

企业的所有权与经营权分离后，经营者负责企业的日常经营管理并承担受托责任。管理层通过编制财务报表反映受托责任的履行情况。为了借助公司内部之间的权力平衡和制约关系保证财务信息的质量，现代公司治理结构往往要求治理层对管理层编制财务报表的过程实施有效的监督。管理层，是指对被审计单位经营活动的执行负有经营管理责任的人员。在某些被审计单位，管理层包括部分或全部的治理层成员，如治理层中负有经营管理责任的人员，或参与日常经营管理的业主（以下简称业主兼经理）。治理层，是指对被审计单位战略方向以及管理层履行经营管理责任负有监督责任的人员或组织。治理层的责任包括监督财务报告过程。在某些被审计单位，治理层可能包括管理层，如治理层中负有经营管理责任的人员，或业主兼经理。

在治理层的监督下，管理层作为会计工作的行为人，对编制财务报表负有直接责任。《中华人民共和国会计法》第二十一条规定，财务会计报告应当由单位负责人和主管会计工作的负责人、会计机构负责人（会计主管人员）签名并盖章；设置总会计师的单位，还须由总会计师签名并盖章。单位负责人应当保证财务会计报告真实、完整。《中华人民共和国公司法》第一百七十一条规定，公司应当向聘用的会计师事务所提供真实、完整的会计凭证、会计账簿、财务会计报告及其他会计资料，不得拒绝、隐匿、谎报。

管理层和治理层（如适用）认可并理解其应当承担下列责任，这些责任构成注册会计师按照审计准则的规定执行审计工作的基础：

（1）按照适用的财务报告编制基础编制财务报表，并使其实现公允反映（如适用）；

（2）设计、执行和维护必要的内部控制，以使财务报表不存在由于舞弊或错误导致的重大错报；

（3）向注册会计师提供必要的工作条件，包括允许注册会计师接触与编制财务报表相关的所有信息（如记录、文件和其他事项），向注册会计师提供审计所需的其他信息，允许注册会计师在获取审计证据时不受限制地接触其认为必要的内部人员和其他相关人员。

（二）注册会计师的责任

按照审计准则的规定对财务报表发表审计意见是注册会计师的责任。注册会计师作为独立的第三方，对财务报表发表审计意见，有利于提高财务报表的可信赖程度。为履行这一职责，注册会计师应当遵守职业道德规范，按照审计准则的规定计划和实施审计工作，获取充分、适当的审计证据，并根据获取的审计证据得出合理的审计结论、发表恰当的审计意见。注册会计师通过签署审计报告确认其责任。

（三）两种责任不能相互取代

财务报表审计不能减轻被审计单位管理层和治理层的责任。财务报表编制和财务报表审计是财务信息生成链条上的不同环节，两者各司其职。法律法规要求管理层和治理层对编制财务报表承担责任，有利于从源头上保证财务信息质量。同时，在某些方面，注册会计师与管理层和治理层之间可能存在信息不对称。管理层和治理层作为内部人员，对企业的情况更为了解，更能作出适合企业特点的会计处理决策和判断，因此管理层和治理层理应对编制财务报表承担完全责任。尽管在审计过程中，注册会计师可能向管理层和治理层提出调整建议，甚至在不违反独立性的前提下为管理层编制财务报表提供协助，但管理层仍然对编制财务报表承担责任，并通过签署财务报表确认这一责任。

如果财务报表存在重大错报，而注册会计师通过审计没有能够发现，也不能因为财务报表已经注册会计师审计这一事实而减轻管理层和治理层对财务报表的责任。

第二节　认定与具体的审计目标

一、认　定

认定是指管理层在财务报表中作出的明确或隐含的表达，注册会计师将其用于考虑可能发生的不同类型的潜在错报。

管理层在财务报表上的认定有些是明确表达的，有些则是隐含表达的。例如，管理层在资产负债表中列报存货及其金额，意味着作出了下列明确的认定：（1）记录的存货是存在的；（2）存货以恰当的金额包括在财务报表中，与之相关的计价或分摊调整已恰当记录。同时，管理层也作出下列隐含的认定：（1）所有应当记录的存货均已记录；（2）记录的存货都由被审计单位拥有。

（一）与各类交易和事项相关的认定

注册会计师对所审计期间的各类交易和事项运用的认定通常分为下列类别：

（1）发生：记录的交易和事项已发生且与被审计单位有关。

（2）完整性：所有应当记录的交易和事项均已记录。

（3）准确性：与交易和事项有关的金额及其他数据已恰当记录。

（4）截止：交易和事项已记录于正确的会计期间。

（5）分类：交易和事项已记录于恰当的账户。

(二) 与期末账户余额相关的认定

注册会计师对期末账户余额运用的认定通常分为下列类别：

(1) 存在：记录的资产、负债和所有者权益是存在的。

(2) 权利和义务：记录的资产由被审计单位拥有或控制，记录的负债是被审计单位应当履行的偿还义务。

(3) 完整性：所有应当记录的资产、负债和所有者权益均已记录。

(4) 计价和分摊：资产、负债和所有者权益以恰当的金额包括在财务报表中，与之相关的计价或分摊调整已恰当记录。

(三) 与列报和披露相关的认定

注册会计师对列报和披露运用的认定通常分为下列类别：

(1) 发生及权利和义务：披露的交易、事项和其他情况已发生，且与被审计单位有关。

(2) 完整性：所有应当包括在财务报表中的披露均已包括。

(3) 分类和可理解性：财务信息已被恰当地列报和描述，且披露内容表述清楚。

(4) 准确性和计价：财务信息和其他信息已公允披露，且金额恰当。

二、具体审计目标

管理层对财务报表各组成要素均作出了认定，注册会计师的审计工作就是要确定管理层的认定是否恰当。

(一) 与各类交易和事项相关的审计目标

1. 发生

由发生认定推导的审计目标是确认已记录的交易是真实的。例如，如果没有发生销售交易，但在销售日记账中记录了一笔销售，则违反了该目标。发生认定所要解决的问题是管理层是否把那些不曾发生的项目列入财务报表，它主要与财务报表组成要素的高估有关。

2. 完整性

由完整性认定推导的审计目标是确认已发生的交易确实已经记录。例如，如果发生了销售交易，但没有在销售明细账和总账中记录，则违反了该目标。

发生和完整性两者强调的是相反的关注点。发生目标针对潜在的高估，而完整性目标则针对漏记交易（低估）。

3. 准确性

由准确性认定推导出的审计目标是确认已记录的交易是按正确金额反映的。例如，如果在销售交易中，发出商品的数量与账单上的数量不符，或是开账单时使用了错误的销售价格，或是账单中的乘积或加总有误，或是在销售明细账中记录了错误的金额，则违反了该目标。

准确性与发生、完整性之间存在区别。例如，若已记录的销售交易是不应当记录的（如发出的商品是寄销商品），则即使发票金额是准确计算的，仍违反了发生目标。再如，若已入账的销售交易是对正确发出商品的记录，但金额计算错误，则违反了准确性目标，但没有违反发生目标。在完整性与准确性之间也存在同样的关系。

4. 截止

由截止认定推导出的审计目标是确认接近于资产负债表日的交易记录于恰当的期间。例如，如果本期交易推到下期，或下期交易提到本期，均违反了截止目标。

5. 分类

由分类认定推导出的审计目标是确认被审计单位记录的交易经过适当分类。例如，如果将现销记录为赊销，将出售固定资产所得的收入记录为营业收入，则导致交易分类的错误，违反了分类的目标。

与各类交易与事项相关的认定与具体审计目标的对应关系如表 4-1 所示。

表 4-1　　与各类交易与事项相关的认定与具体审计目标的对应关系

认定	各类认定的含义	各类认定对应的具体审计目标
发生	记录的交易和事项已发生，且与被审计单位有关	已记录的交易是真实的
完整性	所有应当记录的交易和事项均已记录	已发生的交易确实已记录
准确性	与交易和事项有关的金额及其他数据已恰当记录	已记录的交易是按正确金额反映
截止	交易和事项已记录于正确的会计期间	接近于资产负债表日的交易记录于恰当的期间
分类	交易和事项已记录于恰当的账户	被审计单位记录的交易经过恰当分类

（二）与期末账户余额相关的审计目标

1. 存在

由存在认定推导的审计目标是确认记录的金额确实存在。例如，如果不存在某顾客的应收账款，在应收账款明细表中却列入了对该顾客的应收账款，则违反了存在性目标。

2. 权利和义务

由权利和义务认定推导的审计目标是确认资产归属于被审计单位，负债属于被审计单位的义务。例如，将他人寄售商品列入被审计单位的存货中，违反了权利目标；将不属于被审计单位的债务记入账内，违反了义务目标。

3. 完整性

由完整性认定推导的审计目标是确认已存在的金额均已记录。例如，如果存在某顾客的应收账款，在应收账款明细表中却没有列入对该顾客的应收账款，则违反了完整性目标。

4. 计价和分摊

由计价分摊认定推导的审计目标是资产、负债和所有者权益以恰当的金额包括在财务报表中，与之相关的计价或分摊调整已恰当记录。例如，应收账款坏账准备的计提、固定资产的折旧、存货跌价准备的计提等已恰当记录在相关账户，在编制资产负债表时已恰当地调整了相关资产项目的金额。

与期末账户余额相关的认定和具体审计目标的对应关系如表 4-2 所示。

表 4-2　　与期末账户余额相关的认定和具体审计目标的对应关系

认定	各类认定的含义	各类认定对应的具体审计目标
存在	记录的资产、负债和所有者权益是存在的	记录的金额确实存在
权利和义务	记录的资产由被审计单位拥有或控制，记录的负债是被审计单位应当履行的偿还义务	资产归属于被审计单位，负债属于被审计单位的义务
完整性	所有应当记录的资产、负债和所有者权益均已记录	已存在的金额均已记录
计价和分摊	资产、负债、所有者权益以恰当的金额包括在财务报表中，与之相关的计价或分摊调整已恰当记录	资产、负债、所有者权益以恰当的金额包括在财务报表中，与之相关的计价或分摊调整已恰当记录

（三）与列报和披露相关的审计目标

财务报表还可能因被审计单位误解有关列报的规定或舞弊等而产生错报；还可能因被审计单位没有遵守一些专门的披露要求而导致财务报表错报。因此，注册会计师还应当对各类交易、账户余额及相关事项在财务报表中列报的正确性实施审计。

1. 发生以及权利和义务

将没有发生的交易、事项，或与被审计单位无关的交易和事项包括在财务报表中，则违反该目标。例如，复核董事会会议记录中是否记载了固定资产抵押等事项；询问管理层固定资产是否被抵押，即是对列报的权利认定的运用。如果抵押固定资产则需要在财务报表中列报，说明其权利受到限制。

2. 完整性

如果应当披露的事项没有包括在财务报表中，则违反该目标。例如，检查关联方和关联交易，以验证其在财务报表中是否得到充分披露，即是对列报的完整性认定的运用。

3. 分类和可理解性

财务信息已被恰当地列报和描述，且披露内容表述清楚。例如，检查存货的主要类别是否已披露，是否将一年内到期的长期负债列为流动负债，即是对列报的分类和可理解性认定的运用。

4. 准确性和计价

财务信息和其他信息已公允披露，且金额恰当。例如，检查财务报表附注是否分别对原材料、在产品和产成品等存货成本核算方法作了恰当说明，即是对列报的准确性和计价认定的运用。

与列报和披露相关的认定和具体审计目标的对应关系如表 4-3 所示。

表 4-3　　与列报相关的认定和具体审计目标的对应关系

认定	各类认定的含义	各类认定对应的具体审计目标
发生及权利和义务	披露的交易、事项和其他情况已发生，且与被审计单位有关	发生的交易、事项，或与被审计单位有关的交易和事项包括在财务报表中
完整性	所有应当包括在财务报表中的披露均已包括	应当披露的事项均已包括在财务报表中
分类和可理解性	财务信息已被恰当地列报和描述，且披露内容表述清楚	财务信息已被恰当地列报和描述，且披露内容表述清楚
准确性和计价	财务信息和其他信息已公允披露，且金额恰当	财务信息和其他信息已公允披露，且金额恰当

第三节　审计过程与审计目标的实现

注册会计师在审计过程中，以识别、评估以及应对重大错报风险为工作主线。因此，审计过程可具体地分为五个阶段：接受业务委托、计划审计工作、实施风险评估程序、实施控制测试和实质性程序、完成审计工作和编制审计报告。

一、接受业务委托

接受业务委托阶段的主要工作包括：了解和评价审计对象的可审性；决策是否考虑接受委托；商定业务约定条款；签订审计业务约定书等。

会计师事务所应当按照执业准则的规定，谨慎决策是否接受或保持某客户关系和具体审计业务。在接受委托前，注册会计师应当初步了解审计业务环境，包括业务约定事项、审计对象特征、使用的标准、预期使用者的需求、责任方及其环境的相关特征，以及可能对审计业务产生重大影响的事项、交易、条件和惯例等其他事项。只有认为符合专业胜任能力、独立性和应有的关注等职业道德要求，并且拟承接的业务具备下列所有特征，注册会计师才能将其作为审计业务予以承接：(1) 审计对象适当；(2) 使用的标准适当且预期使用者能够获取该标准；(3) 注册会计师能够获取充分、适当的证据以支持其结论；(4) 注册会计师的结论以书面报告形式表述，且表述形式与所提供的保证程度相适应；(5) 该业务具有合理的目的。如果审计业务的工作范围受到重大限制，或者委托人试图将注册会计师的名字和审计对象不适当地联系在一起，则该项业务可能不具有合理的目的。

二、计划审计工作

计划审计工作主要包括：在本期审计业务开始时开展的初步业务活动；制定总体审计策略；制定具体审计计划等。

如果计划审计工作考虑不周，不仅会导致盲目实施审计程序，无法获得充分、适当的审计证据以将审计风险降至可接受的低水平，影响审计目标的实现，而且还会浪费有限的审计资源，增加不必要的审计成本，影响审计工作的效率。因此，对于任何一项审计业务，注册会计师在执行具体审计程序之前，都必须根据具体情况制定科学、合理的计划，使审计业务以有效的方式得到执行。

三、实施风险评估程序

实施风险评估程序的主要工作包括：了解被审计单位及其环境；识别和评估财务报表层次以及各类交易、账户余额和披露认定层次的重大错报风险，包括确定需要特别考虑的重大错报风险（即特别风险）以及仅通过实质性程序无法应对的重大错报风险等。

审计准则规定，注册会计师必须实施风险评估程序，以此作为评估财务报表层次和认定层次重大错报风险的基础。所谓风险评估程序，是指注册会计师实施的了解被审计单位及其环境并识别和评估财务报表重大错报风险的程序。风险评估程序是必要程序，特别是了解被审计单位及其环境，为注册会计师在许多关键环节做出职业判断提供了重要基础。

四、实施控制测试和实质性程序

注册会计师实施风险评估程序本身并不足以为发表审计意见提供充分、适当的审计证据，注册会计师还应当实施进一步审计程序，包括实施控制测试（必要时或决定测试时）和实质性程序。实施控制测试的目的是测试内部控制在防止、发现、纠正重大错报方面运行有效性，从而支持或修正重大错报风险的评估结果，据以确定实质性程序的性质、时间、范围。实质性程序包括对重大风险各类交易、账户余额列报的细节测试以及实质性分析程序。

注册会计师评估财务报表重大错报风险后，应当运用职业判断，针对评估的财务报表层次重大错报风险确定总体应对措施，并针对评估的认定层次重大错报风险设计和实施进一步审计程序，目的是获取充分、适当的审计证据，将审计风险降至可接受的低水平，最终得出合理的审计结论，作为形成审计意见的基础。

五、完成审计工作和编制审计报告

注册会计师在完成进一步审计程序后，还应当按照有关审计准则的规定做好审计完成阶段的工作。本阶段主要工作有：审计期初余额、比较数据、期后事项和或有事项；考虑持续经营问题和获取管理层声明；汇总审计差异，并提请被审计单位调整或披露；复核审计工作底稿和财务报表；与管理层和治理层沟通；评价审计证据，形成审计意见；编制审计报告等。

审计过程与主要工作的总结如表 4-4 所示。

表 4-4　　　　审计过程与主要工作

审计过程	主要工作
接受业务委托	了解和评价审计对象的可审性；决策是否考虑接受委托；商定业务约定条款；签订审计业务约定书等
计划审计工作	开展初步业务活动；制定总体审计策略；制定具体审计计划
实施风险评估程序	了解被审计单位及其环境；识别和评估重大错报风险
实施控制测试和实质性程序	控制测试；实质性程序
完成审计工作和编制审计报告	审计期初余额、比较数据等；考虑持续经营问题和获取管理层声明；汇总审计差异；提请调整或披露；审核审计工作底稿和财务报表；与管理层和治理层沟通；评价所有审计证据，形成审计意见；编制审计报告等

练习题

一、单项选择题

1. 下列各项中，与所审计期间的各类交易和事项相关的认定是（　　）。

A. 计价和分摊　　B. 权利和义务

C. 完整性　　D. 存在

2. 注册会计师对某项资产是按历史成本入账还是按公允价值入账，主要是为了证实资产的（　　）认定。

A. 存在　　B. 完整性

C. 计价和分摊　　D. 准确性

3. 注册会计师在对某上市公司进行财务报表审计时发现，被审计单位未将其一年内到期的长期负债在流动负债项下单独列示，注册会计师应当考虑的对该项目审计目标的相关认定是（　　）。

A. 存在　　B. 完整性

C. 计价和分摊　　D. 分类和可理解性

4. 在注册会计师所关心的下列各种问题中，能够实现截止目标的是（　　）。

A. 应收账款是否已经按照规定计提坏账准备

B. 年后开出的支票是否未计入报告期报表中

C. 存货的跌价损失是否已抵减

D. 固定资产是否有用作抵押的

5. 如果被审计单位将其固定资产用作某笔长期借款项目的抵押物，但没有在财务报表附注中披露，则其违反的认定是（　　）。

A. 计价和分摊　　B. 完整性

C. 发生　　D. 准确性和计价

二、多项选择题

1. 为实现对上市公司"完整性"认定相关的审计目标，注册会计师一般考虑与下列（　　）项目的低估有关。

A. 应付账款　　B. 应收账款

C. 管理费用　　D. 预付款项

2. 下列类别中，属于注册会计师针对列报和披露运用的认定是（　　）。

A. 分类和可理解性　　B. 发生以及权利和义务

C. 完整性、准确性和计价　　D. 截止和分摊

3. 注册会计师A通过盘点得知存货实有500万元，但是财务报表上记录600万元，注册会计师应认为管理层对存货项目的（　　）认定存在问题。

A. 发生　　B. 准确性

C. 计价和分摊　　D. 存在

4. 有关对财务报表认定的下列表述中，不正确的提法有（　　）。

A. “存在”认定主要与财务报表组成要素的低估有关

B. “完整性”认定主要与财务报表组成要素的高估有关

C. “权利和义务”认定只与资产负债表组成要素有关

D. “计价和分摊”认定只与利润表组成要素有关

5. 具体审计目标是注册会计师根据被审计单位管理层对财务报表的认定推论得出的，具体审计目标一般包括（　　）。

A. 财务报表的合法性与公允性

B. 与各类交易和事项相关的审计目标

C. 与期末账户余额相关的审计目标

D. 与列报相关的审计目标

三、判断题

1. 被审计单位于被审计年度12月30日向B公司发出商品50万元，次年1月4日办妥托收手续，A公司在发出商品时确认收入，则其违反了“完整性”认定。（　　）

2. 甲公司当年购入设备一台，会计部门在入账时，漏记了该设备的运费。则该公司违反了“计价和分摊”认定。（　　）

3. 注册会计师应合理保证已审计后的财务报表不存在重大错报，如果存在重大错报，注册会计师应承担完全责任。（　　）

四、简答题

注册会计师通常依据各类交易、账户余额以及列报和披露的相关认定确定审计目标，根据审计目标设计审计程序。以下给出了采购交易的审计目标，并列举了部分实质性程序。

(1) 审计目标：

A. 所记录的采购交易已发生，且与被审计单位有关。

B. 所有应当记录的采购交易均已记录。

C. 与采购交易有关的金额及其他数据已恰当记录。

D. 采购交易已记录于恰当的账户。

E. 采购交易已记录于正确的会计期间。

(2) 实质性程序：

F. 将采购明细账中记录的交易同购货发票、验收单和其他证明文件比较。

G. 根据购货发票反映的内容，比较会计科目表上的分类。

H. 从购货发票追查至采购明细账。

I. 从验收单追查至采购明细账。

J. 将验收单和购货发票上日期与采购明细账中的日期进行比较。

K. 检查购货发票、验收单、订货单和请购单的合理性和真实性。

L. 追查存货的采购至存货永续盘存记录。

要求：请根据题中给出的审计目标，指出对应的相关认定；针对每一审计目标，选择相应的实质性程序（一项实质性程序可能对应一项或多项审计目标，每一审计目标可能选择一项或多项实质性程序）。将财务报表相关认定及选择的实质性程序字母序号填入给定的表格中。

相关认定	审计目标	审计程序
	所记录的采购交易已发生，且与被审计单位有关	
	所有应当记录的采购交易均已记录	
	与采购交易有关的金额及其他数据已恰当记录	
	采购交易已记录于恰当的账户	
	采购交易已记录于正确的会计期间	

五、小组讨论题

如何理解会计责任与审计责任的关系？

CHAPTER

5 第五章 审计证据与审计工作底稿

【学习目标】通过本章学习，掌握审计证据的含义、特征以及获取审计证据的审计程序；了解审计工作底稿的概念、意义；熟悉审计工作底稿的格式与基本要素；掌握审计工作底稿的归档及保管期限。

引例

充分与适当的审计证据——注册会计师审计工作的核心

2008年5月7日，中国证监会发布行政处罚决定书28号公告：大唐电信科技股份有限公司（以下简称大唐电信）2004年年报存在虚增利润与重大遗漏等违法行为。

在2004年12月30日，大唐电信通过账务调整，将支付招商证券570万元财务顾问费和支付北京欣怡永辉广告有限公司150万元广告费从“管理费用”科目调整到“在建工程——北京永丰产业园项目”科目，少计当期管理费用720万元。

在编制2004年合并报表时，通过账务调整，将2004年大唐电信（控股）有限公司向华平创业投资有限公司旗下八家公司定向发行可转换债券相关法律服务的注册及中介费用（主要包括法律咨询、登记注册、文件翻译、打印等费用）10 463 225.90元，从“财务费用”科目调整到“长期股权投资”科目，少计当期财务费用10 463 225.90元。

2004年底，对重庆通信实业发展有限公司、资阳广播电视网络有限公司、沈阳北泰方向集团有限公司及湖南广联广电信息网络有限公司等四家非关联方客户的应收款项计提的坏账准备比例均小于公司会计政策规定的计提比例，少计当期管理费用6 884 298.36元。

在未能取得合作项目收益结算充足依据的情况下，不当确认2004年度投资收益 12 639 073. 27 元。

大唐电信在公开披露的 2004 年度利润总额为 62 385 759. 04 元，通过以上费用资本化、少提资产减值准备、不当确认投资收益等方式，虚增该年度利润总额共计 37 186 597. 53 元。

另外，大唐电信在 2004 年年度报告的会计报表附注中没有披露 2004 年期末存货可变现净值的确定依据，存在重大遗漏。

为大唐电信提供 2004 年年报审计业务的深圳市鹏城会计师事务所有限公司（以下简称鹏城所）未勤勉尽责，致使出具的文件有虚假、严重误导性内容或者有重大遗漏。大唐电信 2004 年年报有关投资收益 12 639 073. 27 元确认依据不充分，鹏城所未发现该项投资收益确认不当的事实；大唐电信 2004 年年报中少提应收款项的坏账准备 6 884 298. 36 元，鹏城所未指出大唐电信计提坏账准备与公开披露的会计政策不一致的事实；在对“在建工程——北京永丰产业园项目”科目进行审计时，未对大唐电信将 2004 年度内合计 720 万元应计入管理费用的两笔支出转入在建工程提出异议；对大唐电信本应计入财务费用的 10 463 225. 90 元的法律服务中介费用提出了不当审计调整意见，将律师费用和相关中介费用从财务费用转为长期股权投资。

不仅在上述事项中未能找到充分、适当的审计证据，鹏城所的审计工作底稿中没有留下工作底稿复核人的签名和复核意见，也无法提供相应的复核记录；刘某作为大唐电信 2004 年年报审计的项目负责人，同时又是鹏城所的部门经理，在出具审计报告前，鹏城所未另行指定其他人员代为执行部门经理的工作底稿复核工作，未有效执行三级复核制度。

审计证据是注册会计师发表审计意见的基础，审计工作底稿则是审计证据的载体。会计师事务所应遵守中国注册会计师执业准则的规定，勿要轻之，否则会直接影响到审计意见的恰当性。

第一节　审计证据

一、审计证据的含义

审计证据，是指注册会计师为了得出审计结论和形成审计意见而使用的信息。审计证据包括构成财务报表基础的会计记录所含有的信息和其他信息。

依据会计记录编制财务报表是被审计单位管理层的责任，注册会计师应当测试会计记录以获取审计证据。财务报表依据的会计记录一般包括对初始分录的记录和支持性记录，如支票、电子资金转账记录、发票、合同、总账、明细账、记账凭证和未在记账凭证中反映的对财务报表的其他调整，以及支持成本分配、计算、调节和披露的手工计算表和电子数据表。上述会计记录是编制财务报表的基础，构成注册会计师执行财务报表审计业务所需获取的审计证据的重要部分。

会计记录中含有的信息本身并不足以提供充分的审计证据作为对财务报表发表审计意见的基础，注册会计师还应当获取用作审计证据的其他信息。可用作审计证据的其他信息包括注册会计师从被审计单位内部或外部获取的会计记录以外的信息，如被审计单位会议记录、内部控制手册、询证函的回函、分析师的报告、与竞争者的比较数据等；通过询问、观察和检查等审计程序获取的信息，如通过检查存货获取存货存在性的证据等；以及自身编制或获取的可以通过合理推断得出结论的信息，如注册会计师编制的各种计算表、分析表等。

财务报表依据的会计记录中包含的信息和其他信息共同构成了审计证据，两者缺一不可。如果没有前者，审计工作将无法进行；如果没有后者，可能无法识别重大错报风险。只有将两者结合在一起，才能将审计风险降至可接受的低水平，为注册会计师发表审计意见提供合理基础。

二、审计证据的特征

审计工作主要围绕审计证据进行，注册会计师在收集、整理审计证据时，需要保证审计证据有足够的数量、足够的可信度，即审计证据必须具备充分性和适当性的特征。

（一）审计证据的充分性

审计证据的充分性是对审计证据数量的衡量。审计证据必须有足够的数量支持注册会计师得出审计结论，主要与注册会计师确定的样本量有关。例如，对某个审计项目实施某一选定的审计程序，从 200 个样本中获得的证据要比 100 个样本中获取的证据更充分。

注册会计师需要获取的审计证据的数量受其对重大错报风险评估的影响，并受审计证据质量的影响。错报风险越大，需要的审计证据可能越多。比如，注册会计师对某生产手机的公司进行审计，经过分析认为，受被审计单位行业性质的影响，存货陈旧的可能性相当高，存货计价的错报可能性就比较大。为此，注册会计师在审计中，就要选取更多的存货样本进行测试，以确定存货陈旧的程度，从而确认存货的价值是否被高估。同时，审计证据质量越高，需要的审计证据可能越少。

（二）审计证据的适当性

审计证据的适当性是对审计证据质量上的衡量，即审计证据在支持审计意见所依据的结论方面具有的相关性和可靠性。相关性和可靠性是审计证据适当性的核心内容，只有相关且可靠的审计证据才是高质量的。

1. 审计证据的相关性

审计证据要有证明力，必须与注册会计师的审计目标相关。注册会计师应尽可能地选择那些能直接证明客观经济活动的资料，比如能够证明财产货物存在（证实相符）的监盘记录单，但是如果证明该项资产的所有权，相关性就很弱，还需要进一步审查进货合同、进库单。事实上，存货监盘的结果并不与存货价值和归谁所有直接相关，监盘的结果仅仅能证明存货是否存在，是否有毁损及短缺（仅影响存货价值），而存货的全部价值和归谁所有必须通过计算、函证、分析性复核等审计程序来认定，即通过存货购进、发出、成本结转、销售、盘存、损毁、核销等计价审计程序及针对所有权归属的付款、往来账款的函证、复核等审计方法才能确定存货的全部价值及所有权。

审计证据是否相关必须结合具体审计目标来考虑。在确定审计证据的相关性时，注册会计师应当考虑：

（1）特定的审计程序可能只为某些认定提供相关的审计证据，而与其他认定无关。例如，检查期后应收账款收回的记录和文件可以提供有关存在和计价的审计证据，但是不一定与期末截止是否适当相关。

（2）针对同一项认定可以从不同来源获取审计证据或获取不同性质的审计证据。例如，注册会计师可以分析应收账款的账龄和应收账款的期后收款情况，以获取与坏账准备计价有关的审计证据。

（3）只与特定认定相关的审计证据并不能替代与其他认定相关的审计证据。例如，有关存货实物存在的审计证据并不能够替代与存货计价相关的审计证据。

2. 审计证据的可靠性

审计证据的可靠性是指证据的可信程度。例如，注册会计师亲自检查存货所获得的证据，就比被审计单位管理层提供给注册会计师的存货数据更可靠。

审计证据的可靠性受其来源和性质的影响，并取决于获取审计证据的具体环境。注册会计师在判断审计证据的可靠性时，通常会考虑下列原则：

（1）从外部独立来源获取的审计证据比从其他来源获取的审计证据更可靠。从外部独立来源获取的审计证据由完全独立于被审计单位以外的机构或人士编制并提供，未经被审计单位有关职员之手，从而减少了伪造、更改凭证或业务记录的可能性，因而其证明力最强。此类证据如银行询证函回函、应收账款询证函回函、保险公司等机构出具的证明等。相反，从其他来源获取的审计证据，由于证据提供者与被审计单位存在经济或行政关系等原因，其可靠性应受到质疑。此类证据如被审计单位内部的会计记录、会议记录等。

（2）内部控制有效时内部生成的审计证据比内部控制薄弱时内部生成的审计证据更可靠。如果被审计单位内部控制健全且在日常管理中得到一贯执行，会计记录的可信赖程度将会增加。如果被审计单位的内部控制薄弱，甚至不存在任何内部控制，被审计单位内部凭证记录的可靠性就大为降低。例如，如果与销售业务相关的内部控制有效，注册会计师就能从销售发票和发货单中取得比内部控制不健全时更加可靠的审计证据。

（3）直接获取的审计证据比间接获取或推论得出的审计证据更可靠。例如，注册会计师观察某项控制的运行得到的证据比询问被审计单位某项内部控制的运行得到的证据更可靠。间接获取的证据有可能被涂改或伪造，降低了可信赖程度。推论得出的审计证据，其主观性较强，人为因素较多，可信赖程度也受到影响。

（4）以文件记录形式（无论是纸质、电子或其他介质）存在的审计证据比口头形式的审计证据更可靠。例如，会议的同步书面记录比对讨论事项事后的口头表述更可靠。口头证据本身并不足以证明事实的真相，但可提供一些重要线索，为进一步调查确认所用。如注册会计师在对应收账款进行账龄分析后，可以向应收账款负责人询问逾期应收账款收回的可能性。如果该负责人的意见与注册会计师自行估计的坏账损失基本一致，则这一口头证据就可成为证实注册会计师对有关坏账损失的判断的重要证据。但在一般情况下，口头证据往往需要得到其他相应证据的支持。

（5）从原件获取的审计证据比从传真或复印件获取的审计证据更可靠。注册会计师可审查原件是否有被涂改或伪造的迹象，排除伪证，提高证据的可信赖程度。而传真件或复印件容易是变造或伪造的结果，可靠性较低。

通常情况下，注册会计师以函证方式直接从被询证者获取的审计证据，比被审计单位内部生成的审计证据更可靠。通过函证等方式从独立来源获取的相互印证的信息，可以提高注册会计师从会计记录或管理层书面声明中获取的审计证据的保证水平。

（三）适当性与充分性的关系

充分性和适当性是审计证据的两个重要特征，两者缺一不可，只有充分且适当的审计证据才是有证明力的。

充分的审计数量有助于筛选审计证据，提高审计证据的质量，保证其适当性。同时，注册会计师需要获取的审计证据的数量也受审计证据质量的影响。审计证据质量越高，需要的审计证据可能越少。也就是说，审计证据的适当性会影响审计证据的充分性。

需要注意的是，尽管审计证据的充分性和适当性相关，但如果审计证据的质量存在缺陷，注册会计师获取再多的审计证据可能也无法弥补其质量上的缺陷。例如，注册会计师应当获取与销售收入完整性相关的证据，实际获取到的却是有关销售收入真实性的证据，审计证据与完整性目标不相关，即使获取的证据再多，也证明不了收入的完整性。同样地，如果注册会计师获取的证据不可靠，那么证据数量再多也难以起到证明作用。

（四）评价充分性和适当性时的特殊考虑

1. 对文件记录可靠性的考虑

审计工作通常不涉及鉴定文件记录的真伪，注册会计师也不是鉴定文件记录真伪的专家，但应当考虑用作审计证据信息的可靠性，并考虑与这些信息生成与维护相关的控制的有效性。如果在审计过程中识别出的情况使其认为文件记录可能是伪造的，或文件记录中的某些条款已发生变动，注册会计师应当作出进一步调查，包括直接向第三方询证，或考虑利用专家的工作以评价文件记录的真伪。例如，如发现某银行询证函回函有伪造或篡改的迹象，注册会计师应当作进一步的调查，并考虑是否存在舞弊的可能性。必要时，应当通过适当方式聘请专家予以鉴定。

2. 使用被审计单位生成信息时的考虑

如果在实施审计程序时使用被审计单位生成的信息，注册会计师应当获取这些信息的准确性和完整性的审计证据。例如，在审计收入项目时，注册会计师应当考虑价格信息的准确性以及销售数量的完整性和准确性。在某些情况下，注册会计师可能需要确定实施额外的审计程序，如利用计算机辅助审计技术（CAATs）来重新计算这些信息，测试与信息生成有关的控制等。

3. 证据相互矛盾时的考虑

如果针对某项认定从不同来源获取的审计证据或获取的不同性质的审计证据能够相互印证，与该项认定相关的审计证据则具有更强的说服力。例如，注册会计师通过检查委托加工协议发现被审计单位有委托加工材料，且委托加工材料占存货比重较大，经发函询证后证实委托加工材料确实存在。委托加工协议和询证函回函这两个不同来源的审计证据互相印证，证明委托加工材料真实存在。如果从不同来源获取的审计证据或获取的不同性质的审计证据不一致，表明某项审计证据可能不可靠，注册会计师应当追加必要的审计程序。上例中，如果注册会计师发函询证后证实委托加工材料已加工完成并返回被审计单位。委托加工协议和询证函回函这两个不同来源的证据不一致，委托加工材料是否真实存在受到质疑。这时，注册会计师应追加审计程序，确认委托加工材料收回后是否未入库或被审计单位收回后予以销售而未入账。

4. 获取审计证据时对成本的考虑

注册会计师可以考虑获取审计证据的成本与所获取信息的有用性之间的关系，但不应以获取审计证据的困难和成本为由减少不可替代的审计程序。在保证获取充分、适当的审计证据的前提下，控制审计成本也是会计师事务所增强竞争能力和获利能力所必需的。但为了保证得出的审计结论、形成的审计意见是恰当的，注册会计师不应将获取审计证据的成本高低和难易程度作为减少不可替代的审计程序的理由。例如，在某些情况下，存货监盘是证实存货存在性认定的不可替代的审计程序，注册会计师在审计中不得以检查成本高和难以实施为由而不执行该程序。

三、获取审计证据的审计程序

审计程序是指注册会计师在审计过程中的某个时间，对将要获取的某类审计证据如何进行收集的详细指令。注册会计师利用审计程序获取审计证据涉及以下四个方面的决策：一是选用何种审计程序；二是对选定的审计程序，应当选取多大的样本规模；三是应当从总体中选取哪些项目；四是何时执行这些审计程序。在审计过程中，注册会计师可根据需要单独或综合运用以下审计程序，可以用作风险评估程序、控制测试和实质性程序，以获取充分、适当的审计证据。

（一）检　查

检查是指注册会计师对被审计单位内部或外部生成的，以纸质、电子或其他介质形式存在的记录和文件进行审查，或对资产进行实物审查。

检查记录或文件可提供可靠程度不同的审计证据，审计证据的可靠性取决于记录或文件的来源和性质，而在检查内部记录或文件时，其可靠性则取决于生成该记录或文件的内部控制的有效性。某些文件是表明一项资产存在的直接审计证据，如构成金融工具的股票或债券，但检查此类文件并不一定能提供有关所有权或计价的审计证据。此外，检查已执行的合同可以提供与被审计单位运用会计政策（如收入确认）相关的审计证据。

检查有形资产是指注册会计师对资产实物进行审查。检查实物资产程序主要适用于存货和现金，也使用于有价证券、应收票据和固定资产等。检查有形资产可为其存在性提供可靠的审计证据，但不一定能够为权利和义务或计价认定提供可靠的审计证据。

（二）观　察

观察是指注册会计师察看相关人员正在从事的活动或执行的程序。例如，注册会计师在执行某项审计时，对被审计单位的生产经营场所、资产保管情况或者内部控制制度执行情况可进行实地查看。

观察提供的审计证据仅限于观察发生的时点，并且在相关人员已知被观察时，相关人员从事活动或执行程序可能与日常的做法不同，从而影响注册会计师对真实情况的了解。

（三）询　问

询问是指注册会计师以书面或口头方式，向被审计单位内部或外部的知情人员获取财务信息和非财务信息，并对答复进行评价的过程。例如，在实际审计过程中注册会计师对被审计单位有关经营活动的提问，以了解其内控制度、生产情况、购进销售情况、应收款应付款情况以及其他一些情况。

知情人员对询问的答复可能为注册会计师提供尚未获悉的信息或佐证证据，也可能提供与已获悉信息存在重大差异的信息，注册会计师应当根据询问结果考虑修改审计程序或实施追加的审计程序。询问本身不足以发现认定层次存在的重大错报，也不足以测试内部控制运行的有效性，注册会计师还应当实施其他审计程序以获取充分、适当的审计证据。为提高口头证据的可信性，注册会计师可请求提供口头证据的相关人员在文字记录上签字证明，或者从不同的渠道取得同一审计事项的口头证据以便相互支持。

（四）函　证

函证（即外部函证），是指注册会计师直接从第三方（被询证者）获取书面答复作为审计证据的过程，书面答复可以采用纸质、电子或其他介质等形式。函证方式分为积极式函证和消极式函证。积极式函证是指要求被询证者直接向注册会计师回复，表明是否同意询证函所列示的信息，或填列所要求的信息的一种询证方式。消极式函证是指要求被询证者只有在不同意询证函所列示的信息时才直接向注册会计师回复的一种询证方式。

注册会计师应当对银行存款（包括零余额账户和在本期内注销的账户）、借款及与金融机构往来的其他重要信息实施函证程序，除非有充分证据表明某一银行存款、借款及与金融机构往来的其他重要信息对财务报表不重要且与之相关的重大错报风险很低。如果不对这些项目实施函证程序，注册会计师应当在审计工作底稿中说明理由。

注册会计师应当对应收账款实施函证程序，除非有充分证据表明应收账款对财务报表不重要，或函证很可能无效。如果认为函证很可能无效，注册会计师应当实施替代审计程序，获取相关、可靠的审计证据。如果不对应收账款函证，注册会计师应当在审计工作底稿中说明理由。

（五）重新计算

重新计算是指注册会计师以人工方式或使用计算机辅助审计技术，对记录或文件中的数据计算准确性进行核对。重新计算通常包括计算销售发票和存货的总金额，加总日记账和明细账，检查折旧费用和预付费用的计算，检查应纳税额的计算等。

（六）重新执行

重新执行是指注册会计师独立执行原本作为被审计单位内部控制组成部分的程序或控制。例如，注册会计师利用被审计单位的银行存款日记账和银行对账单，重新编制银行存款余额调节表，并与被审计单位编制的银行存款余额调节表进行比较。

（七）分析程序

分析程序是指注册会计师通过研究不同财务数据之间以及财务数据与非财务数据之间的内在关系，对财务信息作出评价。例如，注册会计师在风险评估阶段实施分析性程序时，根据对被审计单位及其环境的了解，得知本期在资产中占较大比重的原材料大幅上升。因此，注册会计师预期在销售收入未有较大变化的情况下，由于销售成本的上升，毛利率应相应下降。但是，注册会计师通过分析程序发现，本期与上期的毛利率变化不大。注册会计师可能据此认为销售成本存在重大错报，应对其给予足够的关注。

注册会计师运用分析程序的目的是对财务信息作出评价。完整的分析程序一般包括以下几个步骤：（1）选择适当的数据关系；（2）对数据关系进行分析；（3）识别异常的数据关系或波动；（4）调查异常数据关系或波动；（5）得出结论。

如果注册会计师在实施分析程序时识别出与其他相关信息不一致或与预期数据严重偏离的波动和关系，可能表明财务报表存在重大错报风险。注册会计师应结合其他审计程序，对异常项目作进一步调查，以获取对差异的合理解释或存在重大错报风险的佐证证据。

第二节　审计工作底稿

一、审计工作底稿的含义和内容

审计工作底稿，是指注册会计师对制定的审计计划、实施的审计程序、获取的相关审计证据，以及得出的审计结论作出的记录。审计工作底稿是审计证据的载体，它反映的内容是整个审计工作的全部轨迹，是在审计工作过程中形成的。

审计工作底稿通常包括总体审计策略、具体审计计划、分析表、问题备忘录、重大事项概要、询证函回函、管理层声明书、核对表、有关重大事项的往来信件（包括电子邮件），以及对被审计单位文件记录的摘要或复印件等。此外，审计工作底稿通常还包括业务约定书、管理建议书、项目组内部或项目组与被审计单位举行的会议记录、与其他人士（如其他注册会计师、律师、专家等）的沟通文件及错报汇总表等。

二、编制审计工作底稿的目的

注册会计师应当及时编制审计工作底稿，以达到下列目的：

（1）提供充分、适当的记录，作为审计报告的基础。审计工作底稿是注册会计师形成审计结论、发表审计意见的直接依据。及时编制审计工作底稿有助于提高审计工作的质量，便于在出具审计报告之前，对取得的审计证据和得出的审计结论进行有效复核和评价。

（2）提供证据，证明其按照中国注册会计师审计准则的规定执行了审计工作。在会计师事务所因执业质量而涉及诉讼或有关监管机构进行执业质量检查时，审计工作底稿能够提供证据，证明会计师事务所是否按照审计准则的规定执行了审计工作。

三、审计工作底稿的格式与要素

（一）审计工作底稿的格式、内容和范围的影响因素

影响审计工作底稿的格式、内容和范围的因素有：（1）实施审计程序的性质。（2）已识别的重大错报风险。（3）在执行审计工作和评价审计结果时需要作出判断的范围。（4）已获取审计证据的重要程度。（5）已识别的例外事项的性质和范围。（6）当从已执行审计工作或获取审计证据的记录中不易确定结论或结论的基础时，记录结论或结论基础的必要性。（7）使用的审计方法和工具。

（二）审计工作底稿的构成要素

通常，审计工作底稿包括下列全部或部分要素：（1）被审计单位名称；（2）审计项目名称；（3）审计项目时点或期间；（4）审计过程记录；（5）审计结论；（6）审计标识及其说明；（7）索引号及编号；（8）编制者姓名及编制日期；（9）复核者姓名及复核日期；（10）其他应说明事项。

值得注意的是，审计工作底稿需要注明索引号及顺序编号，相关审计工作底稿之间需要保持清晰的勾稽关系。在实务中，审计工作底稿可以使用各种审计标识。例如，∧：纵加核对，<：横加核对，B：与上年结转数核对一致，T：与原始凭证核对一致，G：与总分类账核对一致，S：与明细账核对一致，T/B：与试算平衡表核对一致。另外，注册会计师可以按照所记录的审计工作的内容层次进行编号。例如，固定资产汇总表的编号为Cl，按类别列示的固定资产明细表的编号为C1-1，以及列示单个固定资产原值及累计折旧的明细表编号，包括房屋建筑物（编号为C1-1-l）、机器设备（编号为Cl-l-2）、运输工具（编号为Cl-1-3）及其他设备（编号为C1-1-4）。相互引用时，需要在审计工作底稿中交叉注明索引号。

例如，固定资产的原值、累计折旧及净值的总额应分别与固定资产明细表的数字互相勾稽。以下是从固定资产汇总表工作底稿（见表5-1）及固定资产明细表工作底稿（见表5-2）中节选的部分，以作相互索引的示范。

表5-1　　固定资产汇总表（工作底稿索引号：C1）（节选）

工作底稿索引号	固定资产	20×2年12月31日	20×1年12月31日
Cl-l	原值	×××	×××
Cl-l	累计折旧	×××	×××
	净值	×××T/B∧	×××B∧

表5-2　　固定资产明细表（工作底稿索引号：C1-1）（节选）

工作底稿索引号	固定资产	期初余额	本期增加	本期减少	期末余额
	原值				
Cl-l-1	1. 房屋建筑物	×××		×××	×××S
Cl-l-2	2. 机器设备	×××	×××		×××S
Cl-l-3	3. 运输工具	×××			×××S
Cl-l-4	4. 其他设备	×××			×××S
	小计	×××B∧	×××∧	×××∧	×××<C1∧
	累计折旧				
Cl-l-1	1. 房屋建筑物	×××			×××S
Cl-l-2	2. 机器设备	×××	×××		×××S
Cl-l-3	3. 运输工具	×××			×××S
Cl-l-4	4. 其他设备	×××			×××S
	小计	×××B∧	×××∧	×××∧	×××<C1∧
	净值	×××B∧			×××C1∧

四、审计工作底稿的归档

在出具审计报告前，注册会计师应完成所有必要的审计程序，取得充分、适当的审计证据并得出适当的审计结论。由此，在审计报告日后将审计工作底稿归整为最终审计档案是一项事务性的工作，不涉及实施新的审计程序或得出新的结论。

（一）审计工作底稿归档的期限

注册会计师应当按照会计师事务所质量控制政策和程序的规定，及时将审计工作底稿归整为最终审计档案。审计工作底稿的归档期限为审计报告日后六十天内。如果注册会计师未能完成审计业务，审计工作底稿的归档期限为审计业务中止后的六十天内。

如果针对客户的同一财务信息执行不同的委托业务，出具两个或多个不同的报告，会计师事务所应当将其视为不同的业务，根据会计师事务所内部制定的政策和程序，在规定的归档期限内分别将审计工作底稿归整为最终审计档案。

（二）审计工作底稿的保存期限

会计师事务所应当自审计报告日起，对审计工作底稿至少保存十年。如果注册会计师未能完成审计业务，会计师事务所应当自审计业务中止日起，对审计工作底稿至少保存十年。

值得注意的是，对于连续审计的情况，当期归整的永久性档案虽然包括以前年度获取的资料（有可能是十年以前），但由于其作为本期档案的一部分，并作为支持审计结论的基础，因此，注册会计师对于这些对当期有效的档案，应视为当期取得并保存十年。如果这些资料在某个审计期间被替换，被替换资料可以从被替换的年度起至少保存十年。

练习题

一、单项选择题

1. 下列与审计证据相关的表述中，正确的是（　　）。

A. 如果审计证据数量足够，就可以弥补审计证据的质量缺陷

B. 审计证据的充分性是对证据在质量上的要求，而适当性是对证据在数量上的要求

C. 当面询问直接获取的审计证据比函证程序获取的证据可靠

D. 会计记录中含有的信息本身不足以提供充分的审计证据作为对财务报表发表审计意见的基础

2. 在获取的下列审计证据中，可靠性最强的通常是（　　）。

A. 甲公司连续编号的采购订单

B. 甲公司编制的成本分配计算表

C. 甲公司提供的银行对账单

D. 甲公司管理层提供的声明书

3. 下列有关审计工作底稿归档期限的表述中，正确的是（　　）。

A. 如果完成审计业务，归档期限为审计报告日后六十天内

B. 如果完成审计业务，归档期限为外勤审计工作结束日后六十天内

C. 如果未能完成审计业务，归档期限为外勤审计工作结束日后三十天内

D. 如果未能完成审计业务，归档期限为审计业务中止日后三十天内

4. 下列关于审计证据说法中，错误的是（　　）。

A. 内部控制的有效性影响审计证据的可靠性

B. 口头证据往往需要得到其他相应证据的支持

C. 如果审计证据的质量存在缺陷，注册会计师可以通过获取更多数量的审计证据弥补

D. 如果从不同来源获取的审计证据不一致，注册会计师应当追加必要的审计程序

5. 注册会计师可能选择通过函证程序获取审计证据，主要是着眼于审计证据的（　　）。

A. 充分性　　　　B. 适当性

C. 相关性　　　　D. 可靠性

6. 注册会计师实施的下列审计程序中，（　　）是重新执行。

A. 注册会计师利用被审计单位的银行存款日记账和银行对账单，重新编制银行存款余额调节表，并与被审计单位编制的银行存款余额调节表进行比较

B. 以人工方式或使用计算机辅助审计技术，对记录或文件中的数据计算的准确性进行核对

C. 对应收账款余额或银行存款的函证

D. 对客户执行的存货盘点或控制活动进行观察

7. 为证实X公司所记录的资产是否均由X公司拥有或控制，记录的负债是否均为X公司应当履行的偿还义务，注册会计师采用下列（　　）程序能够获取充分、适当的审计证据。

A. 检查有形资产　　B. 检查文件或记录

C. 重新执行　　D. 询问

二、多项选择题

1. 实物证据有时无法证明（　　）。

A. 实物资产的价值

B. 实物资产是否存在

C. 实物资产是否抵押

D. 实物资产是否为被审计单位所有

2. 下列审计工作底稿归档后属于当期档案的有（　　）。

A. 审计调整分录汇总表　　B. 公司章程

C. 企业营业执照　　D. 审计计划

3. 审计工作底稿是指注册会计师对（　　）作出的记录。

A. 制定的审计计划　　B. 获取的审计证据

C. 得出的审计结论　　D. 实施的审计程序

4. 下列关于审计程序的说法中，正确的是（　　）。

A. 分析程序包括调查识别出的、与其他相关信息不一致或与预期数据严重偏离的波动和关系

B. 对于询问的答复，注册会计师应通过获取其他证据予以佐证

C. 检查有形资产可提供权利和义务的全部审计证据

D. 观察提供的审计证据仅限于观察发生的时间和地点

5. 下列有关审计可靠性的表述中，适当的有（　　）。

A. 注册会计师从外部独立来源获取的证据比从其他来源获取的证据更可靠

B. 注册会计师间接获取的审计证据比推论得出的审计证据更可靠

C. 注册会计师获取的以文件、记录形式的证据比口头证据更可靠

D. 注册会计师从原件获取的证据比从复印件或传真获取的证据更可靠

6. 下列表述中，不正确的有（　　）。

A. 注册会计师获取审计证据时，不论是重要的审计项目，还是一般的审计项目，均应考虑成本效益原则

B. 审计证据的适当性是指审计证据的相关性和可靠性，相关性是指证据应与审计范围相关

C. 从外部独立来源获取的审计证据一定比从其他来源获取的审计证据更可靠

D. 注册会计师在考虑审计证据的相关性时，应当考虑的一个内容就是直接获取的审计证据比间接获取或推论得出的审计证据更可靠

三、判断题

1. 审计证据的充分性是指证据的数量足以支持财务报表认定，适当性是指审计证据的相关性和可靠性。(　　)

2. 审计证据的充分性与适当性密切相关，审计证据适当性会影响充分性。(　　)

3. 在审计的整个过程中，收集、鉴定和综合审计证据，是审计工作的核心。(　　)

4. 为了证实审计结论，审计人员取得的相关审计证据越多越好。(　　)

5. 审计工作底稿的基本内容经常变动，只供当期审计使用和下期审计参考的资料，不列入审计档案。(　　)

四、简答题

注册会计师在对F公司20×3年度财务报表进行审计时，收集到以下五组审计证据：

(1) 收料单与购货发票。

(2) 销货发票副本与产品出库单。

(3) 审计人员收回的应收账款函证回函与询问客户应收账款负责人的记录。

(4) 审计助理人员存货监盘记录与客户自编的存货盘点表。

(5) 银行询证函回函与银行对账单。

要求：请指出每组审计证据中哪项审计证据较为可靠，并简要说明理由。

五、小组讨论题

安达信会计师事务所在其2002年倒闭前，是和普华永道、毕马威、安永、德勤比肩的全球五大会计师事务所之一。因为涉及2001年安然公司财务舞弊，2002年3月，美国司法部以妨碍司法公正对安达信提起刑事诉讼，理由是该公司在安然丑闻事发后毁掉了相关文件和电脑记录。同年6月，安达信被美国法院认定犯有妨碍政府调查安然破产案的罪行。安达信就此宣告倒闭，消失于从事了近90年的注册会计师审计行业。

(1) 请查阅安达信倒闭的相关资料，谈谈你对审计工作底稿的认识。

(2) 请查阅《中国注册会计师审计准则第1121号——对财务报表审计实施的质量控制》、《质量控制准则第5101号——会计师事务所对执行财务报表审计和审阅、其他鉴证和相关服务业务实施的质量控制》，熟悉我国有关审计工作底稿的规定。

CHAPTER

6 第六章 审计计划

【学习目标】通过本章学习，掌握审计业务约定书的概念与内容；明确总体审计策略与具体审计计划的内容；掌握重要性的含义与性质；掌握计划重要性水平的确定；评价错报的影响。

引例

计划审计工作——未雨绸缪应对财务舞弊

2009年12月14日中国证监会行政处罚决定书50号和51号认定：金荔科技农业股份有限公司（以下简称金荔科技）存在涉嫌违反证券法律法规行为，为其提供2006年年报审计业务的万隆会计师事务所有限公司（以下简称万隆所）出具了含有虚假内容的审计报告。

(1) 2006年12月，金荔科技在没有签订偿债协议、资产权属不清的情况下，对以资抵债事项进行账务处理，将抵债资产作为金荔科技资产进行核算。万隆所在知悉2006年追回的资产已被冻结、存在权属不清的情况下，未采取相应的审计措施，对上述资产实施进一步审计程序；在上述资产不具备确认为资产条件、以资抵债属于虚假清欠的情况下，确认为资产，致使对固定资产和无形资产虚增79 059 574.12元。

(2) 金荔科技2006年未对其广州分公司的账面固定资产计提折旧、未对无形资产和长期待摊费用进行摊销。万隆所在计算出固定资产折旧和无形资产摊销后，仍未在其出具的审计差异汇总表及财务报告中予以调整，导致2006年年度报告中损益表少计费用22 274 855.74元，虚增利润22 274 855.74元。

(3) 金荔科技2006年伪造《居间合同》、本票等文件，虚构收取中介佣金3 500万元用于归还秦皇岛路建工程机械有限公司欠款，导致2006年年度报告中损益表虚增收入 3 500 万元，虚增利润 3 311 万元。万隆所知悉金荔科技管理层存在改善财务业绩、歪曲财务报表的压力，将审计风险评估为高水平，确认接近资产负债表日所取得的 3 500 万元佣金收入为主要的审计风险，将公司管理层诚信和管理能力评估为低水平，在 3 500 万元佣金收入所涉及的账务处理极其复杂的情况下，未针对金荔科技与秦皇岛路建工程机械有限公司、上海天地源企业有限公司、上海奉志实业有限公司的资金往来关系真实性向这 3 家公司进行函证，未就上海天地源企业有限公司开立的本票真实性函证出票行为，也未对金科德盛新技术有限公司和张家界金荔科技杜仲业发展有限公司注册资金来源实施审计。万隆所在未获得充分、适当的审计证据的情况下审计确认该笔重大收入。

证监会认为，万隆所在对金荔科技进行 2006 年年度报告审计时，没有制定具体审计计划，没有安排项目组讨论，存在审计内部控制上的重大遗漏。根据《中国注册会计师审计准则第 1201 号——计划审计工作》，具体审计计划应包括计划实施的风险评估程序的性质、时间和范围，针对认定层次的重大错报风险计划实施的进一步审计程序的性质、时间和范围，针对审计业务需要实施的其他审计程序等。尽管万隆所编制了《金荔科技前期调查报告及其风险初步评估报告》，但是中国证监会认为万隆所风险初步评估报告未包括以上内容。另外，万隆所对金荔科技 2006 年度会计报表审计建立在金荔科技完成资产置换、实现重组的基础上。在审计报告日前金荔科技没有完成资产置换，业务环境已发生变化的情况下，万隆所没有修改其审计策略，在审计过程中忽略了对风险的再评估。

凡事预则立，不预则废。计划审计工作对于注册会计师顺利完成审计工作和控制审计风险具有非常重要的意义。

第一节　初步业务活动

一、初步业务活动的目的和内容

（一）初步业务活动的目的

注册会计师在计划审计工作前，需要开展初步业务活动，以实现以下三个主要目的：（1）具备执行业务所需的独立性和能力；（2）不存在因管理层诚信问题而可能影响注册会计师保持该项业务的意愿的事项；（3）与被审计单位之间不存在对业务约定条款的误解。

（二）初步业务活动的内容

注册会计师在本期审计业务开始时应当开展下列初步业务活动：（1）针对保

持客户关系和具体审计业务实施相应的质量控制程序；（2）评价遵守相关职业道德要求的情况；（3）就审计业务约定条款达成一致意见。

评价遵守相关职业道德要求的情况是一项非常重要的初步业务活动。质量控制准则含有包括独立性在内的有关职业道德要求，注册会计师应按照其规定执行。虽然保持客户关系及具体审计业务和评价职业道德的工作贯穿审计业务的全过程，但是这两项活动需要安排在其他审计工作之前，以确保注册会计师已具备执行业务所需要的独立性和专业胜任能力，且不存在因管理层诚信问题而影响注册会计师保持该项业务意愿等情况。在连续审计的业务中，这些初步业务活动通常是在上期审计工作结束后不久或将要结束时就已开始了。

在作出接受或保持客户关系及具体审计业务的决策后，注册会计师应当按照《中国注册会计师审计准则第 1111 号——就审计业务约定条款达成一致意见》的规定，在审计业务开始前，与被审计单位就审计业务约定条款达成一致意见，签订或修改审计业务约定书，以避免双方对审计业务的理解产生分歧。

二、审计的前提条件

1. 财务报告编制基础

承接鉴证业务的条件之一是《中国注册会计师鉴证业务基本准则》中提及的标准适当，且能够为预期使用者获取。标准是指用于评价或计量鉴证对象的基准，当涉及披露时，还包括披露与披露的基准。适当的标准使注册会计师能够运用职业判断对鉴证对象作出合理一致的评价或计量。就审计准则而言，适用的财务报告编制基础为注册会计师提供了用以审计财务报表（包括公允反映，如相关）的标准。如果不存在可接受的财务报告编制基础，管理层就不具有编制财务报表的恰当基础，注册会计师也不具有对财务报表进行审计的适当标准。

（1）确定财务报告编制基础的可接受性。在确定编制财务报表所采用的财务报告编制基础的可接受性时，注册会计师需要考虑下列相关因素：一是被审计单位的性质（例如，被审计单位是商业企业、公共部门实体还是非营利组织）；二是财务报表的目的（例如，编制财务报表是用于满足广大财务报表使用者共同的财务信息需求，还是用于满足财务报表特定使用者的财务信息需求）；三是财务报表的性质（例如，财务报表是整套财务报表还是单一财务报表）；四是法律法规是否规定了适用的财务报告编制基础。

许多财务报表使用者不能要求“量身定做”财务报表，以满足其特定的财务信息需求。尽管不能满足财务报表特定使用者的所有信息需求，但广大财务报表使用者仍存在共同的财务信息需求。按照某一财务报告编制基础编制，旨在满足广大财务报表使用者共同的财务信息需求的财务报表，称为通用目的财务报表。

按照特殊目的编制基础编制的财务报表，称为特殊目的财务报表，旨在满足财务报表特定使用者的财务信息需求。对于特殊目的财务报表，预期财务报表使用者对财务信息的需求，决定适用的财务报告编制基础。《中国注册会计师审计准则第 1601 号——对按照特殊目的编制基础编制的财务报表审计的特殊考虑》规范了如何确定旨在满足财务报表特定使用者财务信息需求的财务报告编制基础的可接受性。

（2）通用目的编制基础。如果财务报告准则由经授权或获得认可的准则制定机构制定和发布，供某类实体使用，只要这些机构遵循一套既定和透明的程序（包括认真研究和仔细考虑广大利益相关者的观点），则认为财务报告准则对于这类实体编制通用目的财务报表是可接受的。这些财务报告准则的例子有国际会计准则理事会发布的国际财务报告准则、国际公共部门会计准则理事会发布的国际公共部门会计准则，以及某一国家或地区经授权或获得认可的准则制定机构，在遵循一套既定和透明的程序（包括认真研究和仔细考虑广大利益相关者的观点）的基础上发布的会计准则。

在规范通用目的财务报表编制的法律法规中，这些财务报告准则通常被界定为适用的财务报告编制基础。

（3）法律法规规定的财务报告编制基础。法律法规可能为某类实体规定了在编制通用目的财务报表时采用的财务报表编制基础。通常情况下，注册会计师认为这种财务报表编制基础对这类实体编制通用目的财务报表是可接受的，除非有迹象表明不可接受。

2. 就管理层的责任达成一致意见

按照审计准则的规定执行审计工作的前提是管理层已认可并理解其承担的责任。审计准则并不超越法律法规对这些责任的规定。然而，独立审计的理念要求注册会计师不对财务报表的编制或被审计单位的相关内部控制承担责任，并要求注册会计师合理预期能够获取审计所需要的信息（在管理层能够提供或获取的信息范围内）。因此，管理层认可并理解其责任，这一前提对执行独立审计工作是至关重要的。

对于财务报告责任如何在管理层和治理层之间划分，因被审计单位的资源（如人员素质和数量）和组织结构、相关法律法规的规定以及管理层和治理层在被审计单位各自角色的不同而不同。在大多数情况下，管理层负责执行，而治理层负责监督管理层。在某些情况下，治理层负有批准财务报表或监督与财务报表相关的内部控制的责任。在大型实体或公众利益实体中，治理层下设的组织，如审计委员会，可能负有某些监督责任。

按照《中国注册会计师审计准则第 1341 号——书面声明》的规定，注册会计师应当要求管理层就其已履行的某些责任提供书面声明。因此，注册会计师需要获取针对管理层责任的书面声明、其他审计准则要求的书面声明，以及在必要时需要获取用于支持其他审计证据（用以支持财务报表或者一项或多项具体认定）的书面声明。

如果管理层不认可其责任，或不同意提供书面声明，注册会计师将不能获取充分、适当的审计证据。在这种情况下，注册会计师承接此类审计业务是不恰当的，除非法律法规另有规定。如果法律法规要求承接此类审计业务，注册会计师可能需要向管理层解释这种情况的重要性及其对审计报告的影响。

大多数财务报告编制基础包括与财务报表披露相关的要求，对于这些财务报告编制基础，在提到“按照适用的财务报告编制基础编制财务报表”时，编制包括披露。实现公允披露的报告目标非常重要，因而在与管理层达成一致意见的执行审计工作的前提中需要特别提及公允披露，或需要特别提及管理层负有确保财务报表根据财务报告编制基础编制并使其实现公允反映的责任。

管理层设计、执行和维护必要的内部控制，以使编制的财务报表不存在由于舞弊或错误导致的重大错报。由于内部控制的固有限制，无论其如何有效，也只能合理保证被审计单位实现其财务报告目标。注册会计师按照审计准则的规定执行的独立审计工作，不能代替管理层维护编制财务报表所需要的内部控制。因此，注册会计师需要就管理层认可并理解其与内部控制有关的责任与管理层达成共识。

三、审计业务约定书

审计业务约定书是指会计师事务所与被审计单位签订的，用以记录和确认审计业务的委托与受托关系、审计目标和范围、双方的责任以及报告的格式等事项的书面协议。会计师事务所承接任何审计业务，都应与被审计单位签订审计业务约定书。

（一）审计业务约定书的基本内容

审计业务约定书的具体内容和格式可能因被审计单位的不同而不同，但应当包括以下主要内容：

（1）财务报表审计的目标与范围；

（2）注册会计师的责任；

（3）管理层的责任；

（4）指出用于编制财务报表所适用的财务报告编制基础；

（5）提及注册会计师拟出具的审计报告的预期形式和内容，以及对在特定情况下出具的审计报告可能不同于预期形式和内容的说明。

（二）审计业务约定书的特殊考虑

1. 考虑特定需要

如果情况需要，注册会计师还应当考虑在审计业务约定书中列明下列内容：

（1）详细说明审计工作的范围，包括提及适用的法律法规、审计准则，以及注册会计师协会发布的职业道德守则和其他公告；

（2）对审计业务结果的其他沟通形式；

（3）说明由于审计和内部控制的固有限制，即使审计工作按照审计准则的规定得到恰当的计划和执行，仍不可避免地存在某些重大错报未被发现的风险；

（4）计划和执行审计工作的安排，包括审计项目组的构成；

（5）管理层确认将提供书面声明；

（6）管理层同意向注册会计师及时提供财务报表草稿和其他所有附带信息，以使注册会计师能够按照预定的时间表完成审计工作；

（7）管理层同意告知注册会计师在审计报告日至财务报表报出日之间注意到的可能影响财务报表的事实；

（8）收费的计算基础和收费安排；

（9）管理层确认收到审计业务约定书并同意其中的条款；

（10）在某些方面对利用其他注册会计师和专家工作的安排；

（11）对审计涉及的内部审计人员和被审计单位其他员工工作的安排；

（12）在首次审计的情况下，与前任注册会计师（如存在）沟通的安排；

（13）说明对注册会计师责任可能存在的限制；

（14）注册会计师与被审计单位之间需要达成进一步协议的事项；

（15）向其他机构或人员提供审计工作底稿的义务。

2. 组成部分的审计

如果母公司的注册会计师同时也是组成部分注册会计师，需要考虑下列因素，决定是否向组成部分单独致送审计业务约定书：

（1）组成部分注册会计师的委托人；

（2）是否对组成部分单独出具审计报告；

（3）与审计委托相关的法律法规的规定；

（4）母公司占组成部分的所有权份额；

（5）组成部分管理层相对于母公司的独立程度。

3. 连续审计

对于连续审计，注册会计师应当根据具体情况评估是否需要对审计业务约定条款作出修改，以及是否需要提醒被审计单位注意现有的条款。

注册会计师可以决定不在每期都致送新的审计业务约定书或其他书面协议。然而，下列因素可能导致注册会计师修改审计业务约定条款或提醒被审计单位注意现有业务约定条款：

(1) 有迹象表明被审计单位误解审计目标和范围；

(2) 需要修改约定条款或增加特别条款；

(3) 被审计单位高级管理人员近期发生变动；

(4) 被审计单位所有权发生重大变动；

(5) 被审计单位业务的性质或规模发生重大变化；

(6) 法律法规的规定发生变化；

(7) 编制财务报表采用的财务报告编制基础发生变更；

(8) 其他报告要求发生变化。

4. 审计业务约定条款的变更

(1) 变更审计业务约定条款的要求。在完成审计业务前，如果被审计单位或委托人要求将审计业务变更为保证程度较低的业务，注册会计师应当确定是否存在合理理由予以变更。

下列原因可能导致被审计单位要求变更业务，如：①环境变化对审计服务的需求产生影响；②对原来要求的审计业务的性质存在误解；③无论是管理层施加的还是其他情况引起的审计范围受到限制。上述第①和第②项通常被认为是变更业务的合理理由，但如果有迹象表明该变更要求与错误的、不完整的或者不能令人满意的信息有关，注册会计师不应认为该变更是合理的。

如果没有合理的理由，注册会计师不应同意变更业务。如果注册会计师不同意变更审计业务约定条款，而管理层又不允许继续执行原审计业务，注册会计师应当：①在适用的法律法规允许的情况下，解除审计业务约定；②确定是否有约定义务或其他义务向治理层、所有者或监管机构等报告该事项。

(2) 变更为审阅业务或相关服务业务的要求。在同意将审计业务变更为审阅业务或相关服务业务前，接受委托按照审计准则执行审计工作的注册会计师，除考虑上述(1)中提及的事项外，还需要评估变更业务对法律责任或业务约定的影响。

如果注册会计师认为将审计业务变更为审阅业务或相关服务业务具有合理理由，截至变更日已执行的审计工作可能与变更后的业务相关，相应地，注册会计师需要执行的工作和出具的报告会适用于变更后的业务。为避免引起报告使用者的误解，对相关服务业务出具的报告不应提及原审计业务和在原审计业务中已执行的程序。只有将审计业务变更为执行商定程序业务，注册会计师才可在报告中提及已执行的程序。

第二节　总体审计策略和具体审计计划

审计计划分为总体审计策略和具体审计计划。总体审计策略用以确定审计范围、时间和方向，并指导制定具体审计计划。

一、总体审计策略

在制定总体审计策略时，注册会计师应当：

1. 确定审计业务的特征，以界定审计范围。

2. 明确审计业务的报告目标，以计划审计的时间安排和所需沟通的性质。

3. 根据职业判断，考虑用以指导项目组工作方向的重要因素。

4. 确定执行业务所需资源的性质、时间安排和范围。

注册会计师应当在总体审计策略中清楚地说明审计资源的规划和调配：

（1）向具体审计领域调配的资源，包括向高风险领域分派有适当经验的项目组成员，就复杂的问题利用专家工作等；

（2）向具体审计领域分配资源的数量，包括安排到重要存货存放地观察存货盘点的项目组成员的数量，对其他注册会计师工作的复核范围，对高风险领域安排的审计时间预算等；

（3）何时调配这些资源，包括是在期中审计阶段还是在关键的截止日期调配资源等；

（4）如何管理、指导、监督这些资源的利用，包括预期何时召开项目组预备会和总结会，预期项目负责人和经理如何进行复核，是否需要实施项目质量控制复核等。

二、具体审计计划

注册会计师应当为审计工作制定具体审计计划。具体审计计划比总体审计策略更加详细，其内容包括为获取充分、适当的审计证据以将审计风险降至可接受的低水平，项目组成员拟实施的审计程序的性质、时间和范围。具体审计计划应当包括以下内容：

（一）风险评估程序

为了足够识别和评估财务报表重大错报风险，注册会计师计划实施的风险评估程序的性质、时间和范围。

（二）计划实施的进一步审计程序

针对评估的认定层次的重大错报风险，注册会计师计划实施的进一步审计程序的性质、时间和范围。

需要强调的是，随着审计工作的推进，对审计程序的计划会一步步深入，并贯穿于整个审计过程。例如，计划风险评估程序通常在审计开始阶段进行，计划进一步审计程序则需要依据风险评估程序的结果进行。因此，为达到编制具体审计计划的要求，注册会计师需要完成风险评估程序，识别和评估重大错报风险，并针对评估的认定层次的重大错报风险，计划实施进一步审计程序的性质、时间和范围。

通常，注册会计师计划的进一步审计程序可以分为进一步审计程序的总体方案和拟实施的具体审计程序（包括进一步审计程序的具体性质、时间和范围）两个层次。进一步审计程序的总体方案主要是指注册会计师针对各类交易、账户余额和列报决定采用的总体方案（包括实质性方案或综合性方案）。具体审计程序则是对进一步审计程序的总体方案的延伸和细化，它通常包括控制测试和实质性程序的性质、时间和范围。在实务中，注册会计师通常单独编制一套包括这些具体程序的“进一步审计程序表”，待具体实施审计程序时，注册会计师将基于所计划的具体审计程序，进一步记录所实施的审计程序及结果，并最终形成有关进一步审计程序的审计工作底稿。

另外，完整、详细的进一步审计程序的计划会包括对各类交易、账户余额和披露实施的具体审计程序的性质、时间和范围，包括抽取的样本量等。在实务中，注册会计师可以统筹安排进一步审计程序的先后顺序，如果对某类交易、账户余额和披露已经作出计划，则可以安排先行开展工作，与此同时再制定其他交易、账户余额和披露的进一步审计程序。

（三）计划实施的其他审计程序

注册会计师针对审计业务需要实施的其他审计程序，可以包括上述进一步程序的计划中没有涵盖的、根据其他审计准则的要求注册会计师应当执行的既定程序。例如，阅读含有已审计财务报表的文件中的其他信息，与被审计单位律师直接沟通等。

三、审计过程中对计划的更改

计划审计工作并非审计业务的一个孤立阶段，而是一个持续的、不断修正的过程，贯穿于整个审计业务的始终。由于未预期事项、条件的变化或在实施审计程序中获取的审计证据等原因，注册会计师应当在审计过程中对总体审计策略和具体审计计划作出必要的更新和修改。

通常来讲，这些更新和修改涉及比较重要的事项。例如，对重要性水平的修改，对某类交易、账户余额和披露的重大错报风险的评估和进一步审计程序（包括总体方案和拟实施的具体审计程序）的更新和修改等。一旦计划被更新和修改，审计工作也就应当进行相应修正。

四、指导、监督与复核

对项目组成员工作的指导监督与复核的性质、时间和范围，主要取决于下列因素：(1) 被审计单位的规模和复杂程度；(2) 审计领域；(3) 重大错报风险；(4) 执行审计工作的项目组成员的素质和专业胜任能力。

注册会计师应在评估重大错报风险的基础上，计划对项目组成员工作的指导、监督与复核的性质、时间和范围。当评估的重大错报风险增加时，注册会计师通常会扩大指导与监督的范围，增强指导与监督的及时性，执行更详细的复核工作。

第三节　审计重要性

审计重要性是审计学的一个基本概念。审计重要性概念的运用贯穿于整个审计过程。在计划审计工作时，注册会计师应当考虑导致财务报表发生重大错报的原因，并应当在了解被审计单位及其环境的基础上，确定一个可接受的重要性水平，即首先为财务报表层次确定重要性水平，以发现在金额上重大的错报。同时，注册会计师还应当评估各类交易、账户余额以及披露认定层次的重要性，以便确定进一步审计程序的性质、时间和范围，将审计风险降至可接受的低水平。在确定审计意见类型时，注册会计师也需要考虑重要性水平。

一、重要性的含义

通常而言，重要性概念可从下列方面进行理解：

(1) 如果合理预期错报（包括漏报）单独或汇总起来可能影响财务报表使用者依据财务报表作出的经济决策，则通常认为错报是重大的。

(2) 对重要性的判断是根据具体环境作出的，并受错报的金额或性质的影响，或受两者共同作用的影响。

（3）判断某事项对财务报表使用者是否重大，是在考虑财务报表使用者整体共同的财务信息需求的基础上作出的。由于不同财务报表使用者对财务信息的需求可能差异很大，因此不考虑错报对个别财务报表使用者可能产生的影响。

二、重要性与审计风险的关系

重要性与审计风险之间存在反向关系。重要性水平越高，审计风险越低；重要性水平越低，审计风险越高。这里所说的重要性水平高低指的是金额的大小。通常，5 000 元的重要性水平比 2 000 元的重要性水平高。在理解两者之间的关系时，必须注意，重要性水平是注册会计师从财务报表使用者的角度进行判断的结果。如果重要性水平是 5 000 元，则意味着低于 5 000 元的错报不会影响到财务报表使用者的决策，此时注册会计师需要通过执行有关审计程序合理保证能发现高于 5 000 元的错报。如果重要性水平是 2 000 元，则金额在 2 000 元以上的错报就会影响财务报表使用者的决策，此时注册会计师需要通过执行有关审计程序合理保证能发现金额在 2 000 元以上的错报。显然，重要性水平为 2 000 元时的审计风险高。审计风险越高，越要求注册会计师收集更多更有效的审计证据，从而将审计风险降至可接受的低水平。因此，重要性和审计证据之间也是反向变动关系。

值得注意的是，注册会计师不能通过不合理地人为调高重要性水平，降低审计风险。因为重要性是依据重要性概念中所述的判断标准确定的，而不是由主观期望的审计风险水平决定。

由于重要性和审计风险存在上述反向关系，而且这种关系对注册会计师将要执行的审计程序的性质、时间和范围有直接的影响，因此，注册会计师应当综合考虑各种因素，合理确定重要性水平。

三、重要性水平的确定

（一）财务报表整体的重要性

由于财务报表审计的目标是注册会计师通过执行审计工作对财务报表发表审计意见，因此，注册会计师应当考虑财务报表层次的重要性。只有这样，才能得出财务报表是否公允反映的结论。注册会计师在制定总体审计策略时，应当确定财务报表整体的重要性。

确定多大错报会影响到财务报表使用者所作决策，是注册会计师运用职业判断的结果。很多注册会计师根据所在会计师事务所的惯例及自己的经验，考虑重要性。

确定重要性需要运用职业判断。通常先选定一项基准，再乘以某一百分比作为财务报表整体的重要性，即：财务报表层次的重要性水平＝恰当的基准值×合理的百分比。在选择基准时，需要考虑的因素包括：

（1）财务报表要素（如资产、负债、所有者权益、收入和费用）；

（2）是否存在特定会计主体的财务报表使用者特别关注的项目（如为了评价财务业绩，使用者可能更关注利润、收入或净资产）；

（3）被审计单位的性质、所处的生命周期阶段以及所处行业和经济环境；

（4）被审计单位的所有权结构和融资方式（例如，如果被审计单位仅通过债务而非权益进行融资，财务报表使用者可能更关注资产及资产的索偿权，而非被审计单位的收益）；

（5）基准的相对波动性。

适当的基准取决于被审计单位的具体情况，包括各类报表收益（如税前利润、营业收入、毛利和费用总额），以及所有者权益或净资产。对于以营利为目的的实体，通常以经常性业务的税前利润作为基准。如果经常性业务的税前利润不稳定，选用其他基准可能更加合适，如毛利或营业收入。就选定的基准而言，相关的财务数据通常包括前期财务成果和财务状况、本期最新的财务成果和财务状况、本期的预算和预测结果。当然，本期最新的财务成果和财务状况、本期的预算和预测结果需要根据被审计单位情况的重大变化（如重大的企业并购）和被审计单位所处行业和经济环境情况的相关变化等作出调整。例如，当按照经常性业务的税前利润的一定百分比确定被审计单位财务报表整体的重要性时，如果被审计单位本年度税前利润因情况变化出现意外增加或减少，注册会计师可能认为按照近几年经常性业务的平均税前利润确定财务报表整体的重要性更加合适。

为选定的基准确定百分比需要运用职业判断。百分比和选定的基准之间存在一定的联系，如经常性业务的税前利润对应的百分比通常比营业收入对应的百分比要高。例如，对以营利为目的的制造行业实体，注册会计师可能认为经常性业务的税前利润的5%是适当的；而对非营利组织，注册会计师可能认为总收入或费用总额的1%是适当的。百分比无论是高一些还是低一些，只要符合具体情况，都是适当的。

注册会计师在确定重要性水平时，不需考虑与具体项目计量相关的固有不确定性。例如，财务报表含有高度不确定性的大额估计，注册会计师并不会因此而确定一个比不含有该估计的财务报表整体的重要性更高或更低的重要性。

【例6-1】　注册会计师A和B对XYZ股份有限公司20×3年度财务报表进行审计。其未经审计的有关财务报表项目金额为：资产总额180 000万元；净资产88 000万元；主营业务收入240 000万元；净利润24 000万元。如果A和B

在确定财务报表层次的重要性水平时，以资产总额、净资产、主营业务收入和净利润作为判断基础，采用固定比率法，并假定资产总额、净资产、主营业务收入和净利润的百分比数值分别为0.5%、1%、0.5%和5%。表6-1是A和B计算确定XYZ股份有限公司20×3年度财务报表层次重要性水平的过程。

表6-1　　确定20×3年度财务报表层次重要性水平的过程　　单位：万元

判断基础	金额	固定百分比数值	乘积	财务报表层次的重要性水平
资产总额	180 000	0.5%	900	880
净资产	88 000	1%	880	
主营业务收入	240 000	0.5%	1 200	
净利润	24 000	5%	1 200	

则A和B注册会计师确定XYZ股份有限公司20×3年度财务报表层次重要性水平为880万元。

（二）特定类别交易、账户余额或披露的重要性水平

根据被审计单位的特定情况，下列因素可能表明存在一个或多个特定类别的交易、账户余额或披露，其发生的错报金额虽然低于财务报表整体的重要性，但合理预期将影响财务报表使用者依据财务报表作出的经济决策：

（1）法律法规或适用的财务报告编制基础是否影响财务报表使用者对特定项目（如关联方交易、管理层和治理层的薪酬）计量或披露的预期；

（2）与被审计单位所处行业相关的关键性披露（如制药企业的研究与开发成本）；

（3）财务报表使用者是否特别关注财务报表中单独披露的业务的特定方面（如新收购的业务）。

在根据被审计单位的特定情况考虑是否存在上述交易、账户余额或披露时，了解治理层和管理层的看法和预期是有用的。

（三）实际执行的重要性

实际执行的重要性，是指注册会计师确定的低于财务报表整体重要性的一个或多个金额，旨在将未更正和未发现错报的汇总数超过财务报表整体的重要性的可能性降至适当的低水平。如果适用，实际执行的重要性还指注册会计师确定的低于特定类别的交易、账户余额或披露的重要性水平的一个或多个金额。

仅为发现单项重大的错报而计划审计工作将忽视这样一个事实，即单项非重大错报的汇总数可能导致财务报表出现重大错报，更何况还没有考虑可能存在的

未发现错报。确定财务报表整体的实际执行的重要性（根据定义可能是一个或多个金额），旨在将财务报表中未更正和未发现错报的汇总数超过财务报表整体的重要性的可能性降至适当的低水平。与确定特定类别的交易、账户余额或披露的重要性水平相关的实际执行的重要性，旨在将这些交易、账户余额或披露中未更正与未发现错报的汇总数超过这些交易、账户余额或披露的重要性水平的可能性降至适当的低水平。

确定实际执行的重要性并非简单机械地计算，还需要注册会计师运用职业判断，并考虑下列因素的影响：（1）对被审计单位的了解（这些了解在实施风险评估程序的过程中得到更新）；（2）前期审计工作中识别出的错报的性质和范围；（3）根据前期识别出的错报对本期错报作出的预期。

通常而言，实际执行的重要性通常为财务报表整体重要性的50%～75%。接近财务报表整体重要性50%的情况通常是：（1）非连续性审计；（2）以前年度审计调整较多；（3）项目总体风险较高（例如处于高风险行业，经常面临较大市场压力，首次承接的审计项目或者需要出具特殊目的报告等）。接近财务报表整体重要性75%的情况通常是：（1）经常性审计，以前年度审计调整较少；（2）项目总体风险较低（如处于低风险行业，市场压力较小）。

（四）审计过程中修改重要性

由于存在下列原因，注册会计师可能需要修改财务报表整体的重要性和特定类别的交易、账户余额或披露的重要性水平（如适用）：（1）审计过程中情况发生重大变化（如决定处置被审计单位的一个重要组成部分）；（2）获取新信息；（3）通过实施进一步审计程序，注册会计师对被审计单位及其经营的了解发生变化。例如，注册会计师在审计过程中发现，实际财务成果与最初确定财务报表整体的重要性时使用的预期本期财务成果相比存在很大差异，则需要修改重要性。

四、评价审计过程中识别出的错报

（一）错报的定义

错报，是指某一财务报表项目的金额、分类、列报或披露，与按照适用的财务报告编制基础应当列示的金额、分类、列报或披露之间存在的差异；或根据注册会计师的判断，为使财务报表在所有重大方面实现公允反映，需要对金额、分类、列报或披露作出的必要调整。

错报可能由下列事项导致：（1）收集或处理用以编制财务报表的数据时出现错误；（2）遗漏某项金额或披露；（3）由于疏忽或明显误解有关事实导致作出不正确的会计估计；（4）注册会计师认为管理层对会计估计作出不合理的判断或对

会计政策作出不恰当的选择和运用。

（二）累积识别出的错报

注册会计师可能将低于某一金额的错报界定为明显微小的错报，对这类错报不需要累积。这些明显微小的错报，无论单独或者汇总起来，无论从规模、性质或其发生的环境来看都是明显微不足道的。如果不确定一个或多个错报是否明显微小，就不能认为这些错报是明显微小的。

错报可以区分为事实错报、判断错报和推断错报。

1. 事实错报

事实错报是毋庸置疑的错报。这类错报产生于被审计单位收集和处理数据的错误，对事实的忽略或误解，或故意舞弊行为。例如，注册会计师在审计测试中发现最近购入存货的实际价值为 14 000 元，但账面记录的金额却为 10 000 元。因此，存货和应付账款分别被低估了 4 000 元，这里被低估的4 000 元就是已识别的对事实的具体错报。

2. 判断错报

判断错报，是指由于注册会计师认为管理层对会计估计作出不合理的判断或不恰当地选择和运用会计政策而导致的差异。这类错报产生于两种情况：一是管理层和注册会计师对会计估计值的判断差异，例如，由于包含在财务报表中的管理层作出的估计值超出了注册会计师确定的一个合理范围，导致出现判断差异；二是管理层和注册会计师对选择和运用会计政策的判断差异，由于注册会计师认为管理层选用会计政策造成错报，管理层却认为选用会计政策适当，导致出现判断差异。

3. 推断错报

推断错报，是指注册会计师对总体存在的错报作出的最佳估计数。是根据在审计样本中识别出的错报来推断总体的错报。推断错报通常包括：

（1）通过测试样本估计出的总体的错报减去在测试中发现的已经识别的具体错报。例如，应收账款年末余额为 2 000 万元，注册会计师抽查 10％样本发现金额有 100 万元的高估，高估部分为账面金额的 20％，据此注册会计师推断总体的错报金额为 400 万元（即 2 000×20％），那么上述 100 万元就是已识别的具体错报，其余 300 万元即推断误差。

（2）通过实质性分析程序推断出的会计错报。例如，注册会计师根据客户的预算资料及行业趋势等要素，对客户年度销售费用独立作出估计，并与客户账面金额比较，发现两者间有 50％的差异；考虑到估计的精确性有限，注册会计师根据经验认为 10％的差异通常是可接受的，而剩余 40％的差异需要有合理解释并取得佐证性证据。假定对其中 10％的差异注册会计师无法得到合理解释或不能取得佐证，则该部分差异金额即为推断误差。

（三）对审计过程识别出的错报的考虑

错报可能不会孤立发生，一项错报的发生还可能表明存在其他错报。例如，注册会计师识别出由于内部控制失效而导致的错报，或被审计单位广泛运用不恰当的假设或评估方法而导致的错报，均可能表明还存在其他错报。

抽样风险和非抽样风险可能导致某些错报未被发现。审计过程中累积错报的汇总数接近按照《中国注册会计师审计准则第 1221 号——计划和执行审计工作时的重要性》的规定确定的重要性，则表明存在比可接受的低风险更大的风险，即未被发现的错报连同审计过程中累积错报的汇总数，可能超过重要性。

注册会计师可能要求管理层检查某类交易、账户余额或披露，以使管理层了解注册会计师识别出的错报的产生原因，并要求管理层采取措施以确定这些交易、账户余额或披露实际发生错报的金额，以及对财务报表作出适当的调整。例如，在从审计样本中识别出的错报推断总体错报时，注册会计师可能提出这些要求。

（四）错报的沟通和更正

及时与适当层级的管理层沟通错报事项是重要的，因为这能使管理层评价这些事项是否为错报，并采取必要行动，如有异议则告知注册会计师。适当层级的管理层通常是指有责任和权限对错报进行评价并采取必要行动的人员。

法律法规可能限制注册会计师向管理层或被审计单位内部的其他人员通报某些错报。例如，法律法规可能专门规定禁止通报某事项或采取其他行动，这些通报或行动可能不利于有关权力机构对实际存在的或怀疑存在的违法行为展开调查。在某些情况下，注册会计师的保密义务与通报义务之间存在的潜在冲突可能很复杂。此时，注册会计师可以考虑征询法律意见。

管理层更正所有错报（包括注册会计师通报的错报），能够保持会计账簿和记录的准确性，降低由于与本期相关的、非重大的且尚未更正的错报的累积影响而导致未来期间财务报表出现重大错报的风险。

《中国注册会计师审计准则第 1501 号——对财务报表形成审计意见和出具审计报告》要求注册会计师评价财务报表是否在所有重大方面按照适用的财务报告编制基础编制。这项评价包括考虑被审计单位会计实务的质量（包括表明管理层的判断可能出现偏向的迹象）。注册会计师对于管理层不更正错报的理由的理解，可能影响其对被审计单位会计实务质量的考虑。

（五）评价未更正错报的影响

未更正错报，是指注册会计师在审计过程中累积的且被审计单位未予更正的错报。注册会计师在确定重要性时，通常依据对被审计单位财务结果的估计，因为此时可能尚不知道实际的财务结果。因此，在评价未更正错报的影响之前，注册会计师可能有必要依据实际的财务结果对重要性作出修改。如果在审计过程中获知了某项信息，而该信息可能导致注册会计师确定与原来不同的财务报表整体重要性或者特定类别交易、账户余额或披露的一个或多个重要性水平（如适用），注册会计师应当予以修改。因此，在注册会计师评价未更正错报的影响之前，可能已经对重要性或重要性水平（如适用）作出重大修改。但是，如果注册会计师对重要性或重要性水平（如适用）进行的重新评价导致需要确定较低的金额，则应重新考虑实际执行的重要性和进一步审计程序的性质、时间安排和范围的适当性，以获取充分、适当的审计证据，作为发表审计意见的基础。

注册会计师需要考虑每一单项错报，以评价其对相关类别的交易、账户余额或披露的影响，包括评价该项错报是否超过特定类别的交易、账户余额或披露的重要性水平（如适用）。如果注册会计师认为某一单项错报是重大的，则该项错报不太可能被其他错报抵销。例如，如果收入存在重大高估，即使这项错报对收益的影响完全可被相同金额的费用高估所抵销，注册会计师仍认为财务报表整体存在重大错报。对于同一账户余额或同一类别的交易内部的错报，这种抵销可能是适当的。然而，在得出抵销非重大错报是适当的这一结论之前，需要考虑可能存在其他未被发现的错报的风险。

确定一项分类错报是否重大，需要进行定性评估。例如，分类错报对负债或其他合同条款的影响，对单个财务报表项目或小计数的影响，以及对关键比率的影响。即使分类错报超过了在评价其他错报时运用的重要性水平，注册会计师可能仍然认为该分类错报对财务报表整体不产生重大影响。例如，如果资产负债表项目之间的分类错报金额相对于所影响的资产负债表项目金额较小，并且对利润表或所有关键比率不产生影响，注册会计师可以认为这种分类错报对财务报表整体不产生重大影响。即使某些错报低于财务报表整体的重要性，但因与这些错报相关的某些情况，在将其单独或连同在审计过程中累积的其他错报一并考虑时，注册会计师也可能将这些错报评价为重大错报。

练习题

一、单项选择题

1. 在签订业务约定书之前的工作较恰当的是（　　）。

A. 了解被审计单位的行业类型、关联方及其交易的存在情况、内部控制等

B. 了解上年度年报审计的情况，包括事务所的名称、审计报告的意见类型

C. 商谈审计收费，约定按其审计后资产总额的2‰收取

D. 明确被审计单位应协助的工作，包括审计结束后与客户管理人员在某风景区召开财务管理研讨会议流程和旅游行程

2. 在选择确定重要性的基准时，注册会计师通常无须考虑的因素是（　）。

A. 财务报表要素

B. 财务报表使用者特别关注的项目

C. 财务报表个别使用者对财务信息的特殊需求

D. 被审计单位所处行业和经营环境

3. 下列有关审计重要性的表述中，错误的有（　）。

A. 在考虑一项错报是否重要时，既要考虑错报的金额，又要考虑错报的性质

B. 如果一项错报单独或连同其他错报可能影响财务报表使用者依据财务报表作出的经济决策，则该项错报是重要的

C. 如果已识别但尚未更正的错报汇总数接近但不超过重要性水平，注册会计师无须要求管理层调整

D. 重要性的确定离不开职业判断

4. XYZ会计师事务所承接了乙上市公司20×3年度的财务报表审计业务，派出了A注册会计师进入乙公司进行审计。A注册会计师按资产总额5 000万元的2‰计算了资产负债表的重要性水平，按净利润600万元的2%计算了利润表的重要性水平，则其最终应取（　）万元作为财务报表层次的重要性水平。

A. 11　　B. 0

C. 10　　D. 12

5. 当X公司近三年来的利润总额起伏较大时，如果注册会计师以利润总额作为报表层次重要性水平的判断基准，最好选择（　）。

A. 近三年来的最低利润　　B. 近三年来的平均利润

C. 近三年来的最高利润　　D. 最后一年的利润

6. 在确定重要性水平时，下列各项中通常不宜作为计算重要性水平基准的是（　）。

A. 持续经营产生的利润　　B. 非经常性收益

C. 资产总额　　D. 营业收入

7. 注册会计师确定的X公司财务报表层次的重要性水平为100万元，则以

(　　)作为报表层次实际执行的重要性水平最为适当。

A. 90 万元　　B. 70 万元

C. 15 万元　　D. 10 万元

二、多项选择题

1. 下列属于制定总体审计策略时应当考虑的内容是(　　)。

A. 审计范围

B. 报告目标、时间安排及所需沟通

C. 审计方向

D. 资源调配计划

2. 审计项目负责人编制具体审计计划，应包括各具体项目的(　　)。

A. 审计方向

B. 风险评估程序

C. 计划实施的进一步审计程序

D. 企业适用会计准则及会计制度的变化

3. 虽然下列工作均贯穿于审计业务的全过程，但是(　　)工作需要安排在其他审计工作之前。

A. 保持客户关系及审计业务　　B. 评价职业道德

C. 评估重大错报风险　　D. 计划审计工作

4. 根据审计准则的相关规定，会计师事务所在审计业务约定书中承诺的对被审计单位的主要义务有(　　)。

A. 高效优质地为被审计单位服务

B. 按照约定时间完成审计业务，出具审计报告

C. 对在执业过程中知悉的商业秘密保密

D. 确保审计收费的合理性

三、判断题

1. 审计业务约定书具有经济合同的性质，一旦约定双方签字认可，即成为签字注册会计师与被审计单位之间在法律上生效的契约。(　　)

2. 如果信息的错报在特定环境下将可能影响使用者根据该信息所作的经济决策，那么该项错报即属重要错报。(　　)

3. 注册会计师对审计重要性水平估计得越高，所需收集的审计证据的数量越少。(　　)

四、简答题

1. 某注册会计师接受委托审计 A 公司 20×3 年度的财务报表，通过查阅 A 公司的财务报表，找到以下数据(见表 6-2)。

表 6-2　　有关数据

项目	金额（万元）
资产总额	90 000
净资产	44 000
主营业务收入	120 000
净利润	12 060

而且，根据以往的审计经验，确定了在计算重要性水平时各项目对应的百分比（见表 6-3）。

表 6-3　　各项目对应的百分比

项目	资产总额	净资产	主营业务收入	净利润
百分比（%）	0.5	1	0.5	5

问题：（1）试计算确定财务报表层次的重要性水平。

（2）简述重要性水平与审计证据之间的关系。

2. A 注册会计师负责对常年审计客户甲公司 20×3 年度财务报表进行审计。撰写了总体审计策略和具体审计计划，部分内容摘录如下：

（1）初步了解 20×3 度甲公司及其环境未发生重大变化，拟信赖以往审计中对管理层、治理层诚信形成的判断。

（2）因对甲公司内部审计人员的客观性和专业胜任能力存有疑虑，拟不利用内部审计的工作。

（3）如对计划的重要性水平作出修正，拟通过修改计划实施的实质性程序的性质、时间和范围降低重大错报风险。

（4）假定甲公司在收入确认方面存在舞弊风险，拟将销售交易及其认定的重大错报风险评估为高水平，不再了解和评估相关控制的合理性并确定其是否已得到执行，直接实施细节测试。

（5）因审计工作时间安排紧张，拟不函证应收账款，直接实施替代审计程序。

要求：

针对上述事项（1）至（5），逐项指出 A 注册会计师拟定的计划是否存在不当之处。如有不当之处，简要说明理由。

五、小组讨论题

请查阅资料，探讨总体审计策略与具体审计计划的关系。

CHAPTER

7 第七章 风险评估

【学习目标】通过本章学习，掌握审计风险的含义、要素及相互关系；理解风险评估的意义及风险评估程序；熟悉了解被审计单位及其环境所包括的内容；掌握内部控制的内涵、要素以及对内部控制了解的深度；掌握注册会计师应当识别和评估的各层次重大错报风险。

引例

风险评估——注册会计师审计之利器

100 多年来，审计的根本目标没有发生重大变化，但是随着审计环境的变化，审计方法从账项基础审计、制度基础审计发展到目前的风险导向审计。风险导向审计要求注册会计师评估财务报表重大错报风险，设计和实施进一步审计程序以应对评估的错报风险，根据审计结果出具审计报告。

雁山股份有限公司（以下简称雁山公司）是一家从事药品生产的企业。师正会计师事务所（以下简称师正所）接受雁山公司委托审计 20×3 年年度财务报表。主管此业务的师正所合伙人王瑾了解到被审计单位及其环境的相关信息如下：(1) 日益激烈的竞争与我国药品市场的管制使雁山公司受到变现能力和盈利能力恶化的压力；(2) 财务总监已为雁山公司工作超过 6 年，于 20×3 年 9 月劳动合同到期后被公司的竞争对手高薪聘请。由于工作压力大，雁山公司会计部门人员流动频繁，除会计主管服务期超过 4 年外，其余人员的平均服务期少于 2 年。(3) 雁山公司在 20×2 年度实现销售收入增长 10%的基础上，董事会确定 20×3 年销售收入增长目标为 20%。雁山公司管理层实行年薪制，总体薪酬水平根据上述目标的完成情况上下浮动。雁山公司所处行业 20×3 年的平均销售增长率是 12%。(4) 销售的产品均由经客户认可的外部运输公司实施运输，运输费用由雁山公司承担，但运输途中风险由客户自行承担。由于受到能源价格上涨影响，20×3 年的运输单价比上年平均上升了 15%，运输商同意将运费结算周期从原来的 30 天延长至 60 天。财务数据显示，运输费用由 20×2 年的 1 150 万元增加到 1 200 万元。(5) 20×2 年度财务报表附注中披露一起药品使用者提起的诉讼，该药物被检查出有可能会导致癌症。20×2 年度报告经由源清会计师事务所审计，被出具带强调事项段的保留意见的审计报告。

依据所了解的情况，王瑾认为雁山公司 20×3 年年度财务报表存在的重大错报风险较高，但还需要进一步分析识别的风险是财务报表层次还是认定层次，从而为后续的风险应对做好准备。具体分析如下：(1) 雁山公司所在的药品行业竞争激烈，财务总监、会计人员的变动使得公司缺乏具有胜任能力的会计人员，可能导致财务报表层次存在重大错报风险。(2) 雁山公司管理层为了达到治理层确定的高于行业平均增长率 8%的销售增长率，且管理层的薪酬与销售增长目标挂钩，所以有可能会虚增销售收入，导致营业收入的发生认定、应收账款的存在认定有较高风险。(3) 20×3 年的产品总销量大于 20×2 年，并且运输单价平均上升了 15%，但是运输费用只上升了 4.3%[(1 200−1 150)/1 150×100%]，因此可能存在低估 20×3 年运输费用的风险，或者 20×3 年运输费用没有较大变化，也可能表明销售量变化不大，高估了销售收入。所以，销售费用及应付账款的完整性认定、营业收入的发生认定以及应收账款的存在认定存在较高风险。(4) 雁山公司与顾客的诉讼将使其持续经营能力面临威胁。

注册会计师王瑾通过综合考虑雁山公司的环境和面临的经营风险，分析经济业务中可能出现的错误和舞弊行为，评估重大错报风险是与财务报表整体广泛相关，还是与特定的某类交易、账户余额和披露的认定相关，并以此为出发点制订审计策略，进入下一阶段的风险应对过程，以使审计风险降至可接受的水平。

第一节 审计风险

审计风险，是指财务报表存在重大错报时，注册会计师发表不恰当审计意见的可能性。审计业务是一种保证程度高的鉴证业务，可接受的审计风险应当足够低，以使注册会计师能够合理保证所审计财务报表不含有重大错报。审计风险取决于重大错报风险和检查风险。

一、重大错报风险

重大错报风险，是指财务报表在审计前存在重大错报的可能性。重大错报风险分为财务报表层次重大错报风险和认定层次重大错报风险。财务报表层次重大错报风险是指财务报表审计前存在重大错报的可能性。认定层次重大错报风险，是指各类交易、账户余额和披露在审计前存在重大错报的可能性。

认定层次的重大错报风险又可进一步细分为固有风险和控制风险。固有风险是指假设不存在相关的内部控制，某一认定发生重大错报风险的可能性，无论该错报单独考虑，还是连同其他错报构成重大错报。某些类别的交易、账户余额和披露及其认定，固有风险很高。例如，复杂的计算比简单的计算更可能出错；受重大计量不确定性影响的会计估计发生错报的可能性较大。产生经营风险的外部因素也可能影响固有风险，比如，技术进步可能导致某项产品陈旧，进而导致存货容易发生高估错报（计价认定）。被审计单位及其环境中的某些因素还可能与多个甚至所有类别的交易、账户余额、列报有关，进而影响多个认定的固有风险。这些因素包括维持经营的流动资金匮乏、被审计单位处于夕阳行业等。

控制风险是指某项认定发生了重大错报，无论该错报单独考虑，还是连同其他错报构成重大错报，而该错报没有被单位的内部控制及时防止、发现和纠正的可能性。控制风险取决于与财务报表编制有关的设计和运行的有效性。由于控制的固有局限性，某种程序的控制风险始终存在。

需要特别说明的是，由于固有风险和控制风险不可分割地交织在一起，有时无法单独进行评估，审计准则通常不再单独提到固有风险和控制风险，而只是将这两者合并称为“重大错报风险”。

重大错报风险属于企业客观存在的风险，注册会计师虽然无法改变它们，但却可以通过对被审计对象的充分理解，合理评估重大错报风险的高低，以确定测试范围的依据。

二、检查风险

检查风险，是指某一认定存在错报，该错报单独或连同其他错报是重大的，注册会计师为将审计风险降至可接受的低水平而实施程序后未能发现这种错报的可能性。

检查风险取决于审计程序设计的合理性和执行的有效性，注册会计师是可以控制的。检查风险的产生，一方面由于注册会计师通常并不对所有的交易、账户余额和披露进行检查；另一方面由于其他原因，包括注册会计师可能选择了不恰当的审计程序、审计程序执行不当，或者错误理解了审计结论，因此，检查风险不可能降低为零。但是，这些其他原因可以通过适当计划、在项目组成员之间进行恰当的职责分配、保持职业怀疑态度以及监督、指导和复核助理人员所执行的审计工作得以解决。

三、检查风险与重大错报风险的反向关系

在既定的审计风险水平下，可接受的检查风险水平与认定层次重大错报风险的评估结果成反向关系。评估的重大错报风险越高，可接受的检查风险越低；评估的重大错报风险越低，可接受的检查风险越高。检查风险与重大错报风险的反向关系用数学模型表示如下：

审计风险＝重大错报风险×检查风险

这个模型也就是审计风险模型，它反映了各风险要素之间的相互关系及各要素对审计风险的影响。假设针对某一认定，注册会计师将可接受的审计风险水平设定为5%，注册会计师实施风险评估程序后将重大错报风险评估为20%，则根据这一模型，可接受的检查风险为25%。当然，在实务中，注册会计师还可以选用“高”、“中”、“低”等文字描述各风险要素，它们之间的关系形成风险要素矩阵，如表7-1所示。

表7-1　　风险要素矩阵

情况	审计风险（可接受的水平）	重大错报风险	可接受的检查风险
1	一定（低）	低	高
2	一定（低）	中	中
3	一定（低）	高	低

审计风险模型运用的基本步骤是：首先，在编制计划时确定审计人员可以接受的审计风险，审计风险是由事务所确定，谨慎的会计师事务所把审计风险确定到2%～5%范围内，提供的合理保证是98%～95%；其次，通过对被审计单位及其环境的了解来评估重大错报风险水平；最后，确定可接受的检查风险水平，从而确定实质性程序的性质、时间和范围。

第二节　风险评估概述

一、审计风险准则运用思路

风险导向审计是当今主流的审计方法，它要求注册会计师以重大错报风险的识别、评估和应对为审计工作的主线，以提高审计效率和效果。目前的中国注册会计师执业准则体系全面贯彻了风险导向审计思想和方法的要求。审计风险准则包括《中国注册会计师审计准则第1101号——注册会计师的总体目标和审计工

作的基本要求》、《中国注册会计师审计准则第1301号——审计证据》、《中国注册会计师审计准则第1211号——通过了解被审计单位及其环境识别和评估重大错报风险》和《中国注册会计师审计准则第1231号——针对评估的重大错报风险采取的应对措施》。审计风险准则要求注册会计师必须了解被审计单位及其环境，包括内部控制，以充分识别和评估财务报表重大错报的风险，针对评估的重大错报风险设计和实施控制测试和实质性程序，注册会计师具体运用审计风险准则的思路如图7-1所示：

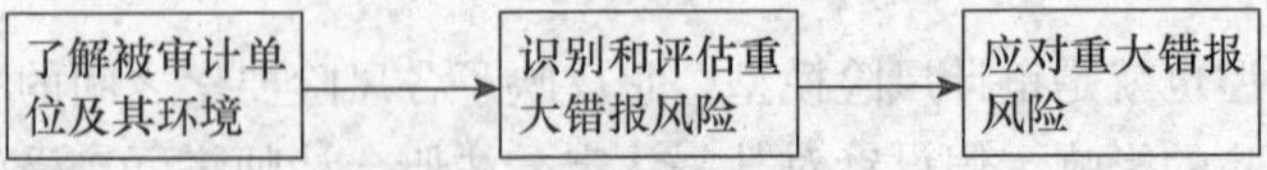

图7-1 审计风险准则运用思路

二、风险评估程序

为了解被审计单位及其环境而实施的程序称为风险评估程序。注册会计师应当实施下列风险评估程序：

（一）询问被审计单位管理层和内部其他相关人员

询问被审计单位管理层和内部其他相关人员是注册会计师了解被审计单位及其环境的一个重要信息来源。

1. 询问管理层和财务负责人

注册会计师可以考虑向管理层和财务负责人询问下列事项：（1）管理层所关注的主要问题。如新的竞争对手、主要客户和供应商的流失、新的税收法规的实施以及经营目标或战略的变化等。（2）被审计单位最近的财务状况、经营成果和现金流量。（3）可能影响财务报告的交易和事项，或者目前发生的重大会计处理问题。如：重大的购并事宜等。（4）被审计单位发生的其他重要变化。如：所有权结构、组织结构的变化，以及内部控制的变化等。

2. 询问被审计单位内部的其他人士

注册会计师除了询问管理层和对财务报告负有责任的人员外，还应当考虑询问内部审计人员、采购人员、生产人员、销售人员等其他人员，并考虑询问不同级别的员工，以获取对识别重大错报风险有用的信息。在确定向被审计单位的哪些人员进行询问以及询问哪些问题时，注册会计师应当考虑何种信息有助于其识别和评估重大错报风险。（1）询问治理层，有助于注册会计师理解财务报表编制的环境；（2）询问内部审计人员，有助于注册会计师了解其针对被审计单位内部控制设计和运行有效性而实施的工作，以及管理层对内部审计发现的问题是否采取适当的措施；（3）询问参与生成、处理或记录复杂或异常交易的员工，有助于注册会计师评估被审计单位选择和运用某项会计政策的适当性；（4）询问内部法律顾问，有助于注册会计师了解有关法律法规的遵循情况、产品保证和售后责任、与业务合作伙伴的安排（如合营企业）、合同条款的含义以及诉讼情况等；（5）询问营销或销售人员，有助于注册会计师了解被审计单位的营销策略及其变化、销售趋势以及与客户的合同安排；（6）询问采购人员和生产人员，有助于注册会计师了解被审计单位的原材料采购和产品生产等情况；（7）询问仓库人员，有助于注册会计师了解原材料、产成品等存货的进出、保管和盘点等情况。

（二）分析程序

分析程序，是指注册会计师通过研究不同财务数据之间以及财务数据与非财务数据之间的内在关系，对财务信息作出评价。实施分析程序有助于识别异常的交易或事项，以及对财务报表和审计产生影响的金额、比率和趋势。在实施分析程序时，注册会计师应当预期可能存在的合理关系，并与被审计单位记录的金额、依据记录金额计算的比率或趋势相比较；如果发现异常或未预期到的关系，注册会计师应当在识别重大错报风险时考虑这些比较结果。例如，注册会计师通过实施分析程序发现，两个会计期间的毛利率相当。但是，注册会计师通过对被审计单位的了解，获知在生产成本中占较大比例的原材料成本在相关期间内上升，注册会计师预期销售成本也应相应上升，而毛利率应相应下降。上述分析可能会使注册会计师得出“销售成本可能存在重大错报风险，应对其给予足够的重视”的结论。

（三）观察和检查

1. 观察被审计单位的生产经营活动

注册会计师观察被审计单位人员正在从事的生产活动和内部控制活动，可以进一步了解被审计单位人员如何进行生产经营活动及实施内部控制。例如通过对被审计单位的产品生产过程的观察，可以对被审计单位人员如何进行产品生产活动、工艺过程有哪些环节，各环节生产什么产品，完工如何检验，如何保管，有无浪费，有无脱节情况，以发现被审计单位生产经营和内部控制运行过程中的不足和问题。通过对财务部门业务处理（如差旅费、医药费、办公费等费用的报销程序）、现金存放以及不相容职务分工情况的观察，可以了解其是否符合内部控制的要求，是否严格遵守执行，是否有重大差错。

2. 检查文件、记录和内部控制手册

注册会计师检查被审计单位的章程、与其他单位签订的合同、协议，各业务流程操作指引和内部控制手册等，可以了解被审计单位组织结构和内部控制情况。

3. 阅读由管理层和治理层编制的报告

注册会计师阅读被审计单位年度和中期财务报告，股东大会、董事会会议、高级管理层会议的会议记录或纪要，管理层的讨论和分析资料，经营计划和战略，对重要经营环节和外部因素的评价，被审计单位内部管理报告以及其他特殊目的报告（如新投资项目的可行性分析报告）等，可以了解自上一期审计结束至本期审计期间被审计单位发生的重大事项。

4. 实地察看被审计单位的生产经营场所和设备

注册会计师通过现场访问和实地察看被审计单位的生产经营场所和设备，了解被审计单位的性质及其经营活动。在实地察看被审计单位的厂房和办公场所的过程中，注册会计师有机会与被审计单位的管理层和担任不同职责的员工进行交流，可以增强注册会计师对被审计单位的经营活动及其重大影响因素的了解。

5. 追踪交易在财务报告信息系统中的处理过程（穿行测试）

这是注册会计师了解被审计单位业务流程及其相关控制时经常使用的审计程序。通过追踪某笔或某几笔交易在业务流程中如何生成、记录、处理和报告，以及相关内部控制如何执行，注册会计师可以确定被审计单位的交易流程和相关控制是否与之前通过其他程序所获得的了解一致，并确定相关控制是否得到执行。

三、其他审计程序和信息来源

除了采用上述程序从被审计单位内部获取信息以外，如果注册会计师根据职业判断认为从被审计单位外部获取的信息有助于识别重大错报风险，则应实施其他审计程序以获取这些信息。比如，询问被审计单位聘请的外部法律顾问、专业评估师、投资顾问和财务顾问等。阅读外部信息也可能有助于注册会计师了解被审计单位及其环境。外部信息包括证券分析师、银行、评级机构出具的有关被审计单位及其所处行业的经济或市场环境等状况的报告，贸易与经济方面的期刊，法规或金融出版物，以及政府部门或民间组织发布的行业报告和统计数据等。

第三节　了解被审计单位及其环境

注册会计师应当从以下六个方面了解被审计单位及其环境：（1）行业状况、法律环境与监管环境以及其他外部因素；（2）被审计单位性质；（3）被审计单位对会计政策的选择和运用；（4）被审计单位的目标、战略以及相关经营风险；（5）被审计单位财务业绩的衡量和评价；（6）被审计单位的内部控制。识别被审计单位及其环境在上述各方面与以前期间相比发生的重大变化，对于充分了解被审计单位及其环境、识别和评估重大错报风险尤为重要。本节阐述第（1）到第（5）个方面，第（6）个方面将在下节阐述。

一、行业状况、法律环境与监管环境以及其他外部因素

行业状况、法律环境与监管环境以及其他外部因素构成了被审计单位的外部环境。对外部环境的了解有助于注册会计师识别与被审计单位所处的外部环境有关的重大错报风险。

（一）行业状况

了解行业状况有助于注册会计师识别与被审计单位所处行业有关的重大错报风险。注册会计师应当了解被审计单位的行业状况，主要包括：

（1）所处行业的市场供求与竞争。例如：被审计单位所处行业的总体发展趋势是什么？处于哪一发展阶段（如起始、成长、成熟或衰退阶段）？所处市场的需求、市场容量和价格竞争如何？

（2）生产经营的季节性和周期性。例如，该行业是否受经济周期波动的影响，以及采取了什么行动使波动产生的影响最小化？

（3）产品生产技术的变化。例如：该行业受技术发展影响的程度如何？是否开发了新的技术？一项新技术出现，往往导致产品和生产线降价或减值，因此在固定资产审计和存货审计时，注意企业是否计提跌价准备？是否计提减值准备？

（4）能源供应与成本。例如：能源消耗占成本比重有多大？能源价格的变化对成本的影响？像航空企业，如果国际市场原油上涨，航空企业利润变薄或者处于亏损；如果国际市场油价下降，航空企业就会盈利。因此，能源的供应和成本的变化对所审计的特定企业的影响比较大的。

（5）行业的关键指标和统计数据。例如：谁是被审计单位最主要的竞争者，他们各自所占的市场份额是多少？被审计单位与竞争者相比，主要的竞争优势是什么？被审计单位的业务增长率和财务业绩与行业的平均水平及主要竞争者相比如何？存在重大差异的原因是什么？竞争者是否采取了某些行动，如并购活动、降价销售、开发新技术等，从而对被审计单位的经营活动产生影响？

（二）法律环境与监管环境

注册会计师应当了解被审计单位所处的法律环境与监管环境，主要包括：（1）会计原则和行业特定惯例；（2）受管制行业的法规框架；（3）对经营活动产生重大影响的法律法规及监管活动；（4）税收政策（关于企业所得税和其他税种

的政策)；(5) 对开展业务产生重大影响的政府政策，包括货币、财政、关税和贸易政策等；(6) 与被审计单位所处行业和所从事经营活动相关的环保要求。

(三) 其他外部因素

注册会计师应当了解影响被审计单位经营的其他外部因素，主要包括：(1) 宏观经济的景气度（即宏观经济现状以及未来发展趋势)；(2) 通货膨胀、利率水平和资金供求状况如何影响被审计单位经营活动；(3) 被审计单位的经营活动是否受到汇率变动、国际经济环境的影响。

二、被审计单位的性质

被审计单位的性质由其所有权结构、治理结构、组织结构、经营活动、投资活动和筹资活动等因素决定，如图 7-2 所示。

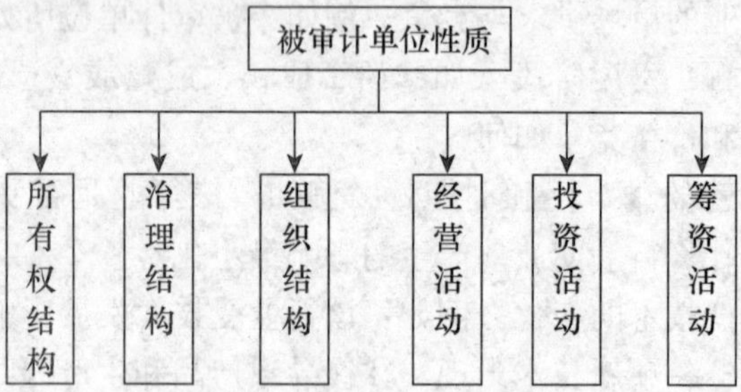

图 7-2 影响被审计单位性质的因素

(一) 所有权结构

对被审计单位所有权结构的了解，有助于注册会计师识别关联方关系并了解被审计单位的决策过程。注册会计师应当了解所有权结构以及所有者与其他人员或单位之间的关系，考虑关联方关系是否已经得到识别，以及关联方交易是否得到恰当核算。例如，注册会计师应当了解被审计单位是属于国有企业、外商投资企业、民营企业还是其他类型的企业，还应当了解其直接控股公司、间接控股公司、最终控股公司和其他股东的构成，以及所有者与其他人员或单位（如控股母公司控制的其他企业）之间的关系等。同时，注册会计师还可能需要对控股母公司的情况做进一步的了解，主要包括：(1) 控股母公司与被审计单位在资产、业务、人员、结构、财务等方面是否分开，是否存在占用资金等情况；(2) 控股母公司是否施加压力，要求被审计单位达到其设定的财务业绩目标等。

（二）治理结构

良好的治理结构可以对被审计单位的经营和财务运作实施有效的监督，从而降低财务报表发生重大错报的风险。注册会计师应当了解被审计单位的治理结构。例如，董事会的构成情况、董事会内部是否有独立董事；治理结构中是否设有审计委员会或监事会及其运作情况。注册会计师应当考虑治理层是否能够在独立于管理层的情况下对被审计单位事务（包括财务报告）作出客观判断。

（三）组织结构

复杂的组织结构可能导致某些特定的重大错报风险。例如，对于在多个地区拥有子公司、合营企业、联营企业或其他成员机构，或者存在多个业务分部和地区分部的被审计单位而言，不仅编制合并财务报表的难度增加，而且还存在其他可能导致重大错报风险的复杂事项，如对子公司、合营企业、联营企业和其他股权投资类别的判断及会计处理。因此，注册会计师应当了解被审计单位的组织结构，考虑复杂组织结构可能导致的重大错报风险，包括财务报表合并、商誉减值以及长期股权投资核算等问题。

（四）经营活动

了解被审计单位经营活动，有助于注册会计师识别预期在财务报表中反映的主要交易类别、重要账户余额和列报。具体包括以下内容：主营业务性质、与生产产品或提供劳务相关的市场信息、业务开展情况、联盟合营与外包情况、从事电子商务情况、地区与行业分布、生产设施仓库地理位置及办公地点、关键客户、重要供应商、劳动用工情况、研究与开发活动及支出、关联交易，等等。

（五）投资活动

了解被审计单位投资活动有助于注册会计师关注被审计单位在经营策略和方向上的重大变化。主要包括：近期拟实施或已实施的并购活动及资产处置情况；证券投资、委托贷款的发生与处置；资本性投资活动，包括固定资产和无形资产投资，近期发生或计划发生的变动；不纳入合并范围的投资。

（六）筹资活动

了解被审计单位筹资活动有助于注册会计师评估被审计单位在融资方面的压力，并进一步考虑被审计单位在可预见未来的持续经营能力。包括：（1）债务结构和相关条款；（2）主要子公司和联营企业的重要融资安排；（3）关联方融资；

（4）实际受益股东；（5）衍生金融工具运用。

三、被审计单位对会计政策的选择和适用

注册会计师应当了解被审计单位对会计政策的选择和运用，是否符合适用的会计准则，是否符合被审计单位的具体情况。在了解被审计单位对会计政策的选择和运用是否适当时，注册会计师应当关注下列重要事项：（1）重大和异常交易的会计处理方法；（2）在新领域和缺乏权威性标准或共识的领域，采用重要会计政策产生的影响；（3）会计政策的变更；（4）被审计单位何时采用以及如何采用新颁布的会计准则。如果被审计单位变更了重要的会计政策，注册会计师还应当考虑变更的原因及其适当性，并考虑是否符合适用的会计准则。同时，注册会计师应当考虑被审计单位是否按照适用的会计准则的规定恰当地进行了列报，并披露了重要事项。

四、被审计单位的目标、战略及相关经营风险

注册会计师应当了解被审计单位的目标和战略，以及可能导致财务报表重大错报的相关经营风险。经营风险源于对被审计单位实现目标和战略产生不利影响的重大情况、事项、环境和行动，或源于不恰当的目标和战略。注册会计师应当了解被审计单位是否存在与下列方面有关的目标和战略，并考虑相应的经营风险：（1）行业发展，及其可能导致的被审计单位不具备足以应对行业变化的人力资源和业务专长等风险；（2）开发新产品或提供新服务，及其可能导致的被审计单位产品责任增加等风险；（3）业务扩张，及其可能导致的被审计单位对市场需求的估计不准确等风险；（4）新颁布的会计法规，及其可能导致的被审计单位执行法规不当或不完整，或会计处理成本增加等风险；（5）监管要求，及其可能导致的被审计单位法律责任增加等风险；（6）本期及未来的融资条件，及其可能导致的被审计单位由于无法满足融资条件而失去融资机会等风险；（7）信息技术的运用，及其可能导致的被审计单位信息系统与业务流程难以融合等风险；（8）实施战略的影响，特别是由此产生的需要运用新的会计要求的影响。多数经营风险最终都会产生财务后果，从而影响财务报表。注册会计师应当根据被审计单位的具体情况考虑经营风险是否可能导致财务报表发生重大错报。管理层通常制定识别和应对经营风险的策略，因此，注册会计师应当了解被审计单位的风险评估过程。

五、被审计单位财务业绩的衡量和评价

被审计单位内部或外部对财务业绩的衡量和评价可能对管理层产生压力，促

使其采取行动改善财务业绩或歪曲财务报表。注册会计师应当了解被审计单位财务业绩的衡量和评价情况，考虑这种压力是否可能导致管理层采取行动，以至于增加财务报表发生重大错报的风险。在了解被审计单位财务业绩衡量和评价情况时，注册会计师应当关注下列信息：（1）关键业绩指标；（2）同期财务业绩比较分析；（3）预测、预算和差异分析；（4）管理层和员工业绩考核与激励性报酬政策；（5）分部信息与不同层次部门的业绩报告；（6）与竞争对手的业绩比较。注册会计师应当关注被审计单位内部财务业绩衡量所显示的未预期到的结果或趋势、管理层的调查结果和纠正措施，以及相关信息是否显示财务报表可能存在重大错报。如果拟利用被审计单位内部信息系统生成的财务业绩衡量指标，注册会计师应当考虑相关信息是否可靠，以及利用这些信息是否足以实现审计目标。

第四节　了解被审计单位的内部控制

一、内部控制的含义与要素

内部控制是被审计单位为了合理保证财务报告的可靠性、经营的效率和效果以及对法律法规的遵守，由治理层、管理层和其他人员设计与执行的政策及程序。

可以从以下几方面理解内部控制：

1. 内部控制的目标

内部控制的目标是合理保证：（1）财务报告的可靠性，这一目标与管理层履行财务报告编制责任密切相关；（2）经营的效率和效果，即经济有效地使用企业资源，以最优方式实现企业的目标；（3）在所有经营活动中遵守法律法规的要求，即在法律法规的框架下从事经营活动。

2. 内部控制的责任主体

设计和实施内部控制的责任主体是治理层、管理层和其他人员，组织中的每一个人都对内部控制负有责任。

3. 实现内部控制目标的手段

实现内部控制目标的手段是设计和执行控制政策和程序。

内部控制包括下列要素：（1）控制环境；（2）风险评估过程；（3）信息系统与沟通；（4）控制活动；（5）对控制的监督。在结构上，各控制要素之间相互联系，即：控制环境为基础，风险评估过程为依据，控制活动为手段，信息与沟通为载体，对控制的监督为保证。

二、对内部控制了解的深度与程序

（一）对内部控制了解的深度

注册会计师在了解内部控制时，应当评价控制的设计，并确定其是否得到执行。对内部控制了解的深度是指在了解被审计单位及其环境时对内部控制了解的程度。包括评价控制的设计，并确定其是否得到执行，但不包括对控制是否得到一贯执行的测试。

评价控制的设计是指考虑一项控制单独或连同其他控制是否能够有效防止或发现并纠正重大错报。控制得到执行是指某项控制存在且被审计单位正在使用。

（二）获取控制设计和执行的审计证据

注册会计师通常实施下列风险评估程序，以获取有关控制设计和执行的审计证据：

1. 询问被审计单位的人员

例如，注册会计师询问企业的管理层、关键的管理人员和员工，以识别、发现内部控制设计上问题。值得注意的是，询问本身并不足以评价控制的设计以及确定其是否得到执行，注册会计师应当将询问与其他风险评估程序结合使用。

2. 观察特定控制的运用

例如，业务授权、文件记录等内部控制的执行是否与制度规定相吻合。观察关键控制环节，比如存货中产成品销售出库有一个关键的控制环节：出库时保管员要复盘一遍，并签字。通过现场观察是否盘点，发现以前期间是否内部控制有效。

3. 检查文件和报告

把内部控制形成的行政文件、记录，通过抽查的办法看看内部控制在执行过程中是否留下记录和痕迹。例如，检查仓库保管员是否签字和记录，检查凭证和记录，看看内部控制在执行中是否留下记录和痕迹。

4. 追踪交易在财务报告信息系统中的处理过程（穿行测试）

一笔交易、事项发生后，从授权批准、到确认、计量和记录到报告一路追踪，测试各个关键环节的内部控制是否得到使用。例如，为了复查购货循环的内部控制，审计人员可选择一笔或若干笔购货业务，把包括请购、订货、验收、保管、核票、付款、登账在内的整个购货业务流程进行详细检查，以确定购货循环内部控制中各环节实际执行情况是否与其了解到的内部控制相一致。

三、从整体层面了解和评估内部控制

(一) 控制环境

控制环境包括治理职能和管理职能，以及治理层和管理层对内部控制及其重要性的态度、认识和措施。良好的控制环境是实施有效内部控制的基础。防止或发现并纠正舞弊和错误是被审计单位治理层和管理层的责任。在评价控制环境的设计和实施情况时，注册会计师应当了解管理层在治理层的监督下，是否营造并保持了诚实守信和合乎道德的文化，以及是否建立了防止或发现并纠正舞弊和错误的恰当控制。

1. 对诚信和道德价值观念的沟通与落实

诚信和道德价值观念是控制环境的重要组成部分，影响到重要业务流程的设计和运行。内部控制的有效性直接依赖于负责创建、管理和监控内部控制的人员的诚信和道德价值观念。对诚信和道德价值观念的沟通与落实，既包括管理层如何处理不诚实、非法或不道德行为，也包括在被审计单位内部，通过行为规范以及高层管理人员的身体力行，对诚信和道德价值观念的营造与维持。

注册会计师在了解和评估被审计单位诚信和道德价值观念的沟通与落实时，考虑的主要因素可能包括：(1) 被审计单位是否有书面的行为规范并向所有员工传达；(2) 被审计单位的企业文化是否强调诚信和道德价值观念的重要性；(3) 管理层是否身体力行，高级管理人员是否起表率作用；(4) 对违反有关政策和行为规范的情况，管理层是否采取适当的惩罚措施。

2. 对胜任能力的重视

胜任能力是指具备完成某一职位的工作所应有的知识和能力。管理层对胜任能力的重视包括对于特定工作所需的胜任能力水平的设定，以及对达到该水平所必需的知识和能力的要求。

注册会计师在了解和评估被审计单位对胜任能力的重视时，考虑的主要因素可能包括：(1) 财会人员以及信息管理人员是否具备与被审计单位业务性质和复杂程度相称的足够的胜任能力和培训，在发生错误时，是否通过调整人员或系统来加以处理；(2) 管理层是否配备足够的财会人员以适应业务发展和有关方面的需要；(3) 财会人员是否具备理解和运用会计准则所需的技能。

3. 治理层的参与程度

被审计单位的控制环境在很大程度上受治理层的影响。治理层（董事会）通常通过其自身的活动，并在审计委员会或类似机构的支持下，监督被审计单位的财务报告政策和程序。治理层的职责还包括监督用于复核内部控制有效性的政策和程序设计是否合理，执行是否有效。

注册会计师在了解和评估被审计单位治理层的参与程度时，考虑的主要因素可能包括：（1）董事会是否建立了审计委员会或类似机构；（2）董事会、审计委员会或类似机构是否与内部审计人员以及注册会计师有联系和沟通，联系和沟通的性质以及频率是否与被审计单位的规模和业务复杂程度相匹配；（3）董事会、审计委员会或类似机构的成员是否具备适当的经验和资历；（4）董事会、审计委员会或类似机构是否独立于管理层；（5）审计委员会或类似机构会议的数量和时间是否与被审计单位的规模和业务复杂程度相匹配；（6）董事会、审计委员会或类似机构是否充分地参与了监督编制财务报告的过程；（7）董事会、审计委员会或类似机构是否对经营风险的监控有足够的关注，进而影响被审计单位和管理层的风险评估过程；（8）董事会成员是否保持相对的稳定性。

4. 管理层的理念和经营风格

管理层负责企业的运作以及经营策略和程序的制定、执行与监督。管理层的理念包括管理层对内部控制的理念，即管理层对内部控制以及对具体控制实施环境的重视程度。管理层的经营风格是指管理层所能接受的业务风险的性质。

注册会计师在了解和评估被审计单位管理层的理念和经营风格时，考虑的主要因素可能包括：（1）管理层是否对内部控制，包括信息技术的控制，给予了适当的关注；（2）管理层是否由一个或几个人所控制，董事会、审计委员会或类似机构对其是否实施有效监督；（3）管理层在承担和监控经营风险方面是风险偏好者还是风险规避者；（4）管理层在选择会计政策和做出会计估计时是倾向于激进还是保守；（5）管理层对于信息管理人员以及财会人员是否给予了适当关注；（6）对于重大的内部控制和会计事项，管理层是否征询注册会计师的意见，或者经常在这些方面与注册会计师存在不同意见。

5. 组织结构及职权与责任的分配

被审计单位的组织结构为计划、运作、控制及监督经营活动提供了一个整体框架。通过集权或分权决策，可在不同部门间进行适当的职责划分，建立适当层次的报告体系。

注册会计师在了解和评估被审计单位组织结构及职权与责任的分配时，考虑的主要因素可能包括：（1）在被审计单位内部是否有明确的职责划分，是否将业务授权、业务记录、资产保管和维护以及业务执行的责任尽可能地分离；（2）数据的所有权划分是否合理；（3）是否已针对授权交易建立适当的政策和程序。

6. 人力资源政策与实务

政策与程序（包括内部控制）的有效性，通常取决于执行人。因此，被审计单位员工的能力与诚信是控制环境中不可缺少的因素。人力资源政策与实务涉及招聘、培训、考核、晋升和薪酬等方面。

注册会计师在了解和评估被审计单位人力资源政策与实务时，考虑的主要因素可能包括：(1) 被审计单位在雇用、培训、考核、晋升、工薪、调动和辞退员工方面是否都有适当的政策和程序（特别是在会计、财务和信息系统方面）；(2) 是否有书面的员工岗位职责手册，或者在没有书面文件的情况下，对于工作职责和期望是否作了适当的沟通和交流；(3) 人力资源政策与程序是否清晰，并且定期发布和更新；(4) 是否设定适当的程序，对分散在各地区和海外的经营人员建立和沟通人力资源政策与程序。

综上所述，注册会计师应当对控制环境的构成要素获取足够的了解，并考虑内部控制的实质及其综合效果，以了解管理层和治理层对内部控制及其重要性的态度、认识以及所采取的措施。在评价控制环境各个要素时，注册会计师应当考虑控制环境各个要素是否得到执行。因为管理层也许建立了合理的内部控制，但却未有效执行。在确定构成控制环境的要素是否得到执行时，注册会计师应当考虑将询问与其他风险评估程序相结合以获取审计证据。例如，通过询问管理层和员工，注册会计师可能了解管理层如何就业务规程和道德价值观念与员工进行沟通。通过观察和检查，注册会计师可能了解管理层是否建立了正式的行为守则，在日常工作中行为守则是否得到遵守，以及管理层如何处理违反行为守则的情形。控制环境本身并不能防止或发现并纠正各类交易、账户余额、披露认定层次的重大错报，注册会计师在评估重大错报风险时，应当将控制环境连同其他内部控制要素产生的影响一并考虑。

（二）风险评估过程

任何经济组织在经营活动中都会面临各种各样的风险，风险对其生存和竞争能力产生影响。很多风险并不为经济组织所控制，但管理层应当确定可以承受的风险水平，识别这些风险并采取一定的应对措施。可能产生风险的事项和情形包括：监管和经营环境的变化、新员工的加入、新信息系统的使用或对原系统进行升级、业务快速发展、新技术、新生产型号与产品、新业务活动、企业重组、发展海外经营、新的会计准则。

风险评估过程的作用是识别、评估和管理影响被审计单位实现经营目标能力的各种风险。而针对财务报告目标的风险评估过程则包括识别与财务报告相关的经营风险，评估风险的重大性和发生的可能性，以及采取措施管理这些风险。例如，风险评估可能会涉及被审计单位如何考虑对某些交易未予记录的可能性，或者识别和分析财务报告中的重大会计估计发生错报的可能性。

注册会计师在对被审计单位整体层面的风险评估过程进行了解和评估时，考虑的主要因素可能包括：(1) 被审计单位是否已建立并沟通其整体目标，并辅以具体策略和业务流程层面的计划；（2）被审计单位是否已建立风险评估过程，包括识别风险、估计风险的重大性、评估风险发生的可能性以及确定需要采取的应对措施；（3）被审计单位是否已建立某种机制，识别和应对可能对被审计单位产生重大且普遍影响的变化，如在金融机构中建立资产负债管理委员会，在制造型企业中建立期货交易风险管理组等；（4）会计部门是否建立了某种流程，以识别会计准则的重大变化；（5）当被审计单位业务操作发生变化并影响交易记录的流程时，是否存在沟通渠道以通知会计部门；（6）风险管理部门是否建立了某种流程，以识别经营环境包括监管环境发生的重大变化。

（三）信息系统与沟通

与财务报告相关的信息系统，包括用以生成、记录、处理和报告交易、事项和情况，对相关资产、负债和所有者权益履行经营管理责任的程序和记录。与财务报告相关的信息系统通常包括下列职能：（1）识别与记录所有的有效交易；（2）及时、详细地描述交易，以便在财务报告中对交易做出恰当分类；（3）恰当计量交易，以便在财务报告中对交易的金额做出准确记录；（4）恰当确定交易生成的会计期间；（5）在财务报告中恰当列报交易。

注册会计师应当从下列方面了解与财务报告相关的信息系统：（1）在被审计单位经营过程中，对财务报表具有重大影响的各类交易。（2）在信息技术和人工系统中，交易生成、记录、处理和报告的程序。（3）与交易生成、记录、处理和报告有关的会计记录、支持性信息和财务报表中的特定项目。企业信息系统通常包括使用标准的会计分录，以记录销售、购货和现金付款等重复发生的交易，或记录管理层定期做出的会计估计，如应收账款可回收金额的变化。信息系统还包括使用非标准的分录，以记录不重复发生的、异常的交易或调整事项，如企业合并、资产减值等。（4）信息系统如何获取除各类交易之外的对财务报表具有重大影响的事项和情况的信息，如对固定资产和长期资产计提折旧或摊销、对应收账款计提坏账准备等。（5）被审计单位编制财务报告的过程，包括做出的重大会计估计和披露。编制财务报告的程序应当同时确保适用的会计准则要求披露的信息得以收集、记录、处理和汇总，并在财务报告中得到充分披露。（6）与会计分录相关的控制，这些分录包括用以记录非经常性的、异常的交易或调整的非标准会计分录。自动化程序和控制可能降低了发生无意错误的风险，但是并没有消除个人凌驾于控制之上的风险，如某些高级管理人员可能篡改自动过入总分类账和财务报告系统的数据金额。因此注册会计师应当特别关注由于管理层凌驾于账户记录控制之上或规避控制行为而产生的重大错报风险，并考虑被审计单位如何纠正不正确的交易处理。

与财务报告相关的沟通包括：使员工了解各自在与财务报告有关的内部控制方面的角色和职责、员工之间的工作联系，以及向适当级别的管理层报告例外事项的方式。公开的沟通渠道有助于确保例外情况得到报告和处理。沟通可以采用政策手册、会计和财务报告手册及备忘录等形式进行，也可以通过发送电子邮件、口头沟通和管理层的行动来进行。

注册会计师应当了解被审计单位内部如何对财务报告的岗位职责以及与财务报告相关的重大事项进行沟通，注册会计师还应当了解管理层与治理层（特别是审计委员会）之间的沟通，以及被审计单位与外部（包括与监管部门）的沟通。具体包括：(1) 管理层就员工的职责和控制责任是否进行了有效沟通；(2) 针对可疑的不恰当事项和行为是否建立了沟通渠道；(3) 组织内部沟通的充分性是否能够使员工有效地履行职责；(4) 对于与客户、供应商、监管者和其他外部人士的沟通，管理层是否及时采取适当的进一步行动；(5) 被审计单位是否受到某些监管机构发布的监管要求的约束；(6) 外部人士如客户和供应商在多大程度上获知被审计单位的行为守则。

(四) 控制活动

控制活动是指企业管理部门为了保证管理层的指令得以执行的政策和程序。控制活动贯穿于企业的所有层次和各个职能部门，是内部控制的主要组成部分。就一个企业来说，控制活动一般包括与授权、业绩评价、信息处理、实物控制和职责分离等相关的活动。

1. 授权

授权的目的在于保证交易在管理层授权范围内进行。授权可以是一般授权，也可以是特别授权。一般授权是指管理层制定的要求组织内部遵守的普遍适用于某类交易或活动的政策，如制定产品售价、顾客赊销限额的批准等。特别授权是指管理层针对特定类别的交易或活动逐一设置的授权，如重大资本支出和股票发行等。

2. 业绩评价

与业绩评价有关的控制活动，主要包括被审计单位分析评价实际业绩与预算（或预测、前期业绩）的差异，综合分析财务数据与经营数据的内在关系，将内部数据与外部信息来源相比较，评价职能部门、分支机构或项目活动的业绩（如银行客户信贷经理复核各分行、地区和各种贷款类型的审批和收回），以及对发现的异常差异或关系采取必要的调查与纠正措施。通过调查非预期的结果和非正常的趋势，管理层可以识别可能影响经营目标实现的情形。管理层对业绩信息的使用（比如，是将这些信息只用于经营决策，还是同时用于对财务报告系统报告的非预期结果进行追踪），决定了业绩指标的分析是只用于经营目的，还是同时用于财务报告目的。

3. 信息处理

与信息处理有关的控制活动，包括信息技术的一般控制和应用控制。信息技术一般控制是指与多个应用系统有关的政策和程序，有助于保证信息系统持续恰当地运行（包括信息的完整性和数据的安全性），支持应用控制作用的有效发挥，通常包括数据中心和网络运行控制，系统软件的购置、修改及维护控制，接触或访问权限控制，应用系统的购置、开发及维护控制。例如，程序改变的控制、限制接触程序和数据的控制、与新版应用软件包实施有关的控制等都属于信息技术一般控制。信息技术应用控制是指主要在业务流程层面运行的人工或自动化程序，与用于生成、记录、处理、报告交易或其他财务数据的程序相关，通常包括检查数据计算的准确性，审核账户和试算平衡表，设置对输入数据和数字序号的自动检查，以及对例外报告进行人工干预。

4. 实物控制

实物控制主要包括对资产和记录采取适当的安全保护措施，对访问计算机程序和数据文件设置授权，以及定期盘点并将盘点记录与会计记录相核对。实物控制的效果影响资产的安全，从而对财务报表的可靠性及审计产生影响。

5. 职责分离

职责分离主要包括被审计单位如何将交易授权、交易记录以及资产保管等职责分配给不同员工，以防范同一员工在履行多项职责时可能发生的舞弊或错误。当信息技术运用于信息系统时，职责分离可以通过设置安全控制来实现。

注册会计师对被审计单位整体层面的控制活动进行的了解和评估，主要是针对被审计单位的一般控制活动，特别是信息技术的一般控制。在了解和评估一般控制活动时考虑的主要因素可能包括：（1）被审计单位的主要经营活动是否都有必要的控制政策和程序；（2）管理层在预算、利润和其他财务及经营业绩方面是否都有清晰的目标，在被审计单位内部，是否对这些目标都加以清晰的记录和沟通，并且积极地对其进行监控；（3）是否存在计划和报告系统，以识别与目标业绩的差异，并向适当层次的管理层报告该差异；（4）是否由适当层次的管理层对差异进行调查，并及时采取适当的纠正措施；（5）不同人员的职责应在何种程度上相分离，以降低舞弊和不当行为发生的风险；（6）会计系统中的数据是否与实物资产定期核对；（7）是否建立了适当的保护措施，以防止未经授权接触文件、记录和资产；（8）是否存在信息安全职能部门负责监控信息安全政策和程序。

（五）对控制的监督

监督是由适当的人员，在适当、及时的基础上，评估控制的设计和运行情况的过程。对控制的监督是指被审计单位评价内部控制在一段时间内运行有效性的过程，该过程包括及时评价控制的设计和运行，以及根据情况的变化采取必要的纠正措施。例如，管理层对是否定期编制银行存款余额调节表进行复核，内部审计人员评价销售人员是否遵守公司关于销售合同条款的政策，法律部门定期监控公司的道德规范和商务行为准则是否得以遵循等。

在通常情况下，被审计单位通过持续的监督活动、专门的评价活动或两者相结合，实现对控制的监督。持续的监督活动通常贯穿于被审计单位的日常经营活动与常规管理工作中。例如，管理层在履行其日常管理活动时，取得内部控制持续发挥功能的信息。当业务报告、财务报告与他们获取的信息有较大差异时，会对有重大差异的报告提出疑问，并做必要的追踪调查和处理。

被审计单位可能使用内部审计人员或具有类似职能的人员对内部控制的设计和执行进行专门的评价，以找出内部控制的优点和不足，并提出改进建议。监管机构（如银行监管机构）可能会对影响内部控制运行的问题与被审计单位沟通。管理层可能也会考虑与注册会计师就内部控制进行沟通，通过与外部信息的沟通，可以发现内部控制存在的问题，以便采取纠正措施。

注册会计师在对被审计单位整体层面的监督进行了解和评估时，考虑的主要因素包括：(1) 被审计单位是否定期评价内部控制；(2) 被审计单位人员在履行正常职责时，能够在多大程度上获得内部控制是否有效运行的证据；(3) 与外部的沟通能够在多大程度上证实内部产生的信息或者指出存在的问题；(4) 管理层是否采纳内部审计人员和注册会计师有关内部控制的建议；(5) 管理层是否及时纠正控制运行中的偏差；(6) 管理层根据监管机构的报告及建议是否及时采取纠正措施；(7) 是否存在协助管理层监督内部控制的职能部门（如内部审计部门）。如存在，对内部审计职能需进一步考虑的因素包括：①独立性和权威性；②向谁报告，例如，直接向董事会、审计委员会或类似机构报告，对接触董事会、审计委员会或类似机构是否有限制；③是否有足够的人员、培训和特殊技能，例如，对于复杂的高度自动化的环境应使用有经验的信息系统审计人员；④是否坚持适用的专业准则；⑤活动的范围，例如，财务审计和经营审计工作的平衡，在分散经营情况下内部审计的覆盖程度和轮换程度；⑥计划、风险评估和执行工作的记录及形成结论的适当性；⑦是否不承担经营管理责任。

四、从业务流程层面了解和评估内部控制

在初步计划审计工作时，注册会计师需要确定在被审计单位财务报表中可能存在重大错报风险的重大账户及其相关认定。为实现此目的，通常采取下列步骤：

1. 确定重要业务流程和重要交易类别

在实务中，将被审计单位的整个经营活动划分为几个重要的业务循环，有助于注册会计师更有效地了解和评估重要业务流程及相关控制。通常，对制造业企业，可以划分为销售与收款循环、采购与付款循环、存货与仓储循环、工资与人员循环、筹资与投资循环等。被审计单位经营活动的性质不同，所划分的业务循环也不同。

2. 了解重要交易流程，并进行记录

在确定重要的业务流程和交易类别后，注册会计师便可着手了解每一类重要交易在信息技术或人工系统中生成、记录、处理及在财务报表中报告的程序，即重要交易流程。这是确定在哪个环节或哪些环节可能发生错报的基础。注册会计师可以通过下列方法获得对重要交易流程的了解：(1) 检查被审计单位的手册和其他书面指引；(2) 询问被审计单位的适当人员；(3) 观察所运用的处理方法和程序；(4) 穿行测试。注册会计师要注意记录以下信息：(1) 输入信息的来源；(2) 所使用的重要数据档案，如客户清单及价格信息记录；(3) 重要的处理程序，包括在线输入和更新处理；(4) 重要的输出文件、报告和记录；(5) 基本的职责划分，即列示各部门所负责的处理程序。

3. 确定可能发生错报的环节

注册会计师需要确认和了解被审计单位应在哪些环节设置控制，以防止或发现并纠正各重要业务流程可能发生的错报。注册会计师所关注的控制，是那些能通过防止错报的发生，或者通过发现和纠正已有错报，从而确保每个流程中业务活动具体流程（从交易的发生到记录于账目）能够顺利运转的人工或自动化控制程序。

4. 识别和了解相关控制

业务流程中重要交易类别的有效控制应同时包括预防性控制和检查性控制，预防性控制通常用于正常业务流程的每一项交易，以防止错报的发生。缺少有效的预防性控制增加了数据发生错报的可能性，特别是在相关账户及其认定存在较高重大错报风险时，更是如此。建立检查性控制的目的是发现流程中可能发生的错报（尽管有预防性控制还是会发生的错报）。被审计单位通过检查性控制，监督其流程和相应的预防性控制能否有效地发挥作用。检查性控制通常并不适用于业务流程中的所有交易，而适用于一般业务流程以外的已经处理或部分处理的某类交易，可能一年只运行几次，如每月将应收账款明细账与总账比较；也可能每周运行，甚至一天运行几次。

注册会计师应当获取有关控制的足够信息，以使其能够识别控制，了解各种控制如何执行、由谁执行，以及执行中所使用的数据报告、文件和其他材料。此外，注册会计师也需要确认，执行控制之后所形成的实物证据是什么，以及该控制是否足够敏感，能够及时防止或发现并纠正重大错报。

识别和了解控制采用的主要方法是询问被审计单位各级别的负责人员。业务流程越复杂，注册会计师越有必要询问信息系统人员，以辨别有关的控制。通常，应首先询问那些级别较高的人员，再询问级别较低的人员，以确定他们认为应该运行哪些控制，以及哪些控制是重要的。这种“从高到低”的询问方法使注册会计师能迅速地辨别被审计单位重要的控制，特别是检查性控制。如果注册会计师打算信赖控制，就需要实施控制测试。

从级别较低人员处获取的信息，应向级别较高的人员核实其完整性，以确定他们是否与级别较高的人员所理解的预定控制相符。这一步骤不仅可以向注册会计师提供有关实际执行的控制的信息，而且可以使注册会计师了解管理层对控制运行情况的熟悉程度。

5. 执行穿行测试，证实对交易流程和相关控制的了解

为了解各类重要交易在业务流程中发生、处理和记录的过程，注册会计师通常会每年执行穿行测试。对于重要的业务流程，不管是人工控制还是自动化控制，注册会计师都要对整个流程执行穿行测试，涵盖交易从发生到记账的整个过程。当某重要业务流程有显著变化时，注册会计师应当根据变化的性质，及其对相关账户发生重大错报的影响程度，考虑是否需要对变化前后的业务都执行穿行测试。注册会计师应当在每一个要执行处理程序或控制的环节上，询问被审计单位的员工，以了解他们对岗位职责的理解，并设法判断处理程序和控制是否得到执行。

6. 初步评价和风险评估

注册会计师在识别和了解控制后，需要评价控制设计的合理性并确定其是否得到执行。注册会计师对控制的评价结论可能是：(1) 所设计的控制单独或连同其他控制能够防止或发现并纠正重大错报，并得到执行；(2) 控制本身的设计是合理的，但没有得到执行；(3) 控制本身的设计就是无效的或缺乏必要的控制。由于对控制的了解和评价是在穿行测试完成后，但又在测试控制运行有效性之前进行的，因此，上述评价结论只是初步结论，仍可能随控制测试后实施实质性程序的结果而发生变化。

注册会计师如果认为被审计单位控制设计合理并得到执行，能够有效防止或发现并纠正重大错报，那么，注册会计师通常可以信赖这些控制，减少拟实施的实质性程序。如果注册会计师也可能认为控制是无效的，包括控制本身设计不合理，不能实现控制目标，或者尽管控制设计合理，但没有得到执行。在这种情况下，注册会计师不需要测试控制运行的有效性，而直接实施实质性程序。但在评

估重大错报风险时，需要考虑控制失效对财务报表及其审计的影响。

注册会计师应当将认定层次的控制因素和其他因素相结合，评估认定层次的重大错报风险，以确定进一步审计程序的性质、时间和范围。

7. 对财务报告流程的了解

因为财务报告流程将直接影响财务报告，因此，注册会计师应当对这一重要流程进行了解，确定可能发生错报的环节，识别和了解用于防止或发现并纠正错报的控制，执行穿行测试，对控制的设计及是否得到执行进行评估等。注册会计师对财务报告流程以及该流程如何与其他流程相连接的了解，有助于其识别和评估与财务报表重大错报风险相关的控制。

第五节　识别和评估重大错报风险

了解被审计单位及其环境的目的之一是评估重大错报风险。注册会计师应当识别和评估财务报表层次和认定层次的重大错报风险。

一、识别和评估重大错报风险的审计程序

在评估重大错报风险时，注册会计师应当实施下列审计程序：

（1）在了解被审计单位及其环境的整个过程中识别风险，并考虑各类交易、账户余额和披露。注册会计师应当运用各项风险评估程序，在了解被审计单位及其环境的整个过程中识别风险，并将识别的风险与各类交易、账户余额和披露相联系。例如，被审计单位因相关环境法规的实施需要更新设备，可能面临原有设备闲置或贬值的风险；宏观经济的低迷可能预示应收账款的回收存在问题；竞争者开发的新产品上市，可能导致被审计单位的主要产品在短期内过时，预示将出现存货跌价和长期资产（如固定资产等）的减值。

（2）将识别的风险与认定层次可能发生错报的领域相联系。注册会计师应当将识别的风险与认定层次可能发生错报的领域相联系。例如，销售困难使产品的市场价格下降，可能导致年末存货成本高于其可变现净值而需要计提存货跌价准备，这显示存货的计价认定可能发生错报。

（3）考虑识别的风险是否重大。风险是否重大是指风险造成后果的严重程度。上例中，除考虑产品市场价格下降因素外，注册会计师还应当考虑产品市场价格下降的幅度、该产品在被审计单位产品中的比重等，以确定识别的风险对财务报表的影响是否重大。假如产品市场价格大幅下降，导致产品销售收入不能补偿成本，毛利率为负，那么年末存货跌价问题严重，存货计价认定发生错报的风

险重大；假如价格下降的产品在被审计单位销售收入中所占比例很小，被审计单位其他产品销售毛利率很高，尽管该产品的毛利率为负，但可能不会使年末存货发生重大跌价问题。

（4）考虑识别的风险导致财务报表发生重大错报的可能性。注册会计师还需要考虑上述识别的风险是否会导致财务报表发生重大错报。例如，考虑存货的账面余额是否重大，是否已适当计提存货跌价准备等。在某些情况下，尽管识别的风险重大，但仍不至于导致财务报表发生重大错报。例如，被审计单位对于存货跌价准备的计提实施了比较有效的内部控制，管理层已根据存货的可变现净值，计提了相应的跌价准备。在这种情况下，财务报表发生重大错报的可能性将相应降低。

注册会计师应当利用实施风险评估程序获取的信息，包括在评价控制设计和确定其是否得到执行时获取的审计证据，作为支持风险评估结果的审计证据。注册会计师应当根据风险评估结果，确定实施进一步审计程序的性质、时间和范围。

二、识别和评估两个层次的重大错报风险

注册会计师应当识别和评估财务报表层次以及各类交易、账户余额和披露认定层次的重大错报风险。

财务报表层次重大错报风险与财务报表整体存在广泛联系，它可能影响多项认定。财务报表层次的重大错报风险很可能源于薄弱的控制环境。薄弱的控制环境带来的风险可能对财务报表产生广泛影响，难以限于某类交易、账户余额和披露。例如，在经济不稳定的国家和地区开展业务、资产的流动性出现问题、重要客户流失、融资能力受到限制等，可能导致注册会计师对被审计单位的持续经营能力产生重大疑虑。又如，管理层缺乏诚信或承受异常的压力可能引发舞弊风险。对于这些与财务报表整体相关的风险，注册会计师应当采取总体应对措施。

认定层次的重大错报风险与特定的某类交易、账户余额和披露的认定相关。例如，被审计单位存在复杂的联营或合资，这一事项表明长期股权投资账户的认定可能存在重大错报风险。又如，被审计单位存在重大的关联方交易，该事项表明关联方及关联方交易的披露认定可能存在重大错报风险。在评估重大错报风险时，注册会计师应当将所了解的控制与特定认定相联系。控制与认定直接或间接相关；关系越间接，控制对防止或发现并纠正认定错报的效果越小。

练习题

一、单项选择题

1. 审计风险取决于重大错报风险和检查风险，下列表述正确的是（　　）。

A. 在既定的审计风险水平下，C注册会计师应当实施审计程序，将重大错报风险降至可接受的低水平

B. C注册会计师应当合理设计审计程序的性质、时间和范围，并有效执行审计程序，以控制重大错报风险

C. C注册会计师应当合理设计审计程序的性质、时间和范围，并有效执行审计程序，以消除检查风险

D. C注册会计师应当获得认定层次充分、适当的审计证据，以便在完成审计工作时，能够以可接受的低审计风险对财务报表整体发表意见

2. 注册会计师需要获取的审计证据的数量受错报风险的影响。下列表述正确的是（　　）。

A. 评估的错报风险越高，则可接受的检查风险越低，需要的审计证据可能越多

B. 评估的错报风险越高，则可接受的检查风险越高，需要的审计证据可能越少

C. 评估的错报风险越低，则可接受的检查风险越低，需要的审计证据可能越少

D. 评估的错报风险越低，则可接受的检查风险越高，需要的审计证据可能越多

3. 下面各项中，与被审计单位财务报表层次重大错报风险评估最相关的是（　　）。

A. 丙公司应收账款周转率呈明显下降趋势

B. 丙公司持有大量高价值且易被盗窃的资产

C. 丙公司的生产成本计算过程相当复杂

D. 丙公司控制环境薄弱

4. 如果某一审计项目的审计风险为5%，估计的重大错报风险为76%，则可接受的检查风险为（　　）。

A. 12%　　B. 6.58%

C. 8.92%　　D. 13%

5. 在确定财务报表层次的重大错报风险时，注册会计师应考虑到方方面面的影响因素，但一般不考虑（　　）因素。

A. 管理人员的诚信度　　B. 企业业务性质复杂程度

C. 企业亏损严重　　D. 企业某产品市价下跌

6. 注册会计师了解被审计单位及其环境的目的是（　　）。

A. 为了进行风险评估程序

B. 收集充分适当的审计证据

C. 为了识别和评估财务报表的重大错报风险

D. 控制检查风险

7. 注册会计师在就被审计单位对胜任能力的重视情况进行了解和评估时，不需要考虑的主要因素包括（　　）。

A. 被审计单位是否有书面的行为规范并向所有员工传达

B. 财会人员是否具备理解和运用会计准则所需的技能

C. 管理层是否配备足够的财会人员以适应业务发展和有关方面的需要

D. 财会人员以及信息管理人员是否具备与被审计单位业务性质和复杂程度相称的足够的胜任能力和培训，在发生错误时，是否通过调整人员或系统来加以处理

二、多项选择题

1. 下列关于财务报表层次重大错报风险的说法正确的是（　　）。

A. 通常有与控制环境有关

B. 与财务报表整体存在广泛关系

C. 可能影响多项界定

D. 可以界定于某类交易、账户余额和披露的具体认定

2. 下列属于注册会计师应当了解的被审计单位行业情况的有（　　）。

A. 所在行业的市场供求与竞争　　B. 生产经营的季节性和周期性

C. 产品生产技术计划　　D. 能源供应与成本

3. 在了解被审计单位内部控制时，注册会计师通常会（　　）。

A. 查阅上期工作底稿

B. 追踪交易在财务报告信息系统中的处理过程

C. 重新执行某项控制

D. 现场观察某项控制的运行

4. 在了解戊公司控制环境时，注册会计师应当关注的内容有（　　）。

A. 戊公司治理层相对于管理层的独立性

B. 戊公司管理层的理念和经营风格

C. 戊公司员工整体的道德价值观

D. 戊公司对控制的监督

5. 注册会计师在了解被审计单位的内部控制时，被审计单位的控制活动主要包括（　　）。

A. 检查　　B. 授权和业绩评价

C. 实物控制和职责分离　　D. 信息处理

三、判断题

1. 重大错报风险程度越高，表明存在重大错报的可能性越大，相应要求减少检查风险越低。(　　)

2. 控制监督设定了被审计单位的内部控制基调，影响员工对内部控制的认识和态度。(　　)

3. 注册会计师在对财务报表审计中，根据准则规定，必须考虑与财务报表编制相关的内部控制。(　　)

四、简答题

X会计师事务所指派A注册会计师担任Y公司20×3年度财务报表审计业务的合伙人。A注册会计师编制的审计计划相关资料如下：

(1) 依据X事务所质量控制制度的要求，A注册会计师将Y公司年度财务报表审计的可接受审计风险水平确定为5%。

(2) A注册会计师通过实施风险评估程序，确定了财务报表下列项目的重大错报风险：

财务报表项目	应收账款	存货	固定资产
评估的重大错报风险	80%	20%	5%

(3) 上年度审计工作底稿显示，Y公司应收账款、存货、固定资产项目的可接受检查风险水平依次为15%、25%和50%。

要求：

(1) 根据资料（1）和（2），代A注册会计师确定应收账款、存货、固定资产项目的可接受检查风险水平，写出计算过程。

(2) 指出可接受检查风险水平与所需审计证据之间的关系，并根据资料（3）和要求（1）的结果（不考虑其他情况），指出应当在上年度审计证据数量基础上对本年度应收账款、存货、固定资产项目中的哪些项目调整增加或减少所需审计证据数量。

五、案例分析题

了解被审计单位及其环境要因地制宜

笔者曾去一家生产长毛绒玩具的外商投资企业（以下简称“A公司”）进行会计信息质量检查。

初步了解，笔者在进点检查前要求检查组成员仔细审阅了A公司被检查年度的会计报表和注册会计师对其出具的审计报告及相关审计工作底稿，并初步分析出一些疑点和检查方向。进点A公司后，笔者请公司主要负责人以会计第一责任人的身份介绍了公司近两年来的生产经营和会计核算情况。通过两次了解，检查组形成了对A公司的初步认识：公司生产的玩具半数销往韩国，半数内销，产销两旺；公司特别重视新品开发，有专门的新品开发部门；公司近年来的增值税和企业所得税的税负明显偏低（检查组认为可能存在舞弊风险，应作为检查重点）。另据公司介绍，由于受到多方面的影响或限制，公司近年来的销售量增长缓慢，销售额一直没有突破2 000万元，公司账面反映被检查年度的销售收入为1 963.63万元，盈余4.12万元。为了加深对A公司的进一步了解，笔者在A公司领导介绍完情况后，又要求A公司让检查人员参观其生产流程，公司领导爽快地答应了要求并决定由分管财务的副总和财务科长陪同。

A公司主要有两个简易框架结构的主车间和四个在公司办公楼底楼和二楼的辅助或配套车间，两个主车间各有两条从原材料进去到产成品出来的完整的新型生产流水线，两个主车间的生产规模相当。笔者借询问各种漂亮玩具的机会与一主车间的主任聊了起来，笔者了解到A公司对新品开发确实特别重视，都是根据韩国或国内优秀设计师在进行市场调查的基础上设计出来的最新潮流的款式及时组织生产并发货，不仅保证了产品在韩国和国内市场的旺销，而且还保持了与包括韩商在内的各购货商的良好信誉与合作关系。笔者从聊玩具自然而然地向这位车间主任又提出了一些看似一般但实质与检查密切相关的问题，如生产任务是否饱满？工人如此忙碌是不是要加班？每个主车间有多少名工人？每名工人的年工资水平等。从车间主任的回答得知，每个主车间每班都有250多名工人，正常情况下每年从年初到年末都实行两班倒，而且每班工人每天的上班时间均达10个小时，另外，四个辅助或配套车间每天有近100名工人上班，这就是说，A公司每天约有1 100名工人上班（不包括管理人员）。笔者还了解到，每名工人的年工资额1万元左右，而且近两年来员工的工资没有增加，公司生产规模也没有发生变化，由此推算，近两年来A公司每年支付给工人的工资额至少应该为1 100万元。如果按照工资额占产品成本的40%倒算，A公司全年度生产产品的总耗费应该约为2 750万元；如果按照30%倒算，则应该约为3 660万元。但是，A公司账面上实际反映的销售收入还不到2 000万元，明显偏低，而且还盈余4万元。由此推断，A公司很有可能隐匿了销售收入及部分成本费用。但是当笔者查看A公司会计报表后发现，会计报表附注上说明的企业职工人数仅为390人，账面上反映的工资支出仅为402万元。如果按照工资额占产品成本的40%倒算，A公司全年度生产产品的总耗费应该约为1 005万元；如果按照30%倒算，则应该约为1 340万元，账面实现的1 960万元收入又明显偏高。总之，A公司对员工工资的实际支出额、账面员工及车间实际员工人数三者之间的关系明显有很大矛盾。当把了解和分析的情况与A公司有关负责人说明时，笔者注意观察了A公司分管财务的副总和财务科长的表情，发现他们两人多次面面相觑，明显表现出内心的紧张。可能是笔者的分析让A公司副总和财务科长不能自圆其说，副总很快承认了存在的问题。

最终查明，A公司为了降低税负，被检查年度不仅隐匿了没有开具销售发票的销售收入280万元，而且还将1 150万元销售收入转移到免征企业所得税的另一同样生产玩具的关联企业B公司（A公司与B公司不在同一地区，且账面上没有与B公司发生任何业务或往来，也无法判断两公司的关联方关系），隐瞒和转移的销售收入共达1 430万元（不含税价），同时还转移了约880多万元的料工费支出给B公司，隐瞒和转移的利润约550万元。

［案例资料来源：刘志耕. 了解被审计单位及其环境要因地制宜. 中国注册会计师，2009（4）。］

要求：请分析注册会计师在进行风险评估时，运用了哪些程序？

CHAPTER

8 第八章 风险应对

【学习目标】通过本章学习，理解针对财务报表层次重大错报风险的总体应对措施；理解针对认定层次重大错报风险的进一步审计程序；掌握控制测试的性质、时间和范围；掌握实质性程序的性质、时间和范围。

引例

如何了解被审计单位的内部控制并进行控制测试

东海股份有限公司（以下简称东海公司）主要经营中小型机电类产品的生产和销售，采用手工会计系统，产品销售以东海公司仓库为交货地点。李然和王卓两位注册会计师负责审计东海公司20×3年度会计报表，于20×3年12月1日至12月15日对东海公司的采购与付款循环、销售与收款循环的内部控制进行了解、测试与评价。李然和王卓拟订的总体审计计划中关于控制测试和评价的部分内容摘录如下：

(1) 在了解内部控制后，如果认为东海公司内部控制设计合理且得到执行，则对相关内部控制进行测试；

(2) 选择20×3年1月1日至20×3年12月31日作为控制测试样本总体的所属期间；

(3) 在控制测试的基础上，形成对东海公司20×3年度内部控制有效性的再次评价。

李然和王卓分别了解了有关采购与付款循环、销售与收款循环的控制程序，并记录在工作底稿上，部分内容摘录如下：

(1) 采购原材料须由请购部门编制请购单，采购部门审核请购单后发出预先连续编号的采购订单。采购的原材料经采购人员验收后入库，仓库人员收到原材料后编制预先连续编号的入库单，并交采购人员签字确认。李然认为东海公司的这一项控制程序存在缺陷。采购与验收是不相容的岗位，采购部门的人员不能验收商品，所以李然向东海公司建议应当由验收部门的人员进行验收。

(2) 销售的产品发出前，信用审核部门检查经授权的相关客户剩余赊销信用额度，并在销售部门编制的销售单上签字。在剩余赊销信用额度内的销售，由信用审核部门职员赵红审批；超过剩余赊销信用额度的销售，在职员赵红审批后，还需获得经授权的信用审核部门经理高准的批准。王卓认为这一项控制程序不存在缺陷。

之后，李然与王卓分别对采购与付款循环、销售与收款循环的内部控制实施测试，并在审计工作底稿中记录了测试情况，部分内容摘录如下：

(1) 应付凭单部门在9月末编制了已验收入库但尚未收到供应商发票的原材料清单，会计部门据此将相关原材料暂估入账，并在10月1日全额冲回。上述原材料清单显示已入库甲原材料1 000千克，单价为每千克1 300元。经核对批准发出的采购订单和入库单，数量和单价均相符，但李然注意到东海公司另需向运输单位支付该原材料的运费100 000元。财务人员解释，由于原材料运费是与运输单位另行结算的，因此在原材料暂估入账时未予考虑。同时，在10月8日收到运输单位的运费发票时，东海公司已将运费计入该原材料的采购成本，李然在甲原材料明细账中找到了上述100 000元运费的记录。依据会计准则的规定，运费部分即使是另行结算的，也要将该部分的支出包含在材料的暂估价里的，因此李然认为东海公司相关内部控制未得到有效执行，建议将相关的运费支出计入暂估材料的成本中。

(2) 前程公司是东海公司20×3年7月新发展的客户。东海公司信用审核部门批准前程公司的赊销信用额度为500 000元。在收到前程公司于7月5日预付的100 000元后，东海公司以每件117元的价格（含增值税）分别于7月10日和12日向前程公司发出3 500件和1 800件产品，并于7月30日收到剩余款项。王卓检查了以上两次发货的销售单和发货单，销售单的信用审核记录显示，上述两批产品均经信用审核部门职员赵红批准即予发货。王卓检查了相关的银行收款单据，没有发现异常。但是王卓认为向前程公司的发货金额已经超过了其赊销信用额度规定的500 000元，此项内部控制未得到有效执行。因此，王卓建议超过赊销信用额度的销售应当获得经授权的信用审核部门经理高准的批准才能发货。

风险导向审计要求注册会计师围绕重大错报风险的识别、评估和应对，计划和实施审计工作。因此，注册会计师通过了解被审计单位的内部控制评估被审计单位的内部控制是否可以信赖，并据以规划审计工作，通过控制测试以评估被审计单位内部控制的运行是否有效，是否可以取得证据以支持被审计单位控制风险处于低水平的证据。

第一节　针对重大错报风险的应对

一、针对财务报表层次重大错报风险的总体应对措施

在财务报表重大错报风险的评估过程中，注册会计师应当确定，识别的重大错报风险是与特定的某类交易、账户余额和披露的认定相关，还是与财务报表整体广泛相关，进而影响多项认定。如果是后者，则属于财务报表层次的重大错报风险。

注册会计师应当针对评估的财务报表层次重大错报风险确定下列总体应对措施：

第一，向项目组强调在收集和评价审计证据过程中保持职业怀疑态度的必要性。

第二，分派更有经验或具有特殊技能的审计人员，或利用专家的工作。由于各行业在经营业务、经营风险、财务报告、法规要求等方面具有特殊性，审计项目组成员中应有一定比例的人员曾经参加过对被审计单位以前年度的审计，或具有被审计单位所处特定行业的相关审计经验。必要时，可以寻求信息技术、评估、精算、法律等方面专家的帮助。

第三，提供更多的督导。对于财务报表层次重大错报风险较高的审计项目，项目组的高级别成员，如项目负责人、项目经理等经验较丰富的人员，要对其他成员提供更详细、更频繁、更及时地指导和监督并加强项目质量复核。

第四，在选择进一步审计程序时，应当注意使某些程序不被管理层预见或事先了解。在实务中，注册会计师可以通过以下方式提高审计程序的不可预见性：(1) 对某些未经测试且低于设定的重要性水平或风险较小的账户余额和认定实施实质性程序；(2) 调整实施审计程序的时间，使被审计单位不可预期；(3) 采取不同的审计抽样方法，使当期抽取的测试样本与以前有所不同；(4) 选取不同的地点实施审计程序，或预先不告知被审计单位所选定的测试地点。

第五，对拟实施审计程序的性质、时间和范围作出总体修改。财务报表层次的重大错报风险很可能源于薄弱的控制环境。如果控制环境存在缺陷，注册会计师在对拟实施审计程序的性质、时间和范围做出总体修改时应当考虑以下 3 点：(1) 在期末而非期中实施更多的审计程序。控制环境的缺陷通常会削弱期中获得的审计证据的可信赖程度。(2) 主要依赖实质性程序获取审计证据。良好的控制环境是其他控制要素发挥作用的基础。控制环境存在缺陷通常会削弱其他控制要

素的作用，导致注册会计师可能无法信赖内部控制，而主要依赖实施实质性程序获取审计证据。(3) 增加拟纳入审计范围的经营地点的数量。

二、针对认定层次重大错报风险的进一步审计程序

(一) 进一步审计程序的含义与要求

进一步审计程序相对于风险评估程序而言，是指注册会计师针对评估的各类交易、账户余额和披露认定层次重大错报风险实施的审计程序，包括控制测试和实质性程序。

注册会计师应当针对评估的认定层次重大错报风险设计和实施进一步审计程序，包括审计程序的性质、时间和范围。注册会计师设计和实施的进一步审计程序的性质、时间和范围，应当与评估的认定层次重大错报风险具备明确的对应关系。其中进一步审计程序的性质是最重要的。例如，注册会计师评估的重大错报风险越高，实施进一步审计程序的范围通常越大；但是只有首先确保进一步审计程序的性质与特定风险相关时，扩大审计程序的范围才是有效的。也就是说，注册会计师实施的审计程序具有目的性和针对性，有的放矢地配置审计资源，才能提高审计效率和改善效果。

在设计进一步审计程序时，注册会计师应当考虑下列因素：(1) 风险的重要性，即风险造成的后果的严重程度。(2) 重大错报发生的可能性。(3) 涉及的各类交易、账户余额和披露的特征。(4) 被审计单位采用的特定控制的性质，尤其是选择人工控制还是自动化控制对注册会计师设计进一步的审计程序具有重要影响。(5) 注册会计师是否拟获取审计证据，以确定内部控制在防止或发现并纠正重大错报方面的有效性。

(二) 进一步审计程序的性质

进一步审计程序的性质，是指进一步审计程序的目的和类型。进一步审计程序的目的包括：通过实施控制测试以确定内部控制运行的有效性，通过实施实质性程序以发现认定层次的重大错报；进一步审计程序的类型包括：检查、观察、询问、函证、重新计算、重新执行和分析程序。

注册会计师应当根据认定层次重大错报风险的评估结果选择审计程序。评估的认定层次重大错报风险越高，对通过实质性程序获取的审计证据的相关性和可靠性的要求越高，从而可能影响进一步审计程序的类型及其综合运用。

除了从总体上把握认定层次重大错报风险的评估结果对选择进一步审计程序的影响外，在确定拟实施的审计程序时，注册会计师还应当考虑评估的认定层次重大错报风险产生的原因，包括考虑各类交易、账户余额和披露的具体特征以及

内部控制。

需要说明的是，如果在实施进一步审计程序时拟利用被审计单位信息系统生成的信息，注册会计师应当就信息的准确性和完整性获取审计证据。

（三）进一步审计程序的时间

进一步审计程序的时间，是指注册会计师何时实施进一步审计程序，或审计证据适用的期间或时点。注册会计师在进一步审计程序时间的选择上具体包括两个层面：第一个层面是注册会计师选择在何时实施进一步审计程序的问题，主要是如何权衡期中与期末实施审计程序的关系；第二个层面是选择获取什么期间或时点的审计证据的问题，主要是如何权衡以前审计获取的审计证据与本期获取的审计证据的关系。

注册会计师可以在期中或期末实施控制测试或实质性程序。在期中实施进一步审计程序发挥的积极作用是：可能有助于注册会计师在审计工作初期识别重大事项，并在管理层的协助下及时解决这些事项；或针对这些事项制定有效的实质性方案或综合性方案。但是，在期中实施进一步审计程序也存在很大的局限性。首先，注册会计师往往难以仅凭在期中实施的进一步审计程序获取有关期中以前的充分、适当的审计证据（例如，某些期中以前发生的交易或事项在期中审计结束时尚未完结）；其次，即使注册会计师在期中实施的进一步审计程序能够获取有关期中以前的充分、适当的审计证据，但从期中到期末这段剩余期间还往往会发生重大的交易或事项（包括期中以前发生的交易、事项的延续，以及期中以后发生的新的交易、事项），从而对所审计期间的财务报表认定产生重大影响；再次，被审计单位管理层也完全有可能在注册会计师于期中实施了进一步审计程序之后对期中以前的相关会计记录做出调整甚至篡改，注册会计师在期中实施了进一步审计程序所获取的审计证据已经发生了变化。为此，即使在期中实施了进一步审计程序，注册会计师也应当针对剩余期间获取审计证据。

因此，注册会计师在期末实施审计程序在很多情况下是非常必要的。一项基本的考虑因素应当是注册会计师评估的重大错报风险，尤其是评估的重大错报风险较高时，可考虑在期末或接近期末实施实质性程序，或采用不通知的方式，或在管理层不能预见的时间实施审计程序。

（四）进一步审计程序的范围

进一步审计程序的范围，是指实施进一步审计程序的数量，包括抽取的样本量，对某项控制活动的观察次数等。在确定审计程序的范围时，注册会计师应当考虑下列因素：（1）确定的重要性水平。确定的重要性水平越低，注册会计师实施进一步审计程序的范围越广。(2) 评估的重大错报风险。评估的重大错报风险越高，对拟获取审计证据的相关性、可靠性的要求就越高，因此，注册会计师实施的进一步审计程序的范围也越广。(3) 计划获取的保证程度。计划获取的保证程度，是指注册会计师计划通过所实施的审计程序对测试结果可靠性所获取的信心。计划获取的保证程度越高，对测试结果可靠性要求越高，注册会计师实施的进一步审计程序的范围也就越广。例如，注册会计师对财务报表是否不存在重大错报的信心可能来自控制测试和实质性程序，如果注册会计师计划从控制测试中获取更高的保证程度，则控制测试的范围就更广。

第二节　控制测试

一、控制测试的含义和要求

(一) 控制测试的含义

控制测试是指测试控制运行的有效性，这一概念需要与“了解内部控制”进行区分。“了解内部控制”包含两层含义：一是评价控制的设计；二是确定控制是否得到执行。测试控制运行的有效性与确定控制是否得到执行所需获取的审计证据是不同的。

在实施风险评估程序以获取控制是否得到执行的审计证据时，注册会计师应当确定某项控制是否存在，被审计单位是否正在使用。

在测试控制运行的有效性时，注册会计师应当从下列方面获取关于控制是否有效运行的审计证据：(1) 控制在所审计期间的不同时点是如何运行的；(2) 控制是否得到一贯执行；(3) 控制由谁执行；(4) 控制以何种方式运行（如人工控制或自动化控制)。从这四个方面来看，控制运行有效性强调的是控制能够在各个不同时点按照既定设计得以一贯执行。因此，在了解控制是否得到执行时，注册会计师只需抽取少量的交易进行检查或观察某几个时点。但在测试控制运行的有效性时，注册会计师需要抽取足量的交易进行检查或对多个不同时点进行观察。

测试控制运行的有效性与确定控制是否得到执行所需获取的审计证据虽然存在差异，但两者也有联系。为评价控制设计和确定控制是否得到执行而实施的某些风险评估程序并非专为控制测试而设计，但可能提供有关控制运行有效性的审计证据，注册会计师可以考虑在评价控制设计和获取其得到执行的审计证据的同时测试控制运行有效性，以提高审计效率。同时，注册会计师还应当考虑这些审计证据是否足以实现控制测试的目的。

（二）控制测试的要求

作为进一步审计程序的类型之一，控制测试并非在任何情况下都需要实施。当存在下列情形之一时，注册会计师应当实施控制测试：

（1）在评估认定层次重大错报风险时，预期控制的运行是有效的。如果在评估认定层次重大错报风险时预期控制的运行是有效的，注册会计师应当实施控制测试，就控制在相关期间或时点的运行有效性获取充分、适当的审计证据。只有认为控制设计合理、能够防止或发现和纠正认定层次的重大错报，注册会计师才有必要对控制运行的有效性实施测试。

（2）仅实施实质性程序不足以提供认定层次充分、适当的审计证据。如果认为仅实施实质性程序获取的审计证据无法将认定层次重大错报风险降至可接受的低水平，注册会计师应当实施相关的控制测试，以获取控制运行有效性的审计证据。在上述情况下，注册会计师必须实施控制测试，且这种测试已经不再是单纯出于成本效益的考虑，而是必须获取的一类审计证据。

需要说明的是，被审计单位在所审计期间内可能由于技术更新或组织管理变更而更换了信息系统，从而导致在不同时期使用了不同的控制。如果被审计单位在所审计期间内出现这种情况，那么，注册会计师应当分别考虑不同时期控制运行的有效性。

二、控制测试的性质

控制测试的性质是指控制测试所使用的审计程序的类型及其组合。虽然控制测试与了解内部控制的目的不同，但两者采用审计程序的类型大体相同，包括询问、观察、检查和重新执行。

1. 询问

注册会计师可以向被审计单位适当员工询问，获取与内部控制运行情况相关的信息。例如，询问信息系统管理人员有无未经授权接触计算机硬件和软件的情况，向负责复核银行存款余额调节表的人员询问如何进行复核，包括复核的要点是什么、发现不符事项如何处理等。然而，仅仅通过询问不能为控制运行的有效性提供充分的证据，注册会计师通常需要印证被询问者的答复，如向其他人员询问和检查执行控制时所使用的报告、手册或其他文件等。因此，虽然询问是一种有效的手段，但它必须和其他测试手段结合使用才能发挥作用。在询问过程中，注册会计师应当保持职业怀疑态度。

2. 观察

观察是测试不留下书面记录的控制（如职责分离）的运行情况的有效方法。

例如，观察存货盘点控制的执行情况。观察也可运用于实物控制，如查看仓库门是否锁好，或空白支票是否妥善保管。通常情况下，注册会计师通过观察直接获取的证据比间接获取的证据更可靠。但是，注册会计师还要考虑所观察到的控制在注册会计师不在场时可能未被执行的情况。

3. 检查

对运行情况留有书面证据的控制，检查非常适用。书面说明、复核时留下的记号或其他记录在偏差报告中的标志，都可以被当作控制运行情况的证据。例如，检查销售发票是否有复核人员签字，检查销售发票是否附有客户订购单和出库单等。

4. 重新执行

通常只有当询问、观察和检查程序结合在一起仍无法获得充分的证据时，注册会计师才考虑通过重新执行来证实控制是否有效运行。例如，为了合理保证计价认定的准确性，被审计单位的一项控制是由复核人员核对销售发票上的价格与统一价格单上的价格是否一致。但是，要检查复核人员有没有认真执行核对，仅仅检查复核人员是否在相关文件上签字是不够的，注册会计师还需要自己选取一部分销售发票进行核对，这就是重新执行程序。但是，如果需要进行大量的重新执行，注册会计师就要考虑通过实施控制测试以缩小实质性程序的范围是否有效率。

需要说明的是，询问本身并不足以测试控制运行的有效性，注册会计师应当将询问与其他审计程序结合使用，以获取有关控制运行有效性的审计证据。观察提供的证据仅限于观察发生的时点，本身也不足以测试控制运行的有效性；将询问与检查或重新执行结合使用，通常能够比仅实施询问和观察获取更高的保证。例如，被审计单位针对处理收到的邮政汇款单设计和执行了相关的内部控制，注册会计师通过询问和观察程序往往不足以测试此类控制的运行有效性，还需要检查能够证明此类控制在所审计期间的其他时段有效运行的文件和凭证，以获取充分、适当的审计证据。

三、控制测试的时间

控制测试的时间包含两层含义：一是何时实施控制测试；二是测试所针对的控制适用的时点或期间。具体来讲，如果测试特定时点的控制，注册会计师仅得到该时点控制运行有效性的审计证据；如果测试某一期间的控制，注册会计师可获取控制在该期间有效运行的审计证据。因此，注册会计师应当根据控制测试的目的确定控制测试的时间，并确定拟信赖的相关控制的时点或期间。

关于根据控制测试的目的确定控制测试的时间，如果仅需要测试控制在特定时点的运行有效性（如对被审计单位期末存货盘点进行控制测试），注册会计师只需要获取该时点的审计证据。如果需要获取控制在某一期间有效运行的审计证据，仅获取与时点相关的审计证据是不充分的，注册会计师应当辅以其他控制测试，包括测试被审计单位对控制的监督。换言之，关于控制在多个不同时点的运行有效性的审计证据的简单累加并不能构成控制在某期间的运行有效性的充分、适当的审计证据；而“其他控制测试”应当具备的功能是，能提供相关控制在所有相关时点都运行有效的审计证据；被审计单位对控制的监督起到的就是一种检验相关控制在所有相关时点是否都有效运行的作用，因此注册会计师测试这类活动能够强化控制在某期间运行有效性的审计证据效力。

另外，注册会计师还要考虑任何使用期中审计证据和以前审计获取的审计证据。

四、控制测试的范围

控制测试的范围，主要是指某项控制活动的测试次数。注册会计师应当设计控制测试，以获取控制在整个拟信赖的期间有效运行的充分、适当的审计证据。注册会计师在确定某项控制的测试范围时通常考虑下列因素：

（1）在整个拟信赖的期间，被审计单位执行控制的频率。控制执行的频率越高，控制测试的范围越大。

（2）在审计期间内，注册会计师拟信赖控制运行有效性的时间长度。拟信赖控制运行有效性的时间长度不同，在该时间长度内发生的控制活动次数也不同。注册会计师需要根据拟信赖控制的时间长度确定控制测试的范围。拟信赖期间越长，控制测试的范围越大。

（3）为证实控制能够防止或发现并纠正认定层次重大错报，所需获取审计证据的相关性和可靠性。对审计证据的相关性和可靠性要求越高，控制测试的范围越大。

（4）通过测试与认定相关的其他控制获取的审计证据的范围。针对同一认定，可能存在不同的控制。当针对其他控制获取审计证据的充分性和适当性较高时，测试该控制的范围可适当缩小。

（5）在风险评估时拟信赖控制运行有效性的程度。注册会计师在风险评估时对控制运行有效性的拟信赖程度越高，需要实施控制测试的范围越大。

（6）控制的预期偏差。预期偏差可以用控制未得到执行的预期次数占控制应当得到执行次数的比率加以衡量（也可称为预期偏差率）。控制的预期偏差率越高，需要实施控制测试的范围越大。如果控制的预期偏差率过高，注册会计师应当考虑控制可能不足以将认定层次的重大错报风险降至可接受的低水平，从而针对某一认定实施的控制测试可能是无效的。

第三节　实质性程序

一、实质性程序的含义和要求

实质性程序，是指注册会计师针对评估的重大错报风险实施的直接用以发现认定层次重大错报的审计程序，包括对各类交易、账户余额和披露的细节测试以及实质性分析程序。

注册会计师实施的实质性程序应当包括下列与财务报表编制完成阶段相关的审计程序：(1) 将财务报表与其所依据的会计记录相核对；(2) 检查财务报表编制过程中做出的重大会计分录和其他会计调整。注册会计师对会计分录和其他会计调整检查的性质和范围，取决于被审计单位财务报告过程的性质和复杂程度以及由此产生的重大错报风险。

由于注册会计师对重大错报风险的评估是一种判断，可能无法充分识别所有的重大错报风险，并且由于内部控制存在固有局限性，无论评估的重大错报风险结果如何，注册会计师都应当针对所有重大的各类交易、账户余额和披露实施实质性程序。

二、实质性程序的性质

（一）实质性程序的性质的含义

实质性程序的性质，是指实质性程序的类型及其组合，即细节测试和实质性分析程序。细节测试是对各类交易、账户余额和披露的具体细节进行测试，可以采用检查、观察、询问、函证、重新计算、重新执行等审计程序，目的在于直接识别财务报表认定是否存在错报。实质性分析程序从技术特征上讲仍然是分析程序，主要是通过研究数据间关系评价信息，只是将该技术方法用作实质性程序，即用以识别各类交易、账户余额和披露及相关认定是否存在错报。

（二）细节测试和实质性分析程序的适用性

由于细节测试和实质性分析程序的目的和技术手段存在一定差异，因此各自有不同的适用领域。注册会计师应当根据各类交易、账户余额和披露的性质选择实质性程序的类型。细节测试适用于对各类交易、账户余额和披露认定的测试，尤其是对存在或发生、计价认定的测试；对在一段时期内存在可预期关系的大量交易，注册会计师可以考虑实施实质性分析程序。

（三）细节测试的方向

对于细节测试，注册会计师应当针对评估的风险设计细节测试，获取充分、适当的审计证据，以达到认定层次所计划的保证水平。注册会计师需要根据不同的认定层次的重大错报风险设计有针对性的细节测试。例如，针对存在或发生认定设计细节测试时，注册会计师应当选择包含在财务报表金额中的项目，获取相关审计证据；在针对完整性认定设计细节测试时，注册会计师应当选择有证据表明应包含在财务报表金额中的项目，并调查这些项目是否确实包括在内。如为应对被审计单位漏记本期应付账款的风险，注册会计师可以检查期后付款记录。

（四）设计实质性分析程序时考虑的因素

注册会计师在设计实质性分析程序时应当考虑的因素包括：（1）对特定认定使用实质性分析程序的适当性；（2）对已记录的金额或比率做出预期时，所依据的内部或外部数据的可靠性；（3）做出预期的准确程度是否足以在计划的保证水平上识别重大错报；（4）已记录金额与预期值之间可接受的差异额。考虑到数据及分析的可靠性，当实施实质性分析程序时，如果使用被审计单位编制的信息，注册会计师应当考虑测试与信息编制相关的控制，以及这些信息是否在本期或前期经过审计。

三、实质性程序的时间

注册会计师在实施审计程序时必须权衡在期中或期末获取同样审计效果所需审计证据耗费的审计资源。在期中实施实质性程序，一方面消耗了审计资源，另一方面期中实施实质性程序获取的审计证据又不能直接作为期末财务报表认定的审计证据，注册会计师仍然需要消耗进一步的审计资源，使期中审计证据能够合理延伸至期末。于是这两部分审计资源的总和是否能够显著小于完全在期末实施实质性程序所需消耗的审计资源，是注册会计师需要权衡的。因此，注册会计师在考虑是否在期中实施实质性程序时应当考虑以下因素：

（1）控制环境和其他相关的控制。控制环境和其他相关的控制越薄弱，注册会计师越不宜在期中实施实质性程序。

（2）实施审计程序所需信息在期中之后的可获得性。如果实施实质性程序所需信息在期中之后可能难以获取（如系统变动导致某类交易记录难以获取），注册会计师应考虑在期中实施实质性程序；但如果实施实质性程序所需信息在期中之后的获取并不存在明显困难，则该因素不应成为注册会计师在期中实施实质性程序的重要影响因素。

(3) 实质性程序的目标。如果针对某项认定实施实质性程序的目标就包括获取该认定的期中审计证据（从而与期末比较），那么注册会计师应在期中实施实质性程序。

(4) 评估的重大错报风险。注册会计师评估的某项认定的重大错报风险越高，针对该认定所需获取的审计证据的相关性和可靠性要求也就越高，注册会计师越应当考虑将实质性程序集中于期末（或接近期末）实施。

(5) 各类交易或账户余额以及相关认定的性质。例如，某些交易或账户余额以及相关认定的特殊性质（如收入截止认定、未决诉讼）决定了注册会计师必须在期末（或接近期末）实施实质性程序。

(6) 针对剩余期间，能否通过实施实质性程序或将实质性程序与控制测试相结合，降低期末存在错报而未被发现的风险。如果针对剩余期间注册会计师可以通过实施实质性程序或将实质性程序与控制测试相结合，较有把握地降低期末存在错报而未被发现的风险（如注册会计师在10月份实施预审时考虑是否使用一定的审计资源实施实质性程序，从而形成的剩余期间不是很长），注册会计师可以考虑在期中实施实质性程序；但如果针对剩余期间注册会计师认为还需要消耗大量审计资源才有可能降低期末存在错报而未被发现的风险，甚至没有把握通过适当的进一步审计程序降低期末存在错报而未被发现的风险（如被审计单位于8月份发生管理层变更，注册会计师接受后任管理层邀请实施预审时，考虑是否使用一定的审计资源实施实质性程序），注册会计师就不宜在期中实施实质性程序。

四、实质性程序的范围

评估的认定层次重大错报风险和实施控制测试的结果是注册会计师在确定实质性程序的范围时的重要考虑因素。因此，在确定实质性程序的范围时，注册会计师应当考虑评估的认定层次重大错报风险和实施控制测试的结果。注册会计师评估的认定层次的重大错报风险越高，需要实施实质性程序的范围越广。如果对控制测试结果不满意，那么注册会计师应当考虑扩大实质性程序的范围。

练习题

一、单项选择题

1. 下列不属于注册会计师应当针对评估的财务报表层次重大错报风险所确定的总体应对措施的是（　　）。

A. 分派更有经验的审计人员

B. 对拟实施审计程序的性质、时间和范围做出总体修改

C. 在选择进一步审计程序时，应当注意使某些程序被管理层预见或事先了解

D. 向项目组强调在收集和评价审计证据过程中保持职业怀疑态度的必要性

2. 为了应对财务报表层次较高的重大错报风险，注册会计师可以通过提高审计程序不可预见性。下列各项程序中，不能够提高审计程序不可预见性的是（　　）。

A. 采取不同的审计抽样方法，使当期抽取的测试样本与以前有所不同

B. 对应收账款进行函证时，将其函证账户的截止日期推迟

C. 对以前由于低于设定的重要性水平而未曾测试过的固定资产进行测试

D. 进行存货监盘时，事先通知被审计单位的盘点地点，以便其做好准备

3. 尽管在应对评估的认定层次重大错报风险时，拟实施的进一步审计程序的性质、时间和范围都应当确保其具有针对性，但其中进一步审计程序的（　　）是最重要的。

A. 时间　　　　B. 性质

C. 范围　　　　D. 以上均是

4. 财务报表层次的重大错报风险很可能源于薄弱的控制环境。薄弱的控制环境带来的风险可能对财务报表产生广泛影响，难以限于某类交易、账户余额、列报，注册会计师应当采取（　　）。

A. 具体应对措施　　　　B. 实施更多的控制测试

C. 扩大控制测试的范围　　　　D. 总体应对措施

5. 注册会计师A在对乙公司20×3年度财务报表实施审计程序的过程中，原来主要限于检查某项资产的账面记录或相关文件，通过审计程序执行和审计证据的获取，得知财务报表层次存在重大错报风险，因此调整审计程序，更加重视实地检查该项资产，这属于修改审计程序的（　　）。

A. 性质　　　　B. 时间

C. 范围　　　　D. 含义

二、多项选择题

1. 在下列针对销售和应收账款的审计程序中，可能提高审计程序不可预见性的有（　　）。

A. 函证以前经常关注的销售交易的应收账款账户

B. 在不事先通知被审计单位的情况下，选择一些以前未曾到过的盘点地点对存货实施监盘

C. 改变函证日期，将函证账户的截止日期提前或推后

D. 实施更细致的分析程序，比如使用计算机辅助审计技术审阅销售及顾客账户

2. 在制定有关进一步审计程序具体审计计划时，注册会计师需要考虑控制测试程序的时间安排。其中，需要考虑的基本内容有（　　）。

A. 在什么时间实施控制测试

B. 测试所针对的控制适用的时点或期间

C. 在什么时间利用内部控制

D. 实施控制测试所需耗费的时间

3. 下列属于注册会计师应当在审计中实施控制测试的情形的有（　　）。

A. 在评估认定层次重大错报风险时，预期控制的运行是有效的

B. 在评估认定层次重大错报风险时，预期控制的运行是无效的

C. 每次进行财务报表审计均需要执行控制测试

D. 仅实施实质性程序不足以提供认定层次充分、适当的审计证据

4. 在测试控制运行的有效性时，注册会计师应当从下列（　　）方面获取关于控制是否有效运行的审计证据。

A. 控制是否存在　　B. 控制在测试时是如何运行的

C. 控制由谁执行　　D. 是人工控制还是自动化控制

5. 对控制测试的程序包括（　　）。

A. 询问　　B. 检查和观察

C. 穿行测试　　D. 重新执行

三、判断题

1. 只有当询问、观察和检查程序结合在一起仍无法获得充分的证据时，注册会计师才考虑通过重新执行来证实控制是否有效运行。（　　）

2. 在某些情况下，注册会计师通过实施控制测试，以获取内部控制运行有效性的审计证据，从而代替实质性程序。（　　）

3. 注册会计师对内部控制的了解可以代替对控制运行有效性的测试。（　　）

4. 观察可为控制运行的有效性提供可靠的证据。（　　）

5. 询问本身并不足以测试控制运行的有效性，注册会计师应当将询问与其他审计程序结合使用，以获取有关控制运行有效性的审计证据。（　　）

四、简答题

ABC 会计师事务所对 X 公司 20×3 年 6 月 30 日与相关的内部控制的有效性实施审计。注册会计师的审计工作底稿中记载的有关 X 公司内部控制设计和运行

的部分内容摘抄如下：

(1) 为统一财务管理、提高会计核算水平，设置内部审计部，与财务部一并由财务总监分管。内部审计的主要职责是对公司内部控制的健全、有效，会计及相关信息的真实、合法、完整，资产的安全、完整，经营绩效以及经营合规性进行检查、监督和评价。

(2) 公司设置了业绩考评制度，财务总监每月审核实际销售收入（按产品细目）和销售费用（按产品细目），并与预算数和上年同期数比较，对于波动金额超过5%的项目进行分析并编制分析报告，销售经理审阅该报告并采取适当跟进措施。注册会计师抽查了最近三个月的分析报告，并看到上述管理人员在报告上签字确认，证明该控制得到执行。然而，注册会计师在一次与销售经理座谈中，发现销售经理对上月分析报告中销售费用上升8%并不知情。

要求：(1) 在测试和评价X公司内部控制执行的有效性时，注册会计师通常应当实施哪些审计程序?

(2) 在测试控制运行的有效性时，注册会计师应当从哪些方面获取关于控制是否有效运行的审计证据?

(3) 请指出X公司上述两项内部控制在设计与运行方面的缺陷，并简要说明理由。

五、小组讨论题

请查阅相关资料，探讨了解内部控制程序与控制测试程序之间的联系与区别。

CHAPTER

9 第九章 审计抽样

【学习目标】通过本章学习，熟悉选取测试项目的方法；理解审计抽样的概念；掌握审计抽样适用的范围；区别抽样风险与非抽样风险；熟悉审计抽样的步骤；了解审计抽样在控制测试、细节测试中的应用。

第一节 审计抽样概述

一、选取测试项目的方法

在设计审计程序时，注册会计师应当确定选取测试项目的适当方法。注册会计师可以使用的方法，包括选取全部项目、选取特定项目和审计抽样。

（一）选取全部项目

选取全部项目是指对总体中的全部项目进行检查。总体是指注册会计师从中选取样本并希望对其得出结论的整套数据。总体既可以包括构成某类交易或账户余额的所有项目，也可以是其中的一层，同一层中的项目具有某一共同特征。例如，在截止性测试中，注册会计师通常对截止日前后一段时期的所有交易进行检查。

对全部项目检查，通常更适用于细节测试，而不适合控制测试。存在下面情况时，注册会计师可以考虑选取全部项目进行测试：

第一，总体由少量大额项目构成。某类交易或账户余额中的所有项目的单个金额都较大时，注册会计师可能需要测试所有项目。

第二，当存在特别风险且其他方法未提供充分、适当的审计证据时，注册会计师应当考虑选取全部项目进行测试。选取的全部项目包括：（1）管理层高度参与的，或错报可能性较大的交易事项或账户余额；（2）非常规的交易事项或账户余额，特别是与关联方有关的交易或余额；（3）长期不变的账户余额，如滞销的存货余额或账龄较长的应收账款余额；（4）可疑的或非正常的项目，或明显不规范的项目；（5）以前发生过错误的项目；（6）期末人为调整的项目；（7）其他存在特别风险的项目。

第三，由于信息系统自动执行的计算或其他程序具有重复性，对全部项目进行检查符合成本效益原则。注册会计师可运用计算机辅助审计技术选取全部项目进行测试。

（二）选取特定项目

根据对被审计单位的了解、评估的重大错报风险以及所测试总体的特征等，注册会计师可以确定从总体中选取特定项目进行测试。选取的特定项目包括：（1）大额或关键项目；（2）超过某一金额的全部项目；（3）被用于获取某些信息的项目；（4）被用于测试控制活动的项目。

选取特定项目时，注册会计师只对审计对象总体中的部分项目进行测试。注册会计师通常按照覆盖率或风险因素选取测试项目，或将这两种方法结合使用。按照覆盖率选取测试项目是指选取数量较少、金额较大的项目进行测试，从而使测试项目的金额占审计对象总体金额很大的百分比。例如，如果八个金额较大的项目占审计对象总体金额的85%，则通过测试这八个项目就可对审计对象总体的存在性和准确性获得较高程度保证。注册会计师也可以决定抽取超过某一设定金额的所有项目，从而验证某类交易或账户余额的大部分金额。按照风险因素选取测试项目是指选取那些具有某种较高风险特征的项目进行测试。例如，可疑的项目、异常的项目、特别具有风险倾向的项目，或者以前发生过错误的项目等。

（三）审计抽样

如果注册会计师对于需要测试的账户余额或交易事项的总体特征缺乏了解，那么选择审计抽样比较有用。另外，当总体中项目数量太大而导致无法逐项审查，或者虽能逐项审查但需耗费大量成本时，注册会计师也可能使用审计抽样方法。

1. 审计抽样的含义与特征

审计抽样是指注册会计师对具有审计相关性的总体中低于百分之百的项目实施审计程序，使所有抽样单元都有被选取的机会，为注册会计师针对整个总体得出结论提供合理基础。

审计抽样应当具备三个基本特征：（1）对某类交易或账户余额中低于百分之

百的项目实施审计程序；（2）所有抽样单元都有被选取的机会；（3）审计测试的目的是为了评价该账户余额或交易类型的某一特征。

2. 审计抽样的使用范围

注册会计师拟实施的审计程序将对运用审计抽样产生重要影响。有些审计程序可以使用审计抽样，有些审计程序则不宜使用审计抽样。

注册会计师在实施风险评估程序时通常不涉及审计抽样。这主要有两方面原因：一方面，注册会计师实施风险评估程序的目的是了解被审计单位及其环境，识别和评估重大错报风险，而不需要对总体取得结论性证据；另一方面，风险评估程序实施的范围较为广泛，且根据所获取的信息具有较强的主观色彩，因此通常不涉及使用审计抽样和其他选取测试项目的方法。

在了解被审计单位内部控制的基础上，注册会计师应当识别能够显示控制有效运行的特征，以及控制未有效运行时可能出现的异常情况，并采取适当的方法测试所识别的特征是否存在。如果显示控制有效运行的特征留下了书面证据，即控制的运行留下了轨迹，注册会计师通常可以在控制测试中运用审计抽样和其他选取测试项目的方法。例如，某企业的领料单必须有车间主任签字仓库才能发料，这是内部控制的一个环节，但在实际生产过程中，可能由于种种原因未经车间主任签字材料就被领走，注册会计师不可能知道一年中有问题的领料单占多大的比例，也就是说，注册会计师不可能知道总体特征，因此只能通过抽样来推断总体结果。某些控制可能不存在文件记录，或文件记录与证实控制运行有效性不相关。对这些未留下运行轨迹的控制实施测试时，注册会计师应当考虑实施询问、观察等审计程序，以获取有关控制运行有效性的审计证据，此时不涉及审计抽样和其他选取测试项目的方法。

在实施细节测试时，注册会计师可以使用审计抽样和其他选取测试项目的方法获取审计证据，以验证有关财务报表金额的一项或多项认定（如应收账款的存在性），或对某些金额作出独立估计（如陈旧存货的价值）。例如，应收账款清单上共列了40笔应收账款，合计金额为人民币157 295元。审计测试的目标就是要确定所列157 295元的应收账款余额是否存在重大错报。在实施实质性分析程序时，注册会计师不宜使用审计抽样和其他选取测试项目的方法。

二、统计抽样与非统计抽样

在对某类交易或账户余额使用审计抽样时，注册会计师可以使用统计抽样方法，也可以使用非统计抽样方法。统计抽样是指同时具备下列特征的抽样方法：（1）随机选取样本；（2）运用概率论评价样本结果，包括计量抽样风险。统计抽样的样本必须具有这两个特征，不同时具备上述两个特征的抽样方法为非统计抽样。

注册会计师应当根据具体情况并运用职业判断，确定使用统计抽样或非统计抽样方法，以最高效地获取审计证据。例如，在控制测试中，与仅对偏差的发生进行定量分析相比，对偏差的性质和原因进行定性分析通常更为重要。在这种情况下，使用非统计抽样可能更为适当。

注册会计师在统计抽样与非统计抽样方法之间进行选择时主要考虑成本效益。统计抽样的优点在于能够客观地计量抽样风险，并通过调整样本规模精确地控制风险，这是与非统计抽样最重要的区别。另外，统计抽样还有助于注册会计师高效地设计样本、计量所获取证据的充分性以及定量评价样本结果。但统计抽样又可能发生额外的成本。一方面，统计抽样需要特殊的专业技能，因此使用统计抽样需要增加额外的支出培训注册会计师。另一方面，统计抽样要求单个样本项目符合统计要求，这些也可能需要支出额外的费用。非统计抽样如果设计适当，也能提供与设计适当的统计抽样方法同样有效的结果。注册会计师使用非统计抽样时，必须考虑抽样风险并将其降至可接受水平，但不能精确地测定出抽样风险。

总之，不论是选择统计抽样还是非统计抽样，两种方法都要求注册会计师在设计、实施抽样和评价样本时运用职业判断。另外，使用的抽样方法通常也不能影响对选取的样本项目实施的审计程序。

三、抽样风险与非抽样风险

获取审计证据时，注册会计师应当运用职业判断，评估重大错报风险并设计进一步审计程序，以确保将审计风险降至可接受的低水平。在审计抽样时，审计风险可能受到抽样风险和非抽样风险的影响。

（一）抽样风险

抽样风险是指注册会计师根据样本得出的结论，与对总体全部项目实施与样本同样的审计程序得出的结论存在差异的可能性，也就是抽取的样本不能代表总体的风险。抽样风险是由抽样引起的，与样本规模和抽样方法相关。

无论在控制测试还是在细节测试中，抽样风险都可以分为两种类型：一类是影响审计效果的抽样风险，另一类是影响审计效率的抽样风险。但在控制测试和细节测试中，这两类抽样风险的表现形式有所不同。

1. 控制测试时的抽样风险

在实施控制测试时，注册会计师要关注的两类抽样风险是信赖过度风险和信赖不足风险。

（1）信赖过度风险。信赖过度风险是指注册会计师推断的控制有效性高于其实际有效性的风险。信赖过度风险与审计的效果有关。

例如，在实施控制测试时，注册会计师在100个样本项目中发现2个偏差，样本偏差率为2%，并由此认为控制运行有效。但实际上，该总体的实际偏差率为8%，该注册会计师本该做出控制未有效运行的结论。注册会计师评估的控制有效性高于其实际有效性，从而导致评估的重大错报风险水平偏低，注册会计师可能不适当地减少了从实质性程序中获取的证据，因此审计的有效性下降。对于注册会计师而言，信赖过度风险更容易导致注册会计师发表不恰当的审计意见，因而更应予以关注。

(2) 信赖不足风险。信赖不足风险是指注册会计师推断的控制有效性低于其实际有效性的风险。信赖不足风险与审计的效率有关。

例如，在实施控制测试时，注册会计师在100个样本项目中发现8个偏差，样本偏差率为8%，并由此认为控制未运行有效。但实际上，该总体的实际偏差率为2%，该注册会计师本该做出控制有效运行的结论。当注册会计师评估的控制有效性低于其实际有效性时，评估的重大错报风险水平偏高。为了弥补注册会计师根据评估的控制有效性而对重大错报风险评估为高水平，注册会计师可能会增加不必要的实质性程序。在这种情况下，审计效率可能降低。

2. 细节测试时的抽样风险

在实施细节测试时，注册会计师要关注的两类抽样风险是误受风险和误拒风险。

(1) 误受风险。误受风险是指注册会计师推断某一重大错报不存在而实际上存在的风险。如果账面金额实际上存在重大错报而注册会计师认为其不存在重大错报，注册会计师通常会停止对该账面金额继续进行测试，并根据样本结果得出账面金额无重大错报的结论。与信赖过度风险类似，误受风险容易导致注册会计师发表不恰当的审计意见，影响审计结果。

(2) 误拒风险。误拒风险是指注册会计师推断某一重大错报存在而实际上不存在的风险。如果账面金额不存在重大错报而注册会计师认为其存在重大错报，注册会计师会扩大细节测试的范围并考虑获取其他审计证据，最终注册会计师会得出恰当的结论。在这种情况下，审计效率可能降低。与信赖不足风险相似，误拒风险影响审计效率。

3. 抽样风险的控制

只要使用了审计抽样，抽样风险就存在。在使用统计抽样时，注册会计师可以准确地计量和控制抽样风险。在使用非统计抽样时，注册会计师无法量化抽样风险，只能根据职业判断对其进行定性的评价和控制。对特定样本而言，抽样风险与样本规模呈反方向变动：样本规模越小，抽样风险越大；样本规模越大，抽样风险越小。无论是控制测试还是细节测试，注册会计师都可以通过扩大样本规模降低抽样风险。如果对总体中的所有项目都实施检查，就不存在抽样风险，此时审计风险完全由非抽样风险产生。

（二）非抽样风险

非抽样风险，是指由于某些与样本规模无关的因素而导致注册会计师得出错误结论的可能性。注册会计师即使对某类交易或账户余额的所有项目实施审计程序，也可能未能发现重大错报或控制失效。

在审计过程中，可能导致非抽样风险的原因包括下列情况：（1）注册会计师选择的总体不适合于测试目标。例如，注册会计师在测试应收账款的完整性时选择主营业务收入明细账作为总体。（2）注册会计师未能适当地定义误差（包括控制偏差或错报），导致注册会计师未能发现样本中存在的偏差或错报。（3）注册会计师选择了不适于实现特定目标的审计程序。例如，注册会计师依赖应收账款函证来揭露未入账的应收账款。（4）注册会计师未能适当地评价审计发现的情况。例如，注册会计师错误解读审计证据可能导致没有发现误差。注册会计师对所发现误差的重要性的判断有误，从而忽略了性质十分重要的误差，也可能导致得出不恰当的结论。（5）其他原因。

非抽样风险对审计工作的效率和效果都有影响，由于非抽样风险是由人为造成的，因而可以降低、消除或防范。例如，采取适当的质量控制政策和程序，对审计工作进行适当的指导、监督和复核，将非抽样风险降至可以接受的水平。注册会计师也以通过仔细设计审计程序尽量降低非抽样风险。

四、属性抽样与变量抽样

属性抽样是一种用来对总体中某一事件发生率得出结论的统计抽样方法。属性抽样在审计中最常用的用途是测试某一设定控制的偏差率，以支持注册会计师评估的控制有效性。在属性抽样中，设定控制的每一次发生或偏差都被赋予同样的权重，而不考虑交易的金额大小。

变量抽样是一种用来对总体金额出结论的统计抽样方法。变量抽样通常回答下列问题：金额是多少？账户是否存在错报？变量抽样在审计中主要用于实质性细节测试，以确定记录金额是否合理。

第二节　审计抽样的步骤

注册会计师在控制测试和细节测试中使用审计抽样方法，主要分为三个阶段进行。第一阶段是样本设计阶段，目的是根据测试的目标和抽样总体，制定选取样本的计划；第二个阶段是选取样本阶段，目的是按照适当的方法从相应的抽样总体中选取所需的样本，并对其实施检查，以确定是否存在误差；第三个阶段是评价样本结果阶段，目的是根据对误差的性质和原因的分析，将样本结果推断至总体，形成对总体的结论。

一、样本设计阶段

在样本设计阶段，注册会计师主要考虑审计程序的目标和抽样总体的属性。注册会计师首先应考虑拟实现的具体目标，并根据目标和总体的特点确定能够最好地实现该目标的审计程序组合，以及如何在实施审计程序时运用审计抽样。审计抽样在样本设计阶段的工作主要包括以下步骤。

（一）确定测试目标

审计抽样必须围绕审计测试的目标展开。控制测试是为了获取关于某项控制的设计或运行是否有效的证据，而细节测试的目的是为了某类交易或账户的金额是否正确，以提供与存在的错报有关的证据。

（二）定义总体与抽样单元

1. 总体

在实施抽样之前，注册会计师必须仔细定义总体，确定抽样总体的范围。总体可以包括构成某类交易或账户余额的所有项目，也可以只包括某类交易或账户余额中的部分项目。例如，如果应收账款中没有个别重大项目，注册会计师直接对应收账款账面余额进行抽样，则总体包括构成应收账款期末余额的所有项目。如果注册会计师已使用选取特定项目的方法将应收账款中的个别重大项目挑选出来单独测试，只对剩余的应收账款余额进行抽样，则总体只包括构成应收账款期末余额的部分项目。注册会计师应确保总体具备适当性和完整性两个特征。适当性，即注册会计师应确定总体适合于特定的审计目标，包括适合于测试的方向。完整性，即注册会计师应当从总体项目内容和涉及时间等方面确定总体的完整性。

2. 抽样单元

抽样单元是指构成总体的个体项目，它应当与审计测试的目标保持一致。在控制测试中，抽样单元通常是能够提供控制运行证据的资料；在细节测试中，抽样单元可能是一个账户、一笔交易或交易中的一项记录，甚至为每个货币单位。

3. 分层

如果总体项目存在重大的变异性，注册会计师应当考虑分层。分层是指将一个总体划分为多个子总体的过程，每个子总体由一组具有相同特征（通常为货币金额）的抽样单元组成。分层可以降低每一层中项目的变异性，从而在抽样风险没有成比例增加的前提下减小样本规模。注册会计师可以考虑将总体分为若干个离散的具有识别特征的子总体（层），以提高审计效率。注册会计师应当仔细界定子总体，以使每一抽样单元只能属于一个层。对某一层中的样本项目实施审计程序的结果，只能用于推断构成该层的项目。如果对整个总体作出结论，注册会计师应当考虑与构成整个总体的其他层有关的重大错报风险。例如，在对某一账户余额进行测试时，占总体数量20%的项目，其金额可能占该账户余额的90%。注册会计师只能根据该样本的结果推断至上述90%的金额。对于剩余10%的金额，注册会计师可以抽取另一个样本或使用其他收集审计证据的方法，单独作出结论，或者认为其不重要而不实施审计程序。

（三）定义误差构成条件

注册会计师必须事先准确定义构成误差的条件，否则，执行审计抽样程序时就没有识别误差的标准。在实施控制测试时，误差是指控制偏差，注册会计师要仔细定义所要测试的控制及可能出现的偏差的情况；在实施细节测试时，误差是指错报，注册会计师要确定什么构成错报。

二、选取样本阶段

在选取样本项目时，注册会计师应当使总体中的所有抽样单元均有被选取的机会。使所有抽样单元都有被选取的机会是审计抽样的基本特征之一。因此，不管使用统计抽样或非统计抽样方法，所有的审计抽样均要求注册会计师选取的样本对总体来讲具有代表性。否则，就无法根据样本结果推断总体。

（一）确定样本规模

样本规模是指从总体中选取样本项目的数量。在确定样本规模时，注册会计师应当考虑能否将抽样风险降至可接受的低水平。在审计抽样中，如果样本规模过小，就不能反映出总体的特征，注册会计师就无法获取充分的审计证据，其审计结论的可靠性就会降低，甚至可能得出错误的审计结论；相反，如果样本规模过大，则会增加审计工作量，造成不必要的时间和人力的浪费，降低审计效率，失去审计抽样的意义。注册会计师确定样本规模受到多种因素的影响，且在控制测试和细节测试中有所不同。影响样本规模的因素主要包括：

1. 可接受的抽样风险

样本规模受注册会计师可接受的抽样风险水平的影响。可接受的抽样风险与样本规模成反比。在控制测试中，注册会计师主要关注抽样风险中的信赖过度风险；在细节测试中，注册会计师主要关注抽样风险中的误受风险。

2. 可容忍误差

可容忍误差是指注册会计师在认为测试目标已实现的情况下准备接受的总体最大误差。在其他因素既定的条件下，可容忍误差越大，所需的样本规模越小。在控制测试中，可容忍误差是指可容忍偏差率；在细节测试中，可容忍误差是指可容忍错报。

3. 预计总体误差

对总体的预计误差率或误差额的评估，有助于设计审计样本和确定样本规模。预计总体误差即注册会计师预期在审计过程中发现的误差。在控制测试中，预计总体误差是指预计总体偏差率。在细节测试中，预计总体误差是指预计总体错报额。预计总体误差越大，可容忍误差也应当越大。预计总体误差越接近可容忍误差，注册会计师越需要从样本中得到更精确的信息，以控制总体实际误差超出可容忍误差的风险，因而样本规模越大。

4. 总体变异性

总体变异性是指总体的某一特征（如金额）在各项目之间的差异程度。在控制测试中，注册会计师在确定样本规模时一般不考虑总体变异性。在细节测试中，注册会计师确定适当的样本规模时要考虑特征的变异性。总体项目的变异性越低，通常样本规模越小。注册会计师可以通过分层，将总体分为相对同质的组，以尽可能降低每一组中变异性的影响，从而减小样本规模。未分层总体具有高度变异性，其样本规模通常很大。最有效率的方法是根据预期会降低变异性的总体项目特征进行分层。在实质性测试中分层的依据通常包括项目的账面金额，与项目处理有关的控制的性质，或与特定项目（如更可能包含错报的那部分总体项目）有关的特殊考虑等。分组后的每一组总体被称为一层，每层分别独立选取样本。

5. 总体规模

除非总体非常小，一般而言总体规模对样本规模的影响几乎为零。注册会计师通常将抽样单元超过 5 000 个的总体视为大规模总体。对大规模总体而言，总体的实际容量对样本规模几乎没有影响。对小规模总体而言，审计抽样比其他选择测试项目的方法效率低。

表 9-1 列示了审计抽样中影响样本规模的因素，并分别说明了这些影响因素在控制测试和细节测试中的表现形式。

表 9-1 影响样本规模的因素

影响因素	控制测试	细节测试	与样本规模的关系
可接受的抽样风险	可接受的信赖过度风险	可接受的误受风险	反向变动
可容忍误差	可容忍偏差率	可容忍错报	反向变动
预计总体误差	预计总体偏差率	预计总体错报	同向变动
总体变异性	—	总体变异性	同向变动
总体规模	总体规模	总体规模	影响很小

使用统计抽样方法时，注册会计师必须对影响样本规模的因素进行量化，并利用根据统计公式开发的专门的计算机程序或专门的样本量表来确定样本规模。

（二）选取样本

选取样本的基本方法，包括使用随机数表或计算机辅助审计技术选样、系统选样和随意选样。

1. *使用随机数表或计算机辅助审计技术选样*

使用随机数表或计算机辅助审计技术选样又称随机数选样。使用随机数选样需以总体中的每一项目都有不同的编号为前提。注册会计师可以使用计算机生成的随机数，如电子表格程序、随机数码生成程序、通用审计软件程序等计算机程序产生的随机数，也可以使用随机数表获得所需的随机数。

随机数是一组从长期来看出现概率相同的数码，且不会产生可识别的模式。随机数表也称乱数表，它是由随机生成的从 0～9 十个数字所组成的数表，每个数字在表中出现的次数是大致相同的，它们出现在表上的顺序是随机的。表 9-2 就是五位随机数表的一部分。应用随机数表选样的步骤如下：

表 9-2 随机数表

行＼列	1	2	3	4	5	6	7	8
1	29 655	92 114	81 034	40 582	01 584	77 184	85 762	46 505
2	82 592	81 642	08 971	07 411	09 037	81 530	56 195	98 425
3	66 441	28 677	95 961	78 346	37 916	09 416	42 438	48 432
4	71 635	86 089	38 157	95 620	96 718	79 554	50 209	17 705
5	22 165	01 414	01 413	37 231	05 509	37 489	56 459	52 983
6	83 430	98 250	70 030	05 436	74 814	45 978	09 277	13 827
7	11 359	32 556	89 822	02 713	81 293	52 970	25 080	33 555
8	50 940	95 753	34 905	93 566	36 318	79 530	51 105	26 952
9	16 750	61 371	01 523	69 205	32 122	03 436	14 489	02 086
10	74 955	82 835	98 378	83 513	47 870	20 795	01 352	89 906

(1) 对总体项目进行编号，建立总体中的项目与表中数字的一一对应关系。一般情况下，编号可利用总体项目中原有的某些编号，如凭证号、支票号、发票号等等。在没有事先编号的情况下，注册会计师需按一定的方法进行编号。如由40页、每页50行组成的应收账款明细表，可采用四位数字编号，前两位由01到40的整数组成，表示该记录在明细表中的页数，后两位数字由01到50的整数组成，表示该记录的行次。这样，编号0534表示第5页第34行的记录。所需使用的随机数的位数一般由总体项目数或编号位数决定。如前例中可采用4位随机数表，也可以使用5位随机数表的前4位数字或后4位数字。

(2) 确定连续选取随机数的方法。即从随机数表中选择一个随机起点和一个选号路线，随机起点和选号路线可以任意选择，但一经选定就不得改变。从随机数表中任选一行或任何一栏开始，按照一定的方向（上下左右均可）依次查找，符合总体项目编号要求的数字，即为选中的号码，与此号码相对应的总体项目即为选取的样本项目，一直到选足所需的样本量为止。

例如，从前述应收账款明细表的2 000个记录中选择10个样本，总体编号规则如前所述，即前两位数字不能超过40，后两位数字不能超过50。如从表9-2第一行第一列开始，使用前四位随机数，逐行向右查找，则选中的样本为编号0741、0903、0941、3815、2216、0141、3723、0550、3748、0543的10个记录。

随机数选样不仅使总体中每个抽样单元被选取的概率相等，而且使相同数量的抽样单元组成的每种组合被选取的概率相等。这种方法在统计抽样和非统计抽样中均适用。由于统计抽样要求注册会计师能够计量实际样本被选取的概率，这种方法尤其适用于统计抽样。

2. 系统选样

系统选样也称等距选样，是指按照相同的间隔从审计对象总体中等距离地选取样本的一种选择方法。采用系统选样法，要先计算选样间距，确定选样起点，然后根据间距顺序地选取样本。选样间距的计算公式如下：

选样间距＝总体规模÷样本规模

例如，如果销售发票的总体范围是501～3 000，设定的样本量是125，那么选样间距为20［(3 001－501)÷125］。注册会计师选取的第一个样本项目是发票号码为515的那一张，其余的124个项目是535（515＋20），555（535＋20）……以此类推直至第2995号。

系统选样方法的主要优点是使用方便，比其他选样方法节省时间，并可用于无限总体。此外，使用这种方法时，对总体中的项目不需要编号，注册会计师只要简单数出每一个间距即可。但是，使用系统选样方法要求总体必须是随机排列的，否则容易发生较大的偏差，造成非随机的、不具代表性的样本。如果测试项目的特征在总体内的分布具有某种规律性，则选择的样本的代表性就可能较差。例如，应收账款明细表每页的记录均以账龄的长短按先后次序排列，则选中的200个样本可能多数是账龄相同的记录。

3. 随意选样

随意选样也叫任意选样，是指注册会计师不带任何偏见地选取样本，即注册会计师不考虑样本项目的性质、大小、外观、位置或其他特征而选取总体项目。随意选样的主要缺点在于很难完全无偏见地选取样本项目，即这种方法难以彻底排除注册会计师的个人偏好对选取样本的影响，因而很可能使样本失去代表性。由于文化背景和所受训练等的不同，每个注册会计师都可能无意识地带有某种偏好。例如，从发票柜中取发票时，某些注册会计师可能倾向于抽取柜子中间位置的发票，这样就会使柜子上面部分和下面部分的发票缺乏相等的选取机会。因此，在运用随意选样方法时，注册会计师要避免由于项目性质、大小、外观和位置等的不同所引起的偏见，尽量使所选取的样本具有代表性。

三种基本方法均可选出代表性样本。但随机数选样和系统选样属于随机基础选样方法，即对总体的所有项目按随机规则选取样本，因而可以在统计抽样中使用，当然也可以在非统计抽样中使用。而随意选样虽然也可以选出代表性样本，但它属于非随机基础选样方法，因而不能在统计抽样中使用，只能在非统计抽样中使用。

（三）对样本实施审计程序

注册会计师应当针对选取的每个项目，实施适合于具体审计目标的审计程序。对选取的样本项目实施审计程序旨在发现并记录样本中存在的误差。

如果选取的项目不适合实施审计程序，注册会计师通常使用替代项目。例如，注册会计师在测试付款是否得到授权时选取的付款单据中可能包括一个空白的付款单。如果注册会计师确信该空白付款单是合理的且不构成误差，可以适当选择一个替代项目进行检查。

如果因凭证缺失等原因导致注册会计师无法对所选取的项目实施已设计的审计程序，且不能针对该项目实施适当的替代审计程序，注册会计师通常考虑将该项目视作误差。

注册会计师通常对每一样本项目实施适合于特定审计目标的审计程序。有时，注册会计师可能无法对选取的抽样单元实施计划的审计程序（如由于原始单据丢失等原因）。注册会计师对未检查项目的处理取决于未检查项目对评价样本结果的影响。如果注册会计师对样本结果的评价不会因为未检查项目可能存在错报而改变，就不需对这些项目进行检查。如果未检查项目可能存在的错报会导致该类交易或账户余额存在重大错报，注册会计师就要考虑实施替代程序，为形成结论提供充分的证据。例如，对应收账款的积极式函证没有收到回函时，注册会计师必须审查期后收款的情况，以证实应收账款的余额。注册会计师也要考虑无法对这些项目实施检查的原因是否会影响计划的重大错报风险评估水平或对舞弊风险的评估。如果注册会计师无法或者没有执行替代审计程序，则应将该项目视为一项误差。

三、抽样结果评价

（一）分析样本误差

注册会计师应当考虑样本的结果、已识别的所有误差的性质和原因，及其对具体审计目标和审计的其他方面可能产生的影响。

无论是统计抽样还是非统计抽样，对样本结果的定性评估和定量评估一样重要。即使样本的统计评价结果在可以接受的范围内，注册会计师也应对样本中的所有误差（包括控制测试中的控制偏差和细节测试中的金额错报）进行定性分析。

（二）推断总体误差

当实施控制测试时，注册会计师应当根据样本中发现的偏差率推断总体偏差率，并考虑这一结果对特定审计目标及其他方面的影响。

当实施细节测试时，注册会计师应当根据样本中发现的误差金额推断总体误差金额，并考虑推断误差对特定审计目标及审计的其他方面的影响。

（三）形成审计结论

注册会计师在评价样本结果的基础上，应根据所取得的证据，确定审计证据是否足以证实某一审计对象的总体特征，从而得出审计结论。

第三节　控制测试中审计抽样的应用

本节以统计抽样为例，介绍审计抽样在控制测试中的应用。

一、控制测试中审计抽样的基本概念

审计抽样的基本概念在控制测试中有不同的表现形式。

（1）在控制测试中，误差指控制偏差。注册会计师应根据对内部控制的理

解，确定哪些特征能够显示被测控制的运行情况，然后据此定义误差构成条件。例如，设定的控制要求每笔支付都应附有发票、收据、验收报告和订货单等证明文件，且盖上“已付”戳记。在这种情况下，误差可定义为缺乏盖有“已付”戳记的发票和验收报告等证明文件的款项支付。

（2）在控制测试中，可接受的抽样风险表现为可接受的信赖过度风险。可接受的信赖过度风险应确定在相对较低的水平上。在实务中，一般的测试是将信赖过度风险确定为10%，特别重要的测试则可以将信赖过度风险确定为5%。可接受的信赖过度风险与可信赖程度互为补数，即：可接受的信赖过度风险＋可信赖程度＝1。其中，可信赖程度是指样本性质能够代表总体性质的可靠性程度。例如，注册会计师选择90%的可信赖程度，其将有10%的风险去接受抽样结果表示的内部控制是有效的结论，而实际上内部控制是无效的。

（3）在控制测试中，可容忍误差表现为可容忍偏差率，是指注册会计师在不改变其计划评估的控制有效性，从而不改变其计划评估的重大错报风险水平的前提下，愿意接受的对于设定控制的最大偏差率。在实务中，当偏差率为3%～7%时，控制有效性的估计水平较高；可容忍偏差率最高为20%，偏差率超过20%时，由于估计控制运行无效，注册会计师无需进行控制测试。表9-3表示可容忍偏差率与计划评估的控制有效性之间的关系。

表9-3 可容忍偏差率与计划评估的控制有效性之间的关系

计划评估的有效性	可容忍偏差率（近似值，%）
高	3～7
中	6～12
低	11～20
最低	不需进行控制测试

（4）在控制测试中，预计总体误差表现为预计总体偏差率。在实施控制测试时，注册会计师通常根据对相关控制的设计和执行情况的了解，或根据从总体中抽取少量项目进行检查的结果，对拟测试总体的预计误差率进行评估。

二、控制测试中的抽样方法

在控制测试时，注册会计师可能使用统计抽样方法，也可能使用非统计抽样方法。在统计抽样中，注册会计师使用的抽样方法有三种：固定样本量抽样、停—走抽样和发现抽样。

（一）固定样本量抽样

固定样本量抽样中，注册会计师对一个确定规模的样本实施检查，且等到某一确定规模的样本全部选取、审查完以后，才做出审计结论。注册会计师在确定样本规模时，可以使用样本量表。表 9-4 提供了可信赖过度风险为 10％所使用的样本量表。如果注册会计师需要其他信赖过度风险水平的抽样规模，必须使用其他的统计抽样表格或计算机程序。

表 9-4　　控制测试中统计抽样样本规模——信赖过度风险 10％

（括号内为可接受的偏差数）

预计总体偏差率(％)	可容忍偏差率										
	2％	3％	4％	5％	6％	7％	8％	9％	10％	15％	20％
0.00	114 (0)	76 (0)	57 (0)	45 (0)	38 (0)	32 (0)	28 (0)	25 (0)	22 (0)	15 (0)	11 (0)
0.25	194 (1)	129 (1)	96 (1)	77 (1)	64 (1)	55 (1)	48 (1)	42 (1)	38 (1)	25 (1)	18 (1)
0.50	194 (1)	129 (1)	96 (1)	77 (1)	64 (1)	55 (1)	48 (1)	42 (1)	38 (1)	25 (1)	18 (1)
0.75	265 (2)	129 (1)	96 (1)	77 (1)	64 (1)	55 (1)	48 (1)	42 (1)	38 (1)	25 (1)	18 (1)
1.00	*	176 (2)	96 (1)	77 (1)	64 (1)	55 (1)	48 (1)	42 (1)	38 (1)	25 (1)	18 (1)
1.25	*	221 (3)	132 (2)	77 (1)	64 (1)	55 (1)	48 (1)	42 (1)	38 (1)	25 (1)	18 (1)
1.50	*	*	132 (2)	105 (2)	64 (1)	55 (1)	48 (1)	42 (1)	38 (1)	25 (1)	18 (1)
1.75	*	*	166 (3)	105 (2)	88 (2)	55 (1)	48 (1)	42 (1)	38 (1)	25 (1)	18 (1)
2.00	*	*	198 (4)	132 (3)	88 (2)	75 (2)	48 (1)	42 (1)	38 (1)	25 (1)	18 (1)
2.25	*	*	*	132 (3)	88 (2)	75 (2)	65 (2)	42 (2)	38 (2)	25 (1)	18 (1)
2.50	*	*	*	158 (4)	110 (3)	75 (2)	65 (2)	58 (2)	38 (2)	25 (1)	18 (1)
2.75	*	*	*	209 (6)	132 (4)	94 (3)	65 (2)	58 (2)	52 (2)	25 (1)	18 (1)
3.00	*	*	*	*	132 (4)	94 (3)	65 (2)	58 (2)	52 (2)	25 (1)	18 (1)
3.25	*	*	*	*	153 (5)	113 (4)	82 (3)	58 (2)	52 (2)	25 (1)	18 (1)
3.50	*	*	*	*	194 (7)	113 (4)	82 (3)	73 (3)	52 (2)	25 (1)	18 (1)
3.75	*	*	*	*	*	131 (5)	98 (4)	73 (3)	52 (2)	25 (1)	18 (1)
4.00	*	*	*	*	*	149 (6)	98 (4)	73 (3)	65 (3)	25 (1)	18 (1)
5.00	*	*	*	*	*	*	160 (8)	115 (6)	78 (4)	34 (2)	18 (1)
6.00	*	*	*	*	*	*	*	182 (11)	116 (7)	43 (3)	25 (2)
7.00	*	*	*	*	*	*	*	*	199 (14)	52 (4)	25 (2)

来源：AICPA Audit and Accounting Guide：Audit Sampling (2005).

*样本规模太大，因而在大多数情况下不符合成本效益原则。

说明：本表假设总体为大总体。

注册会计师首先根据可接受的信赖过度风险选择相应的抽样规模表，然后读取预计偏差率栏找到适当的比率，最后确定与可容忍偏差率对应的列。可容忍偏差率所在列与预计总体偏差率所在行的交点就是所需的样本规模。例如，注册会计师确定的可接受信赖过度风险为 10％，可容忍偏差率为 7％，预计总体偏差率为 1％。在表 9-4 中，7％的可容忍偏差率与 1％预计总体偏差率的交叉处为 55，即所需的样本规模为 55。

（二）停—走抽样

停—走抽样是固定样本量抽样的一种特殊形式，它从预计总体偏差率为零开始，通过边抽样边评估来完成审计工作。注册会计师先抽取一定量的样本进行审查，如果结果可以接受，就停止抽样得出结论，如果结果不能接受，就扩大样本量继续审查直至得出结论。

（三）发现抽样

发现抽样是固定样本量抽样的另一种特殊形式，与固定样本量抽样的不同之处在于发现抽样将预计总体偏差率直接定为0%，并根据可接受信赖过度风险和可容忍偏差率一起确定样本量。在对选出的样本进行审查时，一旦发现一个偏差就立即停止抽样。如果在样本中没有发现偏差，则可以得出总体可以接受的结论。发现抽样适用于查找重大舞弊或非法行为。

第四节　细节测试中审计抽样的应用

在实质性测试中，审计抽样只能在细节测试时使用。实质性程序的两种统计抽样方法，一种是传统变量抽样方法，另一种是概率比例规模抽样法（即PPS抽样），都能提供充分的证据以实现审计目标。本节重点介绍传统变量抽样法的应用。

一、细节测试中抽样的基本概念

在细节性测试中，误差是指错报，注册会计师应根据审计目标，确定什么构成错报。可接受的抽样风险主要是指抽样风险中的误受风险，有时也关注误拒风险。可容忍误差表现为可容忍错报。可容忍错报与注册会计师计划的重要性水平有关。某账户的可容忍错报实际上就是该账户的重要性水平。预计总体误差是指预计总体错报额，即预计总体发生错报的金额。

二、细节测试中常用的抽样方法

传统变量抽样法主要包括三种具体的方法：均值估计抽样、差额估计抽样和比率估计抽样。每种方法推断总体错报的方法各不相同。

（一）均值估计抽样

均值估计抽样是指通过抽样审查确定样本的平均值，再根据样本平均值推断总体的平均值和总值的一种变量抽样方法。使用这种方法时，注册会计师先计算样本中所有项目审定金额的平均值，然后用这个样本平均值乘以总体规模，得出总体金额的估计值。总体估计金额和总体账面金额之间的差额就是推断的总体错报。均值估计抽样的计算公式如下：

样本平均审定金额（样本平均值）=样本审定金额÷样本量

总体金额估计值=样本平均审定金额×总体规模

推断的总体错报=总体估计金额—总体账面金额

【例9-1】 注册会计师从总体规模为1 000个的存货项目中选择了200个项目作为样本；注册会计师确定的样本的账面金额为208 000元；样本审定金额为196 000元。总体的账面金额总额为1 040 000元。则注册会计师推断的总体错报金额是多少？

（1）计算样本中所有审计项目的平均值=196 000÷200=980（元）

（2）计算总体金额估计值=980×1 000=980 000（元）

（3）推断的总体错报=980 000—1 040 000=—60 000（元）

（二）差额估计抽样

差额估计抽样是以样本审定金额与账面金额的平均差额来估计总体实际金额与账面金额的平均差额，然后再以这个平均差额乘以总体规模，从而求出总体的实际金额与账面金额的差额（即总体错报）的一种方法。差额估计抽样的计算公式如下：

样本平均错报=(样本实际金额—样本账面金额)÷样本规模

推断的总体错报=样本平均差异×总体规模

【例9-2】 承例9-1。

样本平均错报=(196 000—208 000)÷200=—60（元）

推断的总体错报=—60×1 000=—60 000（元）

（三）比率估计抽样

比率估计抽样是指以样本的实际金额与账面金额之间的比率关系来估计总体实际金额与账面金额之间的比率关系，然后再以这个比率去乘总体的账面金额，从而求出估计的总体实际金额的一种抽样方法。比率估计抽样的计算公式如下：

比率=样本审定金额÷样本账面金额

估计的总体实际金额=总体账面金额×比率

推断的总体错报＝估计的总体实际金额－总体账面金额

【例 9-3】 承例 9-1。

比率＝196 000÷208 000＝0.94

估计的总体实际存货余额＝1 040 000×0.94＝977 600（元）

推断的总体错报＝977 600－1 040 000＝－62 400（元）

如果未对总体进行分层，注册会计师通常不使用均值估计抽样，因为此时所需的样本规模太大，以至于对一般的审计而言不符合成本效益原则。比率估计抽样和差额估计抽样都要求样本项目存在错报。如果样本项目的审计金额和账面金额之间没有差异，这两种方法使用的公式所隐含的机理就会导致错误的结论。如果注册会计师决定使用统计抽样，且预计只发现少量差异，就不应使用比率估计抽样和差额估计抽样，而应考虑使用其他的替代方法，如均值估计抽样或概率比例模型抽样法（PPS 抽样）。

练习题

一、单项选择题

1. 信赖过度风险和误受风险影响的是（　　）。

A. 审计的效率　　B. 审计的效果

C. 初步判断的重要性水平　　D. 可接受的审计风险水平

2. 注册会计师采用系统选样法从 8 000 张凭证中选取 200 张作为样本，确定随机起点编号为 17 号的凭证，则抽取的第五张凭证的编号应为（　　）。

A. 97　　B. 137

C. 177　　D. 217

3. 下列各项风险中，对审计工作的效率和效果都产生影响的是（　　）。

A. 信赖过度风险　　B. 信赖不足风险

C. 误受风险　　D. 非抽样风险

4. 审计人员决定抽查 3、8、13、18、23……号凭证进行审查，这种选样方法称为（　　）。

A. 分层选样　　B. 随机选样

C. 系统选样　　D. 属性抽样

5. 审计抽样通常广泛应用于下列（　　）程序。

A. 逆查、顺查　　B. 询问、函证

C. 观察、盘点　　D. 分析程序

6. 注册会计师采用系统选样法从连续编号的发票中抽取5%进行审查，在抽取样本时，每个样本之间的间隔为（　　）。

A. 10　　B. 20

C. 50　　D. 100

7. 应收账款总金额为400万元，重要性水平为6万元，根据抽样结果推断的差错为4.5万元，而账户的实际差错额为8万元，此时，注册会计师承受了（　　）。

A. 误拒风险　　B. 信赖不足风险

C. 误受风险　　D. 信赖过度风险

二、多项选择题

1. 下列各项风险中，对审计工作的效率产生影响的是（　　）。

A. 信赖过度风险　　B. 信赖不足风险

C. 误受风险　　D. 误拒风险

2. 在实施下列审计程序时，注册会计师可以运用审计抽样的有（　　）。

A. 风险评估　　B. 控制测试

C. 细节测试　　D. 实质性分析程序

3. 审计抽样中，注册会计师应当在样本设计阶段完成的审计工作主要包括以下步骤（　　）。

A. 确定测试目标　　B. 定义总体与抽样单元

C. 定义误差的构成条件　　D. 实施审计程序

三、判断题

1. 由于抽样风险可以量化，注册会计师可以控制，但非抽样风险是由人为错误造成的，不能量化，所以注册会计师无法控制非抽样风险。（　　）

2. 统计抽样和非统计抽样的区别在于，前者样本的选取是随机的，后者样本选取是靠注册会计师人为确定。（　　）

3. 计划评估的控制有效性越低，注册会计师确定的可容忍偏差率就越高，所需的样本规模就越小。（　　）

4. 审计抽样不仅用于细节测试、分析程序等实质性测试还可用于控制测试。（　　）

5. 审计抽样是注册会计师在实施审计程序时，从总体中选取一定数量的样本进行测试，并对所选项目发表审计意见的方法。（　　）

6. 如果注册会计师对总体中的所有项目都实施100%的检查，那么审计风险为零。（　　）

四、简答题

1. 假定被审计单位的应收账款的编号为0001～3500，注册会计师拟选择其中的350份进行函证：

(1) 利用随机数表（下表为该表的开始部分），从第2行第1个数字起，自左向右，以后四位数为准，注册会计师选择的最初5个样本的号码分别是多少？

行＼列	1	2	3	4	5
1	04 734	39 426	91 035	54 936	76 873
2	10 417	19 688	83 404	42 038	48 226
3	07 514	48 374	35 658	38 971	53 779
4	52 305	86 925	16 223	25 946	90 222
5	96 357	11 486	30 102	82 679	57 983
6	92 870	05 921	65 698	27 993	86 406
7	00 500	75 924	38 803	05 286	10 072
8	34 826	93 784	52 709	15 370	96 727
9	25 809	21 860	36 790	76 883	20 435
10	77 487	38 419	20 631	48 694	12 638

(2) 如果采用系统抽样的方法选择样本，并确定随机起点0005，注册会计师选择的最初5个样本的号码分别是多少？

2. 假定被审计单位的发票的编号为1001～9000，注册会计师拟采用系统抽样法选择其中5%进行函证。

(1) 确定随机起点为1011号，注册会计师选取的前5张发票的编号分别是多少？

(2) 若随机起点为1018号，试写出所抽取的第194、226、387张发票的号码分别是多少？

3. 注册会计师X对制造公司的产成品成本进行审查时获得如下资料：全年共生产2 000批产品，入账成本为5 900 000元，审计人员抽取其中的200批产品作为样本，其账面总价值为600 000元，审查时发现200批产品中有52批产品成本不实，样本的审定价值为582 000元，试运用下列各种抽样审计方法，估计本年度产品的总成本。

(1) 均值估计抽样审计。(2) 比率估计抽样审计。(3) 差额估计抽样审计。

五、案例分析题

白云山公司审计案例

一、公司情况

白云山公司是一家大型企业，主要经营水利水电建设工程及航道、堤防、桥梁、机场、输电线路等其他建筑工程的勘察设计及施工安装，以及经营上述工程所需材料、设备的出口；向境外派遣本行业工程、生产的劳务人员，并在境外承接同类工程。

白云山公司母公司由公司本部、水泥厂等28个非独立核算单位（分公司或项目部）组成；纳入合并报表范围的子公司400家，每家子公司又下设若干个工程项目部单独建账进行会计核算。另外，该公司的工程项目分布在长江以南的各个省市以及津巴布韦、埃塞俄比亚等非洲国家。

白云山公司在财务报表附注中披露建造合同的相关会计政策为：在资产负债表日，建造合同的结果能够可靠估计的，根据完工百分比法确认合同收入和合同费用。建造合同的结果不能可靠估计的，分别下列情况处理：(1) 合同成本能够收回的，合同收入根据能够收回的实际合同成本予以确认，合同成本在其发生的当期确认为合同费用。(2) 合同成本不可能收回的，在发生时立即确认为合同费用，不确认合同收入。使建造合同的结果不能可靠估计的不确定因素不复存在的，按照完工百分比确认与建造合同有关的收入和费用。合同预计总成本超过合同总收入的，将预计损失确认为当期费用。

二、注册会计师实施的主要审计程序

白云山公司聘请的修水会计师事务所对其2007年度财务报表出具了标准无保留意见的审计报告。在审计中，注册会计师实施了以下审计程序：

1. 风险评估和总体审计策略的制定

注册会计师李某为白云山公司2007年度财务报表审计的项目负责人。他组建了五个项目小组，每组由一名负责人及两名助理人员构成，部分助理人员是大专院校寒假实习的学生。李某组织审计人员对该公司及其环境进行了了解，并在工作底稿中进行相应记录。在底稿中，审计人员王某的记录显示，“白云山公司2007年度新承接的工程比较多，工期紧，工程的分布比较广”；“2007年度公司加强了对下属子公司的业绩考核，将子公司及项目部负责人的奖金与完成的工程量以及营业利润直接挂钩”。

对整体层面和业务流程层面的内部控制的了解，基本上都是由审计助理人员完成的，采用的方式均为在统一印制好的问卷上打钩。由于问卷模板是针对工业企业设计的，所以在很多问卷上，审计人员均回答“不适用”。助理人员索取了“费用报销管理制度”和“工程物资管理制度”两份公司内部控制文件，除此未对白云山公司内部控制的了解形成其他的底稿记录。

项目负责人李某通过上述程序，编制了“识别的重大错报风险汇总表”，将“收入与成本确认”问题确认为重大错报风险，并“考虑到以前年度未见重大错报”，因此将风险评估为“一般”。李某未将该风险与可能发生错报的特定认定进一步加以联系。

在制定总体应对措施时，李某指出，“根据风险导向审计的精神，内部控制基本可以信赖，在控制测试的基础上，适当减少其他实质性程序的样本量”。

在制定“重要账户和列报”的总体应对措施时，李某指出，“重点关注营业收入和营业成本，适当增加应收账款和应付账款的函证样本抽查量”，“对于分公司、子公司采用抽样审计的方法”。

2. 进一步的审计程序

(1) 控制测试。在整个控制测试中，审计助理人员张某仅选取了白云山公司的一家下属公司仙鹤公司的一个项目部的一笔应收账款进行测试。在测试中，张某记录了该笔应收账款整个流程，得出了“相关的控制制度得到有效的执行”的结论。项目负责人李某根据控制测试的结论，“修订”了具体审计计划，提出“可以适当减少其他实质性程序”的结论。

(2) 实质性程序。在“销售和收款循环”、“生产与存货循环”实施的实质性程序中，不同的审计小组相关审计信息及过程如下：

A 小组

①A 小组审计的母公司本期营业收入发生额为 185 563 万元，营业成本发生额为 160 195 万元，期末应收工程款 230 175 万元，存货（未完工程）268 177 万元。

②A 小组成员编制了各个科目的明细表，对往来账实施了函证，索取了个别工程项目的“工程监理及付款进度报告”，复印了 2007 年 12 月份所有的确认营业收入和营业成本的会计凭证及其附件，抽盘了少部分结存在库的工程结存物资。

③应收工程款发函 10 份，发函金额占期末应收工程款金额的 31%，收到回函 7 份，确认的金额为 32 224 万元，占期末应收工程款的 14%；审计人员对未发函以及未回函的应收账款采用了替代程序，即检查应收工程款发生额的会计凭证。

④作为审计证据的“工程监理及付款进度报告”是由白云山公司所属的内部监理机构编制的，未见客户确认签章，且有项目监理报告的营业收入仅占本期营业收入发生额的 26%。

⑤审计人员在底稿中注明“由于审计时，南方普降大雪，无法达到工程现场，故未查看工程现场”。

⑥对于境外埃塞俄比亚的工程项目，以白云山公司开出的一张收费通知书作为收入确认的依据，本期确认营业收入为 33 098 万元，营业成本为 29 079 万元。

B 小组

①B 小组审计的子公司“第二工程公司”本期营业收入 170 228 万元，所属

59 个项目部。

②B 小组成员只对其中的两个项目部实施了部分审计程序。两个项目部营业收入合计金额 24 066.56 万元，占该子公司营业收入总额的 14%。审计人员在底稿中记录："根据风险评估以及控制测试的结果，内部控制较为完善，因此减少抽查的样本量，选择 2 个项目部进行检查已能满足获取审计证据的需要。"

C 小组

①C 小组审计的子公司"桩基工程公司"本期营业成本为 165 978 万元。

②C 小组成员实施了编制明细表、检查会计凭证的审计程序，在凭证检查表上"会计处理正确、授权合理、附件齐全、未跨期"的检查序号上打钩，但缺乏检查过程的记录。

③C 小组将子公司"桩基工程公司"当期所有的会计凭证附件予以复印作为工作底稿。

3. 审计完成阶段

项目负责人复核了工作底稿，对审计结果进行了评价，认为"计划执行的各项审计程序已经全部执行完毕，对于计划确定的重大错报风险，不需要追加审计程序"，并出具了标准无保留意见的审计报告。

[案例资料来源：中国注册会计师协会. 中国注册会计师继续教育审计案例（第二辑）. 中国财政经济出版社，2010 年。]

请根据以上资料回答：

1. 请评价修水会计师事务所注册会计师李某（项目负责人）实施的风险识别程序和制定的总体审计策略是否恰当。

2. 你认为审计人员在实施进一步的审计程序时存在哪些不足？应当如何改进？

CHAPTER

10 第十章 销售与收款循环审计

【学习目标】通过本章学习，了解销售与收款循环的主要业务活动、凭证与记录；理解销售与收款循环重要内部控制与控制测试的程序；掌握营业收入、应收账款的实质性程序等。

第一节 销售与收款循环的特性

销售与收款业务循环是指企业将商品销售或将劳务提供给购买者，并收回款项等一系列经营活动。它是企业日常发生的重要经济业务循环之一，是财务报表项目审计的重要内容。根据财务报表项目与业务循环的相关程度，销售与收款循环涉及的资产负债表项目主要包括应收票据、应收账款、长期应收款、预收款项、应交税费等；所涉及的利润表项目主要包括营业收入、营业税金及附加、销售费用等。

一、涉及的主要凭证和会计记录

在内部控制比较健全的企业，处理销售与收款业务通常需要使用很多凭证和会计记录。典型的销售与收款循环所涉及的主要凭证和会计记录有以下几种：

（一）客户订购单

客户订购单即客户提出的书面购货要求。企业可以通过销售人员或其他途径，如采用电话、信函和向现有的及潜在的客户发送订购单等方式接受订货，取得客户订购单。

（二）销售单

销售单是列示客户所订商品的名称、规格、数量以及其他客户订购单有关信息的凭证，是销售方内部处理客户订购单的凭证。

（三）发运凭证

发运凭证，即在发运货物时编制的，用以反映发出商品的规格、数量和其他有关内容的凭据。发运凭证的一联寄送给客户，其余联（一联或数联）由企业保留。这种凭证可作为向客户开具账单的依据。

（四）销售发票

销售发票是一种用来表明已销售商品的名称、规格、数量、价格、销售金额、运费和保险费、开票日期、付款条件等内容的凭证。销售发票的一联寄送给客户，其余联由企业保留。销售发票也是在会计账簿中登记销售交易的基本凭据。

（五）商品价目表

商品价目表是列示已经授权批准的、可供销售的各种商品的价格清单。

（六）贷项通知单

贷项通知单是一种用来表示由于销售退回或经批准的折让而引起的应收销货款减少的凭证。这种凭证的格式通常与销售发票的格式相同，只不过它不是用来证明应收账款的增加，而是用来证明应收账款的减少。

（七）应收账款账龄分析表

通常，应收账款账龄分析表按月编制，反映月末尚未收回的应收账款总额和账龄，并详细反映每个客户月末尚未偿还的应收账款数额和账龄。

（八）应收账款明细账

应收账款明细账是用来记录每个客户各项赊销、还款、销售退回及折让的明细账。各应收账款明细账的余额合计数应与应收账款总账的余额相等。

（九）主营业务收入明细账

主营业务收入明细账是一种用来记录销售交易的明细账。它通常记载和反映不同类别商品或服务的营业收入的明细发生情况和总额。

（十）折扣与折让明细账

折扣与折让明细账是一种用来核算企业销售商品时，按销售合同规定为了及早收回货款而给予客户的销售折扣和因商品品种、质量等原因而给予客户的销售折让情况的明细账。当然，企业也可以不设置折扣与折让明细账，而将该类业务直接记录于主营业务收入明细账。

（十一）汇款通知书

汇款通知书是一种与销售发票一起寄给客户，由客户在付款时再寄回销售单位的凭证。这种凭证注明了客户的姓名、销售发票号码、销售单位开户银行账号以及金额等内容。

（十二）库存现金日记账和银行存款日记账

库存现金日记账和银行存款日记账是用来记录应收账款的收回或现销收入以及其他各种现金、银行存款收入和支出的日记账。

（十三）坏账审批表

坏账审批表是一种用来批准将某些应收款项注销为坏账，仅在企业内部使用的凭证。

（十四）客户月末对账单

客户月末对账单是一种按月定期寄送给客户的用于购销双方定期核对账目的凭证。客户月末对账单上应注明应收账款的月初余额、本月各项销售交易的金额、本月已收到的货款、各贷项通知单的数额以及月末余额等内容。

（十五）转账凭证

转账凭证是指记录转账业务的记账凭证，它是根据有关转账业务（即不涉及现金、银行存款收付的各项业务）的原始凭证编制的。

（十六）收款凭证

收款凭证是指用来记录现金和银行存款收入业务的记账凭证。

二、涉及的主要业务活动

（一）接受客户订购单

客户提出订货要求是整个销售与收款循环的起点，是购买某种货物或接受某种劳务的一项申请。

客户的订购单只有在符合企业管理层的授权标准时才能被接受。例如，管理层一般有已批准销售的客户名单。销售单管理部门在决定是否同意接受某客户的订购单时，应追查该客户是否被列入这张名单。如果该客户未被列入，则通常需要由销售单管理部门的主管来决定是否同意销售。

很多企业在批准了客户订购单之后，下一步就应编制一式多联的销售单。销售单是证明管理层有关销售交易的“发生”认定的凭据之一，也是此笔销售的交易轨迹的起点之一。此外，由于客户订购单也是来自外部的引发销售交易的文件之一，有时也能为有关销售交易的“发生”认定提供凭据。

（二）批准赊销信用

对赊销业务的批准是由信用管理部门根据管理层的赊销政策在每个客户的已授权的信用额度内进行的。信用管理部门的职员在收到销售单管理部门的销售单后，应将销售单与该客户已被授权的赊销信用额度以及至今尚欠的账款余额加以比较。执行人工赊销信用检查时，还应合理划分工作职责，以避免销售人员为扩大销售而使企业承受不适当的信用风险。

企业的信用管理部门通常应对每个新客户进行信用调查，包括获取信用评审机构对客户信用等级的评定报告。无论是否批准赊销，都要求被授权的信用管理部门人员在销售单上签署意见，然后再将已签署意见的销售单送回销售单管理部门。

设计信用批准控制的目的是降低坏账风险，因此，这些控制与应收账款账面余额的“计价和分摊”认定有关。

（三）按销售单供货

企业管理层通常要求商品仓库只有在收到经过批准的销售单时才能供货。设立这项控制程序是为了防止仓库在未经授权的情况下擅自发货。因此，已批准销售单的一联通常应送达仓库，作为仓库按销售单供货和发货给装运部门的授权依据。

（四）按销售单装运货物

将按经批准的销售单供货与按销售单装运货物职责相分离，有助于避免负责装运货物的职员在未经授权的情况下装运产品。此外，装运部门职员在装运之前，还必须进行独立验证，以确定从仓库提取的商品都附有经批准的销售单，并且，所提取商品的内容与销售单一致。

（五）向客户开具账单

开具账单是指开具并向客户寄送事先连续编号的销售发票。这项功能所针对的主要问题是：（1）是否对所有装运的货物都开具了账单（即“完整性”认定问题）；（2）是否只对实际装运的货物才开具账单，有无重复开具账单或虚构交易（即“发生”认定问题）；（3）是否按已授权批准的商品价目表所列价格计价开具账单（即“准确性”认定问题）。

为了降低开具账单过程中出现遗漏、重复、错误计价或其他差错的风险，应设立以下控制程序：

（1）开具账单部门职员在开具每张销售发票之前，独立检查是否存在装运凭证和相应的经批准的销售单；

（2）依据已授权批准的商品价目表开具销售发票；

（3）独立检查销售发票计价和计算的正确性；

（4）将装运凭证上的商品总数与相对应的销售发票上的商品总数进行比较。

上述控制程序有助于确保用于记录销售交易的销售发票的正确性。因此，这些控制与销售交易的“发生”、“完整性”以及“准确性”认定有关。销售发票副联通常由开具账单部门保管。

（六）记录销售

在手工会计系统中，记录销售的过程包括区分赊销、现销，按销售发票编制转账凭证或现金、银行存款收款凭证，再据以登记销售明细账和应收账款明细账或库存现金、银行存款日记账。

记录销售的控制程序包括以下内容：

（1）只依据附有有效装运凭证和销售单的销售发票记录销售。这些装运凭证和销售单应能证明销售交易的发生及其发生的日期。

（2）控制所有事先连续编号的销售发票。

（3）独立检查已处理销售发票上的销售金额与会计记录金额的一致性。

（4）记录销售的职责应与处理销售交易的其他功能相分离。

（5）对记录过程中所涉及的有关记录的接触予以限制，以减少未经授权批准的记录发生。

（6）定期独立检查应收账款的明细账与总账的一致性。

（7）定期向客户寄送对账单，并要求客户将任何例外情况直接向指定的未执行或记录销售交易的会计主管报告。

以上这些控制与“发生”、“完整性”、“准确性”以及“计价和分摊”认定有关。

对这项职能，注册会计师主要关心的问题是销售发票是否记录正确，并归属适当的会计期间。

（七）办理和记录现金、银行存款收入

这项业务涉及的是有关货款收回，现金、银行存款增加以及应收账款减少的活动。在办理和记录现金、银行存款收入时，最应关心的是货币资金失窃的可能性。货币资金失窃可能发生在货币资金收入登记入账之前或登记入账之后。处理货币资金收入时，最重要的是要保证全部货币资金都如数、及时地记入库存现金、银行存款日记账或应收账款明细账，并如数、及时地将现金存入银行。在这方面，汇款通知单起着很重要的作用。

（八）办理和记录销售退回、销售折扣与折让

客户如果对商品不满意，销售企业一般都会同意接受退货，或给予一定的销售折让；客户如果提前支付货款，销售企业则可能会给予一定的销售折扣。发生此类事项时，必须经授权批准，并应确保与办理此事有关的部门和职员各司其职，分别控制实物流和会计处理。在这方面，严格使用贷项通知单无疑会起到关键的作用。

（九）注销坏账

不管赊销部门的工作如何主动，客户因经营不善、宣告破产、死亡等原因而不支付货款的事仍可能发生。销售企业若认为某项货款再也无法收回，就必须注销这笔货款。对这些坏账，正确的处理方法应该是获取货款无法收回的确凿证据，经适当审批后及时作会计调整。

（十）提取坏账准备

坏账准备提取的数额必须能够抵补企业以后无法收回的销货款。

第二节　销售与收款循环的内部控制与控制测试

一、销售与收款循环的内部控制

（一）销售交易的内部控制

1. 适当的职责分离

适当的职责分离有助于防止各种有意或无意的错误。例如，主营业务收入账

如果系由记录应收账款账之外的职员独立登记，并由另一位不负责账簿记录的职员定期调节总账和明细账，就构成了一项自动交互牵制；规定负责主营业务收入和应收账款记账的职员不得经手货币资金，也是防止舞弊的一项重要控制。另外，销售人员通常有一种乐观地对待销售数量的自然倾向，而不问它是否将以巨额坏账损失为代价，赊销的审批则在一定程度上可以抑制这种倾向。因此，赊销批准职能与销售职能的分离，也是一种理想的控制。

一个企业销售与收款业务相关职责适当分离的基本要求通常包括：单位应当将办理销售、发货、收款三项业务的部门（或岗位）分别设立；单位在销售合同订立前，应当指定专门人员就销售价格、信用政策、发货及收款方式等具体事项与客户进行谈判，谈判人员至少应有两人以上，并与订立合同的人员相分离；编制销售发票通知单的人员与开具销售发票的人员应相互分离；销售人员应当避免接触销货现款；单位应收票据的取得和贴现必须经保管票据以外的主管人员的书面批准。

2. 正确的授权审批

对于授权审批问题，注册会计师应当关注以下四个关键点上的审批程序：其一，在销售发生之前，赊销已经正确审批；其二，非经正当审批，不得发出货物；其三，销售价格、销售条件、运费、折扣等必须经过审批；其四，审批人应当根据销售与收款授权批准制度的规定，在授权范围内进行审批，不得超越审批权限。对于超过单位既定销售政策和信用政策规定范围的特殊销售交易，单位应当进行集体决策。前两项控制的目的在于防止企业因向虚构的或者无力支付货款的顾客发货而蒙受损失；价格审批控制的目的在于保证销售交易按照企业定价政策规定的价格开票收款；对授权审批范围设定权限的目的则在于防止因审批人决策失误而造成严重损失。

3. 充分的凭证和记录

每个企业交易的产生、处理和记录等制度都有其特点，因此，很难评价其各项控制是否足以发挥最大的作用。然而，只有具备充分的记录手续，才有可能实现其他各项控制目标。例如，有的企业在收到顾客订货单后，就立即编制一份预先编号的一式多联的销售单，分别用于批准赊销、审批发货、记录发货数量以及向顾客开具账单等。在这种制度下，只要定期清点销售发票，漏开账单的情形就不太会发生。相反的情况是，有的企业只在发货以后才开具账单，如果没有其他控制措施，这种制度下漏开账单的情况就很可能会发生。

4. 凭证的预先编号

对凭证预先进行编号，旨在防止销售以后忘记向顾客开具账单或登记入账，也可防止重复开具账单或重复记账。当然，如果对凭证的编号不作清点，预先编号就会失去其控制意义。由收款员对每笔销售开具账单后，将发运凭证按顺序归档，而由另一位职员定期检查全部凭证的编号，并调查凭证缺号的原因，就是实施这项控制的一种方法。

5. 按月寄出对账单

由不负责现金出纳和销售及应收账款记账的人员按月向顾客寄发对账单，能促使顾客在发现应付账款余额不正确后及时反馈有关信息，因而这是一项有用的控制。为了使这项控制更加有效，最好将账户余额中出现的所有核对不符的账项，指定一位不掌管货币资金也不记载主营业务收入和应收账款账目的主管人员处理，然后由独立人员按月编制对账情况汇总报告并交管理层审阅。

6. 内部核查程序

由内部审计人员或其他独立人员核查销售交易的处理和记录，是实现内部控制目标所不可缺少的一项控制措施。表 10-1 所列程序是针对相应控制目标的典型的内部核查程序。

表 10-1　　内部核查程序

内部控制目标	内部核查程序举例
登记入账的销售交易是真实的	检查销售发票的连续性并检查所附的佐证凭证
销售交易均经适当审批	了解顾客的信用情况，确定是否符合企业的赊销政策
所有销售交易均已登记入账	检查发运凭证的连续性并将其与主营业务收入明细账核对
登记入账的销售交易均经正确估价	将销售发票上的数量与发运凭证上的记录进行比较核对
登记入账的销售交易分类恰当	将登记入账的销售交易的原始凭证与会计科目表比较核对
销售交易的记录及时	检查开票员所保管的未开票发运凭证，确定是否包括所有应开票的发运凭证在内

（二）收款业务的内部控制

尽管由于每个企业的性质、所处行业、规模以及内部控制健全程度等不同，而使得其与收款交易相关的内部控制内容有所不同，但以下与收款交易相关的内部控制内容是应当共同遵循的：

（1）企业应当按照《现金管理暂行条例》、《支付结算办法》等规定，及时办理销售收款业务。

（2）企业应将销售收入及时入账，不得账外设账，不得擅自坐支现金。销售人员应当避免接触销售现款。

（3）企业应当建立应收账款账龄分析制度和逾期应收账款催收制度。销售部门应当负责应收账款的催收，财会部门应当督促销售部门加紧催收。对催收无效的逾期应收账款可通过法律程序予以解决。

（4）企业应当按客户设置应收账款台账，及时登记每一客户应收账款余额增减变动情况和信用额度使用情况。对长期往来客户应当建立完善的客户资料，并对客户资料实行动态管理，及时更新。

（5）企业对于可能成为坏账的应收账款应当报告有关决策机构，由其进行审查，确定是否确认为坏账。单位发生的各项坏账，应查明原因，明确责任，并在履行规定的审批程序后做出会计处理。

（6）企业注销的坏账应当进行备查登记，做到账销案存。已注销的坏账又收回时应当及时入账，防止形成账外款。

（7）企业应收票据的取得和贴现必须经保管票据以外的主管人员的书面批准。应有专人保管应收票据，对于即将到期的应收票据，应及时向付款人提示付款；已贴现票据应在备查簿中登记，以便日后追踪管理；制定逾期票据的冲销管理程序和逾期票据追踪监控制度。

（8）企业应当定期与往来客户通过函证等方式核对应收账款、应收票据、预收款项等往来款项。如有不符，应查明原因，及时处理。

（三）销售与收款循环内部控制工作底稿示例

注册会计师可以通过检查（主要是查阅内部控制生成文件）、询问和观察等方法，对被审计单位的相关内部控制进行调查和了解，将了解结果采用填写调查表（问卷）、系统流程图、文字说明等方式进行描述和记录。表10-2列示了销售与收款循环内部控制穿行测试工作底稿。

表10-2　　销售与收款循环内部控制穿行测试

单位名称：________ 编制人：________ 日期：________ 索引号：________
会计期间：________ 复核人：________ 日期：________ 页　次：________
审计目标：通过穿行测试，了解和评价销售与收款循环控制设计是否合理并得到执行，评估与财务报表相关的重大错报风险。
审计过程：（如何选样，具体测试等记录在下表中）

样本序号	业务内容	发票内容	销货金额	销货数量	主要控制点执行情况的检查										
					1	2	3	4	5	6	7	8	9	10	11

续表

标识 1：不相容职务已分开设置并得到执行； 标识 2：有销售订货单及销售合同； 标识 3：赊销业务有信用管理部门对客户信用状况的审核手续； 标识 4：有已审批的销货审批单和销售通知单且与客户订单内容一致； 标识 5：有仓储部门连续编号的货物出库单且与仓储保管账核对一致； 标识 6：已开具的发票和客户订货单、销售通知单所记录内容核对一致； 标识 7：有连续编号的运输部门的装运单与发票及销售通知单所记录内容核对一致； 标识 8：销售收入已及时正确入账； 标识 9：对客户应收账款已建立催收和定期分析； 标识 10：款项已收回与销货金额核对一致； 标识 11：总账和销售明细账的记录核对一致；
穿行测试说明：（针对上述测试中存在的问题进行记录）
审计结论： 1. 经抽查××笔业务，发现××控制设计或执行存在××问题，财务报表××认定可能存在重大错报风险。 2. 对××控制高度依赖（中度/不依赖），拟对××控制执行控制测试。

二、销售与收款循环内部控制的测试

如果在评估认定层次重大错报风险时预期控制的运行是有效的，注册会计师应当实施控制测试，就控制在相关期间或时点的运行有效性获取充分、适当的审计证据。注册会计师无须测试针对销售与收款交易的所有控制活动。只有认为控制设计合理、能够防止或发现并纠正认定层次的重大错报，注册会计师才有必要对控制运行的有效性实施测试。在审计实务中，注册会计师既可以考虑以被审计单位的内部控制目标为起点实施控制测试，也可以考虑以识别的重大错报风险为起点实施控制测试。本节择要介绍以内部控制目标为起点的控制测试。

（1）对于职责分离，注册会计师通常通过观察被审计单位有关人员的活动，以及与这些人员进行讨论，来实施职责分离的控制测试。

（2）对于授权审批，注册会计师主要通过检查凭证在四个关键点上是否经过审批，可以很容易地测试出授权审批方面的内部控制效果。

（3）对于充分的凭证和记录以及凭证预先编号这两项控制，常用的控制测试程序是清点各种凭证。

（4）寄出对账单这项控制，观察指定人员寄送对账单并检查客户复函档案，是注册会计师十分有效的一项控制测试。

（5）对于内部核查程序，注册会计师可以通过检查内部审计人员的报告，或检查其他独立人员在他们核查的凭证上的签字等方法实施控制测试。

第三节 销售与收款循环的实质性程序

一、销售与收款交易的实质性程序

（一）销售与收款交易的实质性分析程序

1. 识别需要运用实质性分析程序的账户余额或交易

就销售与收款交易和相关余额而言，通常需要运用实质性分析程序的是销售交易、收款交易、营业收入项目和应收账款项目。

2. 确定期望值

基于注册会计师对被审计单位的相关预算情况、行业发展状况、市场份额、可比的行业信息、经济形势和发展历程的了解，与营业额、毛利率和应收账款等的预期相关。

3. 确定可接受的差异额

在确定可接受的差异额时，注册会计师首先应关注所涉及的重要性和计划的保证水平的影响。此外，根据拟进行实质性分析的具体指标的不同，可接受的差异额的确定有时与管理层使用的关键业绩指标相关，并需考虑这些指标的适当性和监督过程。

4. 识别需要进一步调查的差异并调查异常数据关系

注册会计师应当计算实际和期望值之间的差异，这涉及一些比率和比较，包括：

（1）观察月度（或每周）的销售记录趋势，与往年或预算或者同行业公司的销售情况相比较。任何异常波动都必须与管理层讨论，如果有必要的话还应作进一步的调查。

（2）将销售毛利率与以前年度和预算或者同行业公司的销售毛利率相比较。如果被审计单位各种产品的销售价格是不同的，那么就应当对每个产品或者相近毛利率的产品组进行分类比较。任何重大的差异都需要与管理层沟通。

（3）计算应收账款周转率和存货周转率，并与以前年度或者预算或者同行业公司的相关指标相比较。未预期的差异可能由很多因素引起，包括未记录销售、虚构销售记录或截止问题。

（4）检查异常项目的销售，例如对大额销售以及未从销售记录过入销售总账的销售应予以调查。对临近年末的异常销售记录更应加以特别关注。

5. 调查重大差异并作出判断

注册会计师在分析上述与预期相联系的指标后，如果认为存在未预期的重大差异，就可能需要对营业收入发生额和应收账款余额实施更加详细的细节测试。

6. 评价分析程序的结果

注册会计师应当就收集的审计证据是否能支持其试图证实的审计目标和认定形成结论。

（二）销售交易的细节测试

1. 登记入账的销售交易是真实的

对这一目标，注册会计师一般关心三类错误的可能性：一是未曾发货却已将销售交易登记入账；二是销售交易的重复入账；三是向虚构的客户发货，并作为销售交易登记入账。前两类错误可能是有意的，也可能是无意的，而第三类错误肯定是有意的。不难想象，将不真实的销售登记入账的情况虽然极少，但其后果却很严重，这会导致高估资产和收入。

鉴别高估销售究竟是有意还是无意的，这一点非常关键。尽管无意的高估也会导致应收账款的明显增多，但注册会计师通常可以通过函证发现。对于有意的高估就不同了，由于作假者试图加以隐瞒，使得注册会计师较难发现。在这种情况下，注册会计师就有必要制定并实施适当的细节测试以发现这种有意的高估。

如何以适当的细节测试来发现不真实的销售，取决于注册会计师认为可能在何处发生错误。对“发生”这一目标而言，注册会计师通常只在认为内部控制存在薄弱环节时，才实施细节测试。因此，测试的性质取决于潜在的控制弱点的性质：

（1）针对未曾发货却已将销售交易登记入账这类错误的可能性，注册会计师可以从主营业务收入明细账中抽取若干笔分录，追查有无发运凭证及其他佐证，借以查明有无事实上没有发货却已登记入账的销售交易。如果注册会计师对发运凭证等的真实性也有怀疑，就可能有必要再进一步追查存货的永续盘存记录，测试存货余额有无减少，以及考虑是否检查更多涉及外部单位的单据，例如外部运输单位出具的运输单据、客户签发的订货单据和到货签收记录等。

（2）针对销售交易重复入账这类错误的可能性，注册会计师可以通过检查企业的销售交易记录清单，以确定是否存在重号、缺号。

（3）针对向虚构的客户发货并作为销售交易登记入账这类错误发生的可能性，注册会计师应当检查主营业务收入明细账中与销售分录相应的销货单，以确定销售是否履行赊销审批手续和发货审批手续。如果注册会计师认为被审计单位虚构客户和销售交易的风险较大，需要考虑是否对相关重要交易和客户的情况（例如相关客户的经营场所、财务状况和股东情况等）专门展开进一步的独立调查。

检查上述三类高估销售错误的可能性的另一有效的办法是追查应收账款明细账中贷方发生额的记录。如果应收账款最终得以收回货款或者由于合理的原因收到退货，则记录入账的销售交易一开始通常是真实的；如果贷方发生额是注销坏账，或者直到审计时所欠货款仍未收回而又没有合理的原因，就需要考虑详细追查相应的发运凭证和客户订购单等，因为这些迹象都说明可能存在虚构的销售交易。

当然，通常只有在注册会计师认为由于缺乏足够的内部控制而可能出现舞弊时，才有必要实施上述细节测试。

2. 已发生的销售交易均已登记入账

销售交易的审计一般更侧重于检查高估资产与收入的问题。但是，如果内部控制不健全，比如被审计单位没有由发运凭证追查至主营业务收入明细账这一独立内部核查程序，就有必要对完整性目标实施交易的细节测试。

从发货部门的档案中选取部分发运凭证，并追查至有关的销售发票副本和主营业务收入明细账，是测试未入账的发货的一种有效程序。为使这一程序成为一项有意义的测试，注册会计师必须能够确信全部发运凭证均已归档，这一点一般可以通过检查发运凭证的顺序编号来查明。

由原始凭证追查至明细账与从明细账追查至原始凭证是有区别的：前者用来测试遗漏的交易（“完整性”目标），后者用来测试不真实的交易（“发生”目标）。

测试发生目标时，起点是明细账，即从主营业务收入明细账中抽取一个销售交易明细记录，追查至销售发票存根、发运凭证以及客户订购单；测试完整性目标时，起点应是发运凭证，即从发运凭证中选取样本，追查至销售发票存根和主营业务收入明细账，以确定是否存在遗漏事项。

3. 登记入账的销售交易均经正确计价

销售交易计价的准确性包括：按订货数量发货，按发货数量准确地开具账单，以及将账单上的数额准确地记入会计账簿。对这三个方面，每次审计时一般都要实施细节测试，以确保其准确无误。

典型的细节测试程序包括复算会计记录中的数据。通常的做法是，以主营业务收入明细账中的会计分录为起点，将所选择的交易业务的合计数与应收账款明细账和销售发票存根进行比较核对。销售发票存根上所列的单价，通常还要与经过批准的商品价目表进行比较核对，对其金额小计和合计数也要进行复算。发票中列出的商品的规格、数量和客户代码等，则应与发运凭证进行比较核对。另外，往往还要审核客户订购单和销售单中的同类数据。

4. 登记入账的销售交易分类恰当

如果销售分为现销和赊销两种，应注意不要在现销时借记应收账款，也不要在收回应收账款时贷记主营业务收入，同样不要将营业资产的转让（例如固定资产转让）混作正常销售。对那些采用不止一种销售分类的企业，例如需要编制分部报表的企业来说，正确的分类是极为重要的。

销售分类恰当的测试一般可与计价准确性测试一并进行。注册会计师可以通过审核原始凭证确定具体交易业务的类别是否恰当，并以此与账簿的实际记录作比较。

5. 销售交易的记录及时

发货后应尽快开具账单并登记入账，以防止无意中漏记销售交易，确保它们记入正确的会计期间。在实施计价准确性细节测试的同时，一般要将所选取的提货单或其他发运凭证的日期与相应的销售发票存根、主营业务收入明细账和应收账款明细账上的日期作比较。如有重大差异，被审计单位就可能存在销售截止期限上的错误。

6. 销售交易已正确地记入明细账并正确地汇总

应收账款明细账的记录若不正确，将影响被审计单位收回应收账款，因此，将全部赊销业务正确地记入应收账款明细账极为重要。同理，为保证财务报表准确，主营业务收入明细账必须正确地加总并过入总账。在多数审计中，通常都要加总主营业务收入明细账，并将加总数和一些具体内容分别追查至主营业务收入总账和应收账款明细账或库存现金、银行存款日记账，以检查在销售过程中是否存在有意或无意的错报问题。不过这一测试的样本量会受内部控制的影响。从主营业务收入明细账追查至应收账款明细账，一般与为实现其他审计目标所实施的测试一并进行；而将主营业务收入明细账加总，并追查、核对加总数至其总账，则应作为一项单独的测试程序来执行。

（三）收款交易的细节测试

由于销售与收款交易同属一个循环，在经济活动中密切相连，因此，收款交易的一部分测试可与销售交易的测试一并执行，但收款交易的特殊性又决定了其另一部分测试仍需单独实施。

二、营业收入的实质性程序

（一）营业收入的审计目标

营业收入项目核算企业在销售商品、提供劳务等主营业务活动中所产生的收入，以及企业确认的除主营业务活动以外的其他经营活动实现的收入，包括出租固定资产、出租无形资产、出租包装物和商品、销售材料、用材料进行非货币性交换（非货币性资产交换具有商业实质且公允价值能够可靠计量）或债务重组等实现的收入。其审计目标一般包括：确定利润表中记录的营业收入是否已发生，且与被审计单位有关；确定所有应当记录的营业收入是否均已记录；确定与营业收入有关的金额及其他数据是否已恰当记录，包括对销售退回、销售折扣与折让的处理是否适当；确定营业收入是否已记录于正确的会计期间；确定营业收入是否已按照企业会计准则的规定在财务报表中作出恰当的列报。

（二）主营业务收入的实质性程序

1. 取得或编制主营业务收入明细表，复核加计正确，并与总账和明细账合计数核对相符；同时，结合其他业务收入科目数额，与报表数核对相符。

2. 查明主营业务收入的确认条件、方法是否符合企业会计准则，前后期是否一致；特别关注周期性、偶然性的收入是否符合既定的收入确认原则和方法。具体来说，被审计单位采取的销售方式不同，确认销售的时点也是不同的：

（1）采用交款提货销售方式，应于货款已收到或取得收取货款的权利，同时已将发票账单和提货单交给购货单位时确认收入的实现。对此，注册会计师应重点检查被审计单位是否收到货款，或取得收取货款的权利，发票账单和提货单是否交（付）给购货单位。应注意有无扣压结算凭证，将当期收入转入下期入账，或者虚记收入、开假发票、虚列购货单位，将当期未实现的收入虚转为收入记账，在下期予以冲销的现象。

（2）采用预收账款销售方式，应于商品已经发出时，确认收入的实现。对此，注册会计师应重点检查被审计单位是否收到了货款，商品是否已经发出。应注意是否存在对已收货款并已将商品发出的交易不入账、转为下期收入，或开具虚假出库凭证、虚增收入等现象。

（3）采用托收承付结算方式，应于商品已经发出，劳务已经提供，并已将发票账单提交银行、办妥收款手续时确认收入的实现。对此，注册会计师应重点检查被审计单位是否发货，托收手续是否办妥，货物发运凭证是否真实，托收承付结算回单是否正确。

（4）委托其他单位代销商品的，如果代销单位采用视同买断方式，应于代销商品已经销售并收到代销单位代销清单时，按企业与代销单位确定的协议价确认收入的实现。对此，应注意查明有无商品未销售、编制虚假代销清单、虚增本期收入的现象；如果代销单位采用收取手续费方式，应在代销单位将商品销售、企业已收到代销单位代销清单时确认收入的实现。

（5）销售合同或协议明确销售价款的收取采用递延方式，实质上具有融资性质的，应当按照应收的合同或协议价款的公允价值确定销售商品收入金额。应收的合同或协议价款与其公允价值之间的差额，应当在合同或协议期间内采用实际利率法进行摊销，计入当期损益。

（6）长期工程合同收入，如果合同的结果能够可靠估计，应当根据完工百分比法确认合同收入。注册会计师应重点检查收入的计算、确认方法是否合乎规定，并核对应计收入与实际收入是否一致，注意查明有无随意确认收入、虚增或虚减本期收入的情况。

3. 必要时，实施以下实质性分析程序：

（1）针对已识别需要运用分析程序的有关项目，并基于对被审计单位及其环境的了解，通过进行以下比较，同时考虑有关数据间关系的影响，以建立有关数据的期望值：①将本期的主营业务收入与上期的主营业务收入、销售预算或预测数等进行比较，分析主营业务收入及其构成的变动是否异常，并分析异常变动的原因；②计算本期重要产品的毛利率，与上期或预算或预测数据比较，检查是否存在异常，各期之间是否存在重大波动，查明原因；③比较本期各月各类主营业务收入的波动情况，分析其变动趋势是否正常，是否符合被审计单位季节性、周期性的经营规律，查明异常现象和重大波动的原因；④将本期重要产品的毛利率与同行业企业进行对比分析，检查是否存在异常；⑤根据增值税发票中报表或普通发票，估算全年收入，与实际收入金额比较。

（2）确定可接受的差异额。

（3）将实际的情况与期望值相比较，识别需要进一步调查的差异。

（4）如果其差额超过可接受的差异额，调查并获取充分的解释和恰当的、佐证性质的审计证据（如通过检查相关的凭证等）。

（5）评估分析程序的测试结果。

4. 获取产品价格目录，抽查售价是否符合价格政策，并注意销售给关联方或关系密切的重要客户的产品价格是否合理，有无以低价或高价结算的方法相互之间转移利润的现象。

5. 抽取本期一定数量的发运凭证，审查存货出库日期、品名、数量等是否与销售发票、销售合同、记账凭证等一致。

6. 抽取本期一定数量的记账凭证，审查入账日期、品名、数量、单价、金额等是否与销售发票、发运凭证、销售合同等一致。

7. 结合对应收账款实施的函证程序，选择主要客户函证本期销售额。

8. 对于出口销售，应当将销售记录与出口报关单、货运提单、销售发票等出口销售单据进行核对，必要时向海关函证。

9. 实施销售的截止测试。

（1）选取资产负债表日前后若干天一定金额以上的发运凭证，与应收账款和收入明细账进行核对；同时，从应收账款和收入明细账选取在资产负债表日前后若干天一定金额以上的凭证，与发运凭证核对，以确定销售是否存在跨期现象。

（2）复核资产负债表日前后销售和发货水平，确定业务活动水平是否异常，并考虑是否有必要追加实施截止测试程序。

（3）取得资产负债表日后所有的销售退回记录，检查是否存在提前确认收入的情况。

（4）结合对资产负债表日应收账款的函证程序，检查有无未取得对方认可的大额销售。

（5）调整重大跨期销售。

对销售实施截止测试，其目的主要在于确定被审计单位主营业务收入的会计记录归属期是否正确：应记入本期或下期的主营业务收入是否被推延至下期或提前至本期。注册会计师在审计中应该注意把握三个与主营业务收入确认有着密切关系的日期：一是发票开具日期；二是记账日期；三是发货日期（服务业则是提供劳务的日期）。这里的发票开具日期是指开具增值税专用发票或普通发票的日期；记账日期是指被审计单位确认主营业务收入实现并将该笔经济业务记入主营业务收入账户的日期；发货日期是指仓库开具出库单并发出库存商品的日期。检查三者是否归属于同一适当会计期间常常是主营业务收入截止测试的关键所在。

围绕上述三个重要日期，在审计实务中，注册会计师可以考虑选择三条审计路径实施主营业务收入的截止测试。

一是以账簿记录为起点。从资产负债表日前后若干天的账簿记录查至记账凭证，检查发票存根与发运凭证，目的是证实已入账收入是否在同一期间已开具发票并发货，有无多记收入。这种方法的优点是比较直观，容易追查至相关凭证记录，以确定其是否应在本期确认收入，特别是在连续审计两个以上会计期间时，检查跨期收入十分便捷，可以提高审计效率。缺点是缺乏全面性和连贯性，只能查多记，无法查漏记，尤其是当本期漏记收入延至下期而审计时被审计单位尚未及时登账时，不易发现应记入而未记入报告期收入的情况。因此，使用这种方法主要是为了防止多计收入。

二是以销售发票为起点。从资产负债表日前后若干天的发票存根查至发运凭证与账簿记录，确定已开具发票的货物是否已发货并于同一会计期间确认收入。具体做法是，抽取若干张在资产负债表日前后开具的销售发票的存根，追查至发运凭证和账簿记录，查明有无漏记收入现象。这种方法也有其优缺点，优点是较全面、连贯，容易发现漏记的收入；缺点是较费时费力，有时难以查找相应的发货及账簿记录，而且不易发现多记的收入。使用该方法时应注意两点：①相应的发运凭证是否齐全，特别应注意有无报告期内已作收入而下期初用红字冲回，并且无发货、收货记录，以此来调节前后期利润的情况；②被审计单位的发票存根是否已全部提供，有无隐瞒。为此，应查看被审计单位的销售发票存根的连续编号是否完整，并考虑查看发票领购簿，尤其应关注普通发票的领购和使用情况。因此，使用这种方法主要是为了防止少计收入。

三是以发运凭证为起点。从资产负债表日前后若干天的发运凭证查至发票开具情况与账簿记录，确定主营业务收入是否已记入恰当的会计期间。该方法的优缺点与方法二类似，使用这种方法主要也是为了防止少计收入。

上述三条审计路径在实务中均被广泛采用，它们并不是孤立的，注册会计师可以考虑在同一被审计单位财务报表审计中并用这三条路径，甚至可以在同一主营业务收入科目审计中并用。实际上，由于被审计单位的具体情况各异，管理层意图各不相同，有的为了完成利润目标、承包指标，更多地享受税收等优惠政策，便于筹资等目的，可能会多计收入；有的则为了以丰补歉、留有余地、推迟缴税时间等目的而少计收入。因此，为提高审计效率，注册会计师应当凭借专业经验和所掌握的信息、资料做出正确判断，选择其中的一条或两条审计路径实施更有效的收入截止测试。

10. 存在销货退回的，检查相关手续是否符合规定，结合原始销售凭证检查其会计处理是否正确，结合存货项目审计关注其真实性。

11. 检查销售折扣与折让。企业在销售交易中，往往会因产品品种不符、质量不符合要求以及结算方面的原因发生销售折扣与折让。尽管引起销售折扣与折让的原因不尽相同，其表现形式也不尽一致，但都是对收入的抵减，直接影响收入的确认和计量。因此，注册会计师应重视折扣与折让的审计。销售折扣与折让的实质性程序主要包括：

(1) 获取或编制折扣与折让明细表，复核加计正确，并与明细账合计数核对相符；

(2) 取得被审计单位有关折扣与折让的具体规定和其他文件资料，并抽查较大的折扣与折让发生额的授权批准情况，与实际执行情况进行核对，检查其是否经授权批准，是否合法、真实；

(3) 销售折扣与折让是否及时足额提交对方，有无虚设中介、转移收入、私设账外"小金库"等情况；

(4) 检查折扣与折让的会计处理是否正确。

12. 检查有无特殊的销售行为，如附有销售退回条件的商品销售、委托代销、售后回购、以旧换新、商品需要安装和检验的销售、分期收款销售、出口销售、售后租回等，选择恰当的审计程序进行审核：

(1) 附有销售退回条件的商品销售，如果对退货部分能作合理估计的，确定其是否按估计不会退货部分确认收入；如果对退货部分不能作合理估计的，确定其是否在退货期满时确认收入。

（2）售后回购，分析特定销售回购的实质，判断其是属于真正的销售交易，还是属于融资行为。

（3）以旧换新销售，确定销售的商品是否按照商品销售的方法确认收入，回收的商品是否作为购进商品处理。

（4）出口销售，确定其是否按离岸价格、到岸价格或成本加运费价格等不同的成交方式，确认收入的时点和金额。

13. 调查向关联方销售的情况，记录其交易品种、价格、数量、金额以及占主营业务收入总额的比例。对于合并范围内的销售活动，记录应予合并抵销的金额。

14. 调查集团内部销售的情况，记录其交易价格、数量和金额，并追查在编制合并财务报表时是否已予以抵销。

15. 确定主营业务收入的列报是否恰当。

（三）其他业务收入的实质性程序

（1）获取或编制其他业务收入明细表，复核加计是否正确，并与总账数和明细账合计数核对是否相符，结合主营业务收入科目与营业收入报表数核对是否相符。

（2）计算本期其他业务收入与其他业务成本的比率，并与上期该比率比较，检查是否有重大波动，如有，应查明原因。

（3）检查其他业务收入内容是否真实、合法，收入确认原则及会计处理是否符合规定，择要抽查原始凭证予以核实。

（4）对异常项目，应追查入账依据及有关法律文件是否充分。

（5）抽查资产负债表日前后一定数量的记账凭证，实施截止测试，追踪到销售发票、收据等，确定入账时间是否正确，对于重大跨期事项作必要的调整建议。

（6）确定其他业务收入在财务报表中的列报是否恰当。

三、应收账款的实质性程序

应收账款余额一般包括应收账款账面余额和相应的坏账准备两部分。企业的应收账款是在销售交易或提供劳务过程中产生的。因此，应收账款的审计应结合销售交易来进行。坏账是指企业无法收回或收回可能性极小的应收款项（包括应收票据、应收账款、预付款项、其他应收款和长期应收款等）。由于发生坏账而产生的损失称为坏账损失。企业通常应采用备抵法按期估计坏账损失。企业应当定期或者至少于每年年度终了，对应收款项进行全面检查，预计各项应收款项可能发生的坏账，相应计提坏账准备。坏账准备通常是审计的重点领域，并且，由于坏账准备与应收账款的联系非常紧密，我们把对坏账准备的审计与对应收账款的审计合在一起予以阐述。

（一）应收账款的审计目标

应收账款的审计目标一般包括：确定资产负债表中记录的应收账款是否存在；确定所有应当记录的应收账款是否均已记录；确定记录的应收账款是否由被审计单位拥有或控制；确定应收账款是否可收回，坏账准备的计提方法和比例是否恰当，计提是否充分；确定应收账款及其坏账准备期末余额是否正确；确定应收账款及其坏账准备是否已按照企业会计准则的规定在财务报表中做出恰当列报。

（二）应收账款的实质性程序

1. 取得或编制应收账款明细表

(1) 复核加计正确，并与总账数和明细账合计数核对是否相符；结合坏账准备科目与报表数核对是否相符。应当注意，应收账款报表数反映企业因销售商品、提供劳务等应向购买单位收取的各种款项，减去已计提的相应的坏账准备后的净额。

(2) 检查非记账本位币应收账款的折算汇率及折算是否正确。对于用非记账本位币（通常为外币）结算的应收账款，注册会计师应检查被审计单位外币应收账款的增减变动是否采用交易发生日的即期汇率将外币金额折算为记账本位币金额，或者采用按照系统合理的方法确定的、与交易发生日即期汇率近似的汇率折算，选择采用汇率的方法前后各期是否一致；期末外币应收账款余额是否采用期末即期汇率折合为记账本位币金额；折算差额的会计处理是否正确。

(3) 分析有贷方余额的项目，查明原因，必要时，建议作重分类调整。

(4) 结合其他应收款、预收款项等往来项目的明细余额，调查有无同一客户多处挂账、异常余额或与销售无关的其他款项（如代销账户、关联方账户或员工账户）。如有，应做出记录，必要时提出调整建议。

2. 检查涉及应收账款的相关财务指标

(1) 复核应收账款借方累计发生额与主营业务收入关系是否合理，并将当期应收账款借方发生额占销售收入净额的百分比与管理层考核指标和被审计单位相关赊销政策比较，如存在异常，应查明原因。

(2) 计算应收账款周转率、应收账款周转天数等指标，并与被审计单位相关赊销政策、被审计单位以前年度指标、同行业同期相关指标对比分析，检查是否存在重大异常。

3. 检查应收账款账龄分析是否正确

（1）获取或编制应收账款账龄分析表。注册会计师可以通过获取或编制应收账款账龄分析表来分析应收账款的账龄，以便了解应收账款的可收回性。应收账款账龄分析表参考格式如表 10-3 所示。

表 10-3　　应收账款账龄分析表

顾客名称	期末余额	账龄			
		1 年以内	1～2 年	2～3 年	3 年以上
合计					

应收账款的账龄，通常是指资产负债表中的应收账款从销售实现、产生应收账款之日起，至资产负债表日止所经历的时间。编制应收账款账龄分析表时，可以考虑选择重要的客户及其余额列示，而将不重要的或余额较小的汇总列示。应收账款账龄分析表的合计数减去已计提的相应坏账准备后的净额，应该等于资产负债表中的应收账款项目余额。

（2）测试应收账款账龄分析表计算的准确性，并将应收账款账龄分析表中的合计数与应收账款总分类账余额相比较，并调查重大调节项目。

（3）检查原始凭证，如销售发票、运输记录等，测试账龄划分的准确性。

4. 向债务人函证应收账款

函证应收账款的目的在于证实应收账款账户余额的真实性、正确性，防止或发现被审计单位及其有关人员在销售交易中发生的错误或舞弊行为。通过函证应收账款，可以比较有效地证明被询证者（即债务人）的存在和被审计单位记录的可靠性。

注册会计师应当考虑被审计单位的经营环境、内部控制的有效性、应收账款账户的性质、被询证者处理询证函的习惯做法及回函的可能性等，以确定应收账款函证的范围、对象、方式和时间。

（1）函证的范围和对象。除非有充分证据表明应收账款对被审计单位财务报表而言是不重要的，或者函证很可能是无效的，否则，注册会计师应当对应收账款进行函证。如果注册会计师不对应收账款进行函证，应当在审计工作底稿中说明理由。如果认为函证很可能是无效的，注册会计师应当实施替代审计程序，获取相关、可靠的审计证据。函证数量的多少、范围是由诸多因素决定的，主要有：

①应收账款在全部资产中的重要性。若应收账款在全部资产中所占的比重较大，则函证的范围应相应大一些。

②被审计单位内部控制的强弱。若内部控制制度较健全，则可以相应减少函证量；反之，则应相应扩大函证范围。

③以前期间的函证结果。若以前期间函证中发现过重大差异，或欠款纠纷较多，则函证范围应相应扩大一些。

一般情况下，注册会计师应选择以下项目作为函证对象：大额或账龄较长的项目；与债务人发生纠纷的项目；重大关联方项目；主要客户（包括关系密切的客户）项目；交易频繁但期末余额较小甚至余额为零的项目；可能产生重大错报或舞弊的非正常的项目。

（2）函证的方式。注册会计师可采用积极的或消极的函证方式实施函证，也可将两种方式结合使用。参考格式 10-1、10-2 提供了积极式询证函的格式；参考格式 10-3 列示了消极式询证函的格式。

参考格式 10-1　积极式询证函（格式一）

企业询证函

编号：

××（公司）：

本公司聘请的××会计师事务所正在对本公司××年度财务报表进行审计，按照中国注册会计师审计准则的要求，应当询证本公司与贵公司的往来账项等事项。下列数据出自本公司账簿记录，如与贵公司记录相符，请在本函下端“信息证明无误”处签章证明；如有不符，请在“信息不符”处列明不符金额。回函请直接寄至××会计师事务所。

回函地址：

邮编：　　　　电话：　　　　传真：　　　　联系人：

1. 本公司与贵公司的往来账项列示如下：

单位：元

截止日期	贵公司欠	欠贵公司	备注

2. 其他事项。

本函仅为复核账目之用，并非催款结算。若款项在上述日期之后已经付清，仍请及时函复为盼。

（公司盖章）
年　月　日

结论：1. 信息证明无误。

（公司盖章）
年　月　日
经办人：

2. 信息不符，请列明不符的详细情况：

（公司盖章）
年　月　日
经办人：

参考格式 10-2　积极式询证函（格式二）

企业询证函

编号：

××（公司）：

本公司聘请的××会计师事务所正在对本公司××年度财务报表进行审计，按照中国注册会计师审计准则的要求，应当询证本公司与贵公司的往来账项等事项。请列示截止××年×月×日贵公司与本公司往来款项余额。回函请直接寄至××会计师事务所。

回函地址：

邮编：　　　　电话：　　　　传真：　　　　联系人：

本函仅为复核账目之用，并非催款结算。若款项在上述日期之后已经付清，仍请及时函复为盼。

（公司盖章）
年　月　日

1. 贵公司与本公司的往来账项列示如下：

单位：元

截止日期	贵公司欠	欠贵公司	备注

2. 其他事项。

（公司盖章）
年　月　日

经办人：

参考格式 10-3　消极式询证函

企业询证函

编号：

××（公司）：

本公司聘请的××会计师事务所正在对本公司××年度财务报表进行审计，按照中国注册会计师审计准则的要求，应当询证本公司与贵公司的往来账项等事项。下列数据出自本公司账簿记录，如与贵公司记录相符，则无须回复；如有不符，请直接通知会计师事务所，并请在空白处列明贵公司认为是正确的信息。回函请直接寄至××会计师事务所。

回函地址：

邮编：　　　　电话：　　　　传真：　　　　联系人：

1. 本公司与贵公司的往来账项列示如下：

单位：元

截止日期	贵公司欠	欠贵公司	备注

2. 其他事项。

本函仅为复核账目之用，并非催款结算。若款项在上述日期之后已经付清，仍请及时核对为盼。

（公司盖章）

年　　月　　日

××会计师事务所：

上面的信息不正确，差异如下：

（公司盖章）

年　　月　　日

经办人：

（3）函证时间的选择。注册会计师通常以资产负债表日为截止日，在资产负债表日后适当时间内实施函证。如果重大错报风险评估为低水平，注册会计师可选择资产负债表日前适当日期为截止日实施函证，并对所函证项目自该截止日起至资产负债表日止发生的变动实施实质性程序。

（4）函证的控制。注册会计师通常利用被审计单位提供的应收账款明细账户名称及客户地址等资料据以编制询证函，但注册会计师应当对确定需要确认或填列的信息、选择适当的被询证者、设计询证函以及发出和跟进（包括收回）询证函保持控制。注册会计师应当采取下列措施对函证实施过程进行控制：

①将被询证者的名称、地址与被审计单位有关记录核对；

②将询证函中列示的账户余额或其他信息与被审计单位有关资料核对；

③在询证函中指明直接向接受审计业务委托的会计师事务所回函；

④询证函经被审计单位盖章后，由注册会计师直接发出；

⑤将发出询证函的情况形成审计工作记录；

⑥将收到的回函形成审计工作记录，并汇总统计函证结果。

在审计实务中，注册会计师经常会遇到被询证者以传真、电子邮件等方式回函的情况。这些方式确实能使注册会计师及时得到回函信息，但由于这些方式易被截留、篡改或难以确定回函者的真实身份，因此，注册会计师应当直接接收，并要求被询证者及时寄回询证函原件。

在审计实务中，注册会计师还经常会遇到采用积极的函证方式实施函证而未能收到回函的情况。对此，注册会计师应当考虑与被询证者联系，要求对方做出回应或再次寄发询证函。如果未能得到被询证者的回应，注册会计师应当实施替代审计程序。所实施的替代程序因所涉及的账户和认定而异，但替代审计程序应当能够提供实施函证所能够提供的同样效果的审计证据。例如检查与销售有关的文件，包括销售合同或协议、销售订单、销售发票副本及发运凭证等，以验证这些应收账款的真实性。

注册会计师可通过函证结果汇总表的方式对询证函的收回情况加以控制。函证结果汇总表如表 10-4 所示。

表 10-4　　　　应收账款函证结果汇总表

被审计单位名称：　　　　制表：　　　　日期：

结账日：　年　月　日　　　　复核：　　　　日期：

询证函编号	债务人名称	债务人地址及联系方式	账面金额	函证方式	函证日期		回函日期	替代程序	确认余额	差异金额及说明	备注
					第一次	第二次					
		合计									

（5）对不符事项的处理。对应收账款而言，登记入账的时间不同而产生的不符事项主要表现为：①询证函发出时，债务人已经付款，而被审计单位尚未收到

货款；②询证函发出时，被审计单位的货物已经发出并已做销售记录，但货物仍在途中，债务人尚未收到货物；③债务人由于某种原因将货物退回，而被审计单位尚未收到；④债务人对收到的货物的数量、质量及价格等方面有异议而全部或部分拒付货款等。如果不符事项构成错报，注册会计师应当评价该错报是否表明存在舞弊，并重新考虑所实施审计程序的性质、时间和范围。

（6）对函证结果的总结和评价。注册会计师对函证结果可进行如下评价：

①重新考虑对内部控制的原有评价是否适当，控制测试的结果是否适当；分析程序的结果是否适当；相关的风险评价是否适当等。

②如果函证结果表明没有审计差异，则可以合理地推论，全部应收账款总体是正确的。

③如果函证结果表明存在审计差异，则应当估算应收账款总额中可能出现的累计差错是多少，估算未被选中进行函证的应收账款的累计差错是多少。为取得对应收账款累计差错更加准确的估计，也可以进一步扩大函证范围。

需要指出的是，注册会计师应当将询证函回函作为审计证据，纳入审计工作底稿管理，询证函回函的所有权归属所在会计师事务所。除法院、检察院及其他有关部门依法查阅审计工作底稿，注册会计师协会对执业情况进行检查以及前后任注册会计师沟通等情形外，会计师事务所不得将询证函回函提供给被审计单位作为法律诉讼证据。

5. 对函证未回函及未函证应收账款实施替代审计程序

通常，注册会计师可能未能取得所有发放的应收账款积极式询证函的回函，并且注册会计师也不可能对所有应收账款进行函证，因此，对于函证未回函及未函证应收账款，注册会计师应抽查有关原始凭据，如销售合同、销售订购单、销售发票副本、发运凭证及回款单据等，以验证与其相关的应收账款的真实性。

6. 确定已收回的应收账款金额

请被审计单位协助，在应收账款账龄明细表中标出至审计时已收回的应收账款金额，对已收回金额较大的款项进行常规检查，如核对收款凭证、银行对账单、销货发票等，并注意凭证发生日期的合理性，分析收款时间是否与合同相关要素一致。

7. 检查坏账的确认和处理

首先，注册会计师应检查有无债务人破产或者死亡的，以及破产或以遗产清偿后仍无法收回的，或者债务人长期未履行清偿义务的应收账款；其次，应检查被审计单位坏账的处理是否经授权批准，有关会计处理是否正确。

8. 抽查有无不属于结算业务的债权

不属于结算业务的债权，不应在应收账款中进行核算。因此，注册会计师应抽查应收账款明细账，并追查有关原始凭证，查证被审计单位有无不属于结算业务的债权。如有，应建议被审计单位作适当调整。

9. 检查应收账款的贴现、质押或出售

检查银行存款和银行借款等询证函的回函、会议纪要、借款协议和其他文件，确定应收账款是否已被贴现、质押或出售，应收账款贴现业务是否满足金融资产转移终止确认条件，其会计处理是否正确。

10. 对应收账款实施关联方及其交易审计程序

标明应收关联方［包括持股5%以上（含5%）股东］的款项，实施关联方及其交易审计程序，并注明合并财务报表时应予抵销的金额；对关联企业、有密切关系的主要客户的交易事项作专门核查：

（1）了解交易事项目的、价格和条件，作比较分析；

（2）检查销售合同、销售发票、发运凭证等相关文件资料；

（3）检查收款凭证等货款结算单据；

（4）向关联方或有密切关系的主要客户函询，以确认交易的真实性、合理性。

11. 确定应收账款的列报是否恰当

如果被审计单位为上市公司，则其财务报表附注通常应披露期初、期末余额的账龄分析，期末欠款金额较大的单位账款，以及持有5%以上（含5%）股份的股东单位账款等情况。

（三）坏账准备的实质性程序

企业会计准则规定，企业应当在期末对应收款项进行检查，并合理预计可能产生的坏账损失。应收款项包括应收票据、应收账款、预付款项、其他应收款和长期应收款等，下面以应收账款相关的坏账准备为例，阐述坏账准备审计常用的实质性程序。

1. 取得或编制坏账准备明细表，复核加计是否正确，与坏账准备总账数、明细账合计数核对是否相符。

2. 将应收账款坏账准备本期计提数与资产减值损失相应明细项目的发生额核对是否相符。

3. 检查应收账款坏账准备计提和核销的批准程序，取得书面报告等证明文件，评价计提坏账准备所依据的资料、假设及方法。

企业应根据所持应收账款的实际可收回情况，合理计提坏账准备，不得多提或少提，否则应视为滥用会计估计，按照重大会计差错更正的方法进行会计处理。

对于单项金额重大的应收账款，企业应当单独进行减值测试，如客观证据证明其已发生减值，应当计提坏账准备。对于单项金额不重大的应收账款，可以单独进行减值测试，或包括在具有类似信用风险特征的应收账款组合中（例如账龄分析）进行减值测试。此外，单独测试未发生减值的应收账款，应当包括在具有类似信用风险特征的应收账款组合中（例如账龄分析）再进行减值测试。

采用账龄分析法时，收到债务单位当期偿还的部分债务后，剩余的应收账款，不应改变其账龄，仍应按原账龄加上本期应增加的账龄确定；在存在多笔应收账款且各笔应收账款账龄不同的情况下，收到债务单位当期偿还的部分债务，应当逐笔认定收到的是哪一笔应收账款；如果确实无法认定的，按照先发生先收回的原则确定，剩余应收账款的账龄按上述同一原则确定。

在确定坏账准备的计提比例时，企业应当在综合考虑以往的经验、债务单位的实际财务状况和预计未来现金流量（不包括尚未发生的未来信用损失）等因素以及其他相关信息的基础上做出合理估计。

4. 实际发生坏账损失的，检查转销依据是否符合有关规定，会计处理是否正确。对于被审计单位在被审计期间内发生的坏账损失，注册会计师应检查其原因是否清楚，是否符合有关规定，有无授权批准，有无已作坏账处理后又重新收回的应收账款，相应的会计处理是否正确。对有确凿证据表明确实无法收回的应收账款，如债务单位已撤销、破产、资不抵债、现金流量严重不足等，企业应根据管理权限，经股东（大）会或董事会，或经理（厂长）办公会或类似机构批准作为坏账损失，冲销提取的坏账准备。

5. 已经确认并转销的坏账重新收回的，检查其会计处理是否正确。

6. 检查函证结果。对债务人回函中反映的例外事项及存在争议的余额，注册会计师应查明原因并作记录。必要时，应建议被审计单位作相应的调整。

7. 实施分析程序。通过比较前期坏账准备计提数和实际发生数，以及检查期后事项，评价应收账款坏账准备计提的合理性。

8. 确定应收账款坏账准备的披露是否恰当。企业应当在财务报表附注中清晰地说明坏账的确认标准、坏账准备的计提方法和计提比例。并且，上市公司还应在财务报表附注中分项披露如下事项：

（1）本期全额计提坏账准备，或计提坏账准备的比例较大的（计提比例一般超过 40%及以上的，下同），应说明计提的比例以及理由；

（2）以前期间已全额计提坏账准备，或计提坏账准备的比例较大但在本期又全额或部分收回的，或通过重组等其他方式收回的，应说明其原因、原估计计提比例的理由以及原估计计提比例的合理性；

（3）本期实际冲销的应收款项及其理由，其中，实际冲销的关联交易产生的应收账款应单独披露。

练习题

一、单项选择题

1. 对于赊销业务，被审计单位都会设计信用批准制度，目的是降低发生坏账的风险，这项控制与应收账款的（　　）认定有关。

A. 存在　　B. 计价和分摊
C. 完整性　　D. 权利和义务

2. 对被审计单位的销售交易，下列注册会计师认为不属于产生了高估销售的是（　　）。

A. 向虚构的顾客发货并进行相应的账务处理
B. 本期已经发生的销售交易均已入账
C. 未曾发货却已将销售交易登记入账
D. 销售交易重复入账

3. 为了证实已发生的销售业务是否均已登记入账，最有效的办法是（　　）。

A. 只审查销售明细账
B. 由明细账追查至有关原始凭证
C. 只审查有关原始凭证
D. 由有关原始凭证追查至销售明细账

4. 注册会计师核对资产负债表日前后的销货发票的日期与登记入账的日期是否一致，其主要目的是实现（　　）目标。

A. 完整性　　B. 发生
C. 截止　　D. 分类和可理解性

5. X公司记录的下列现销业务中，导致其20×3年度营业收入违反发生认定的是（　　）。

A. 20×3年12月25日确认收入，发运凭证的日期为20×4年1月2日
B. 20×3年1月5日确认收入，发运凭证的日期为20×2年12月29日
C. 20×3年12月25日确认收入，发运凭证的日期为完成审计工作后的某天，即20×4年5月3日
D. 20×3年12月31日确认收入，发运凭证的日期为20×3年12月9日

6. 对应收账款进行函证时，注册会计师采用的以下做法不正确的是（　　）。

A. 对个别欠款金额较大的账户采用积极式函证

B. 对多数金额较小的账户采用消极式函证

C. 以被审计单位的名义发函，并要求回函直接寄至会计师事务所

D. 将回函不符的金额汇总后要求被审计单位调整

7. 对大额逾期应收账款如无法获取询证函回函，则注册会计师应（　　）。

A. 了解大额应收账款客户的信用情况

B. 提请被审计单位调整该项应收账款报表金额

C. 审查与销货有关的合同、协议、销售发票副本等文件

D. 审查所审期间应收账款计提坏账准备的合理性

8. 如果应收账款明细账出现贷方余额，注册会计师应当编制重分类分录提请被审计单位调表，以便在资产负债表中（　　）项目反映。

A. “应收账款”　　　　B. “预付款项”

C. “应收票据”　　　　D. “预收款项”

9. 注册会计师应当对以下（　　）实施函证。

A. 有证据表明不存在的应收账款

B. 交易频繁但期末余额较小的应收账款

C. 执行其他程序也可以确认的应收款项

D. 应纳入审计范围的子公司的应收款项

10. 注册会计师接受委托审计Y公司20×3年度的财务报表，在审计过程中发现Y公司20×4年1月15日主营业务收入明细账中有一笔红字记录，系冲销20×3年12月26日记录的一笔大额收入，对此注册会计师应采取的措施最不恰当的是（　　）。

A. 应检查相关的凭证确认退货的真实性

B. 如果认为退货是真实的，应提请Y公司调整20×3年度的收入

C. 如果认为退货是真实的，可作为20×4年度收入的抵减，无须调整

D. 如果没有发现退货的原始凭证，应实施追加审计程序判断是否属于虚构收入

二、多项选择题

1. 注册会计师在销售与收款循环业务进行审计时，商品价目表这样的证据并不能证明与交易相关的（　　）认定。

A. 权利与义务　　　　B. 准确性

C. 发生　　　　D. 完整性

2. 被审计单位应当建立对销售与收款内部控制的监督检查制度，其监督检查的重点包括（　　）。

A. 检查是否存在销售与收款业务不相容职务混岗的现象

B. 检查授权批准手续是否健全，是否存在越权审批行为

C. 检查信用政策、销售政策的执行是否符合规定

D. 检查销售退回手续是否齐全、退回货物是否及时入库

3. 截止测试是实质性程序中常用的具体审计技术。一般来说，注册会计师对主营业务收入实施截止测试的目的包括（　　）。

A. 应记入下期的业务是否被提前到本期

B. 凭证的日期与账簿记录的日期是否接近

C. 应记入本期的业务是否被推迟到下期

D. 所测试账户的会计记录归属期是否正确

4. 注册会计师在对C公司营业收入的审计中，得出下列有关收入审计工作底稿的结论，其中正确的有（　　）。

A. 销售给M公司一批商品，成本60 000元，售价100 000元，商品已发出，并收到60%的货款，但当日M公司提出退货，双方未达成一致意见，建议被审计单位确认60 000元的收入并结转36 000元的成本

B. 销售给N公司一批商品，成本240 000元，售价300 000元，已经收到货款，并将提货单交给N公司；N公司要求一个月后提货，C公司已同意，建议确认销售收入300 000元，销售成本240 000元

C. 预收Y公司购货款500 000元；本月发出商品，商品成本320 000元，售价400 000元，建议确认销售收入400 000元，销售成本320 000元

D. 委托X公司代销商品一批，X公司按销售价款的10%收取手续费。商品成本160 000元，价款200 000元，当月未收到代销清单，建议确认收入200 000元，结转成本160 000元

5. 下列有关销售与收款循环所涉及的主要凭证与会计记录的说法中，正确的有（　　）。

A. 一般情况下，发运凭证一联寄送给客户，其余联由企业保留

B. 贷项通知单是一种用来表示由于销售退回或经批准的折让而引起的应收销货款减少的凭证，格式通常与销售发票的格式相同，用来证明应收账款的减少

C. 汇款通知书是一种与销售发票一起寄给客户，一般由客户在付款时再寄回销售单位的凭证

D. 客户月末对账单是一种按月定期寄送给客户的用于购销双方定期核对账目的凭证

6. 在对被审计单位的主营业务收入进行审计时，注册会计师应重点关注的与被审计单位主营业务收入的确认有密切关系的日期包括（　　）。

A. 记账日期　　　　B. 发货日期或提供劳务日期

C. 资产负债表日　　　　D. 发票开具日期

7. 注册会计师在决定函证数量时，在下列情况中，应增加函证数量及范围的有（　　）。

A. 应收账款账户的重要性水平较高

B. 应收账款在全部资产中所占比重较大

C. 相关的内部控制是有效的

D. 相关的内部控制是无效的

8. 适当的职责分离有助于防止各种有意或无意的错误，以下表述中未进行适当的职责分离的是（　　）。

A. 负责应收账款记账的职员同时负责登记银行存款日记账

B. 编制销售发票通知单的人员同时开具销售发票

C. 合同订立人员负责就销售价格、发货或及收款方式等具体事项与客户进行谈判

D. 应收票据的取得、贴现和保管均由财务主管负责

三、判断题

1. 实施外勤工作时注册会计师让被审计单位的会计人员拿着询证函到被询证函方盖章。（　　）

2. F公司采用分期收款方式向丙公司销售一台大型设备，合同约定的价格为1 000万元，签订合同后支付200万元，剩余款项分四次于每年12月31日等额收取。在现销方式下，该大型设备的销售价格为800万元。F公司于20×3年12月15日发货，发票日期为20×3年12月25日。截至20×3年12月31日，F公司已经收取货款200万元，确认20×3年度该项销售收入200万元。（　　）

3. 被审计单位应将销售收入及时入账，不得账外设账，不得擅自坐支现金，同时对于收取的销售款应当由销售人员收取并交给财务部门。（　　）

4. 如果被审计单位的商品销售中存在附有销售退回条件的业务，注册会计师应该建议被审计单位在退货期满时确认收入。（　　）

5. 在对主营业务收入进行截止测试时，若以账簿记录为起点，其目的是证实已入账收入是否在同一期间已开具发票并发货，有无多计收入。（　　）

四、简答题

1. XYZ公司主要生产和销售各种型号的电冰箱。产品销售以XYZ仓库为交货地点。ABC会计师事务所的A和B注册会计师负责审计XYZ公司20×3年度财务报表。20×3年12月1日至5日，A注册会计师对XYZ公司的内部控制

进行了初步了解和测试与评价。A注册会计师注意到下列情况：

资料一：

(1) 各地批发商将订货单直接发给XYZ公司的销售员，销售人员在接到批发商的订货单后，按照客户订货的品种、规格和数量，到销售处仓库提取货物。

(2) 开具销售发票的部门收到发运单并与销售单核对无误后，编制预先连续编号的销售发票，将其中一联连同发运单和销售单送交财务部门入账，其他各联分别用于顾客账单及留底等用途。

(3) 为增强企业竞争力、扩大产品市场销售份额，XYZ公司为批发商提供了优惠的赊销政策，并给予销售人员10万元的赊销权限。此项措施使得XYZ公司在本年度的销售额增加了3 000万元。

资料二：

(1) 20×3年9月末，财务部门向应收账款余额较大的若干顾客寄送了对账单，要求顾客在发现应付余额不符时向指定的财务人员回函。经检查回函档案，A注册会计师发现只收到一封回函。差异的原因是：顾客已在9月30日开出付款票据，但XYZ公司开户银行在10月4日才收到款项。

(2) A注册会计师抽查了20×3年7月至10月确认的30笔主营业务收入，各笔业务的记账凭证均附有销售发票、发运单和销售单，但各月月初入账的业务所附的发运日期基本上都是上月末。

要求：

(1) 针对资料一所述各项，不考虑其他条件，请逐项判断内部控制是否存在设计缺陷，如存在，简要说明理由并提出改进建议。

(2) 针对资料二所述各项，假定不考虑其他条件，请指出是否表明相关内部控制存在并执行有效，并简要说明理由。

五、实训题

1. X公司系公开发行A股的上市公司，主要经营计算机硬件的开发、集成与销售，其主要业务流程通常为：向客户提供技术建议书——签署销售合同——结合库存情况备货——委托货运公司送货——安装验收——根据安装验收报告开具发票并确认收入。注册会计师于20×4年初对X公司20×3年度财务报表进行审计。经初步了解，X公司20×3年度的经营形势、管理及经营机构与20×2年度比较未发生重大变化，且未发生重大重组行为。

其他相关资料如下：

资料一：X公司20×3年度1—12月份未审主营业务收入、主营业务成本列示如下（金额单位：万元）：

月份	主营业务收入	主营业务成本	月份	主营业务收入	主营业务成本
1	7 800	7 566	7	7 950	7 115
2	7 600	6 764	8	7 700	6 830
3	7 400	6 512	9	7 600	6 832
4	7 700	6 768	10	7 900	7 111
5	7 800	6 981	11	8 100	7 280
6	7 850	6 947	12	18 900	15 139

资料二：为应对评估的重大错报风险，注册会计师从X公司的20×3年12月份营业收入明细表中选择了部分业务实施细节测试。具体资料如下：

金额单位：万元

客户	发货日期	客户验收日期	收款日期	收款金额	确认收入	审计说明
A公司	20×3年11月15日	20×3年12月25日	20×3年12月31日	300	800	(1)
B公司	—	20×3年12月29日	20×4年01月13日	1 170	1 000	(2)
C公司	20×3年12月10日	20×3年12月20日	20×3年12月25日	1 053	900	(3)

审计说明：

(1) 销售给A公司硬件计936万元（含税，下同）。相关合同约定：签订合同后支付100万元，出具安装验收报告后支付200万元，试运行一个月并终验合格后支付636万元。

(2) 销售给B公司硬件计1 170万元。相关合同约定：签订合同后支付300万元，出具安装验收报告后支付870万元。注册会计师在审计时，未取得该项销售业务的发货单据，X公司解释的理由为供货单位接受X公司指令直接将货物发运至B公司。

(3) 销售给C公司硬件计1 053万元。发货单、发票、安装验收报告、销售合同核对后无异常，截至审计时，货款全部收到。但资料表明，C公司已因质量问题于20×4年1月15日退货，X公司于当日冲减了当月销售收入900万元。

审计结论：

审计中已检查销售合同、销售发票及收款凭证，并向财务经理进行了必要的询问。根据X公司财务经理的答复和说明，我们认为上述会计处理不存在差异。

要求：

(1) 对资料一分析后，指出主营业务收入和主营业务成本的重点审计领域，并简要说明理由。

(2) 针对资料二中3项销售业务，请分别指出注册会计师能否同意X公司将与各客户发生的交易确认为营业收入，简要说明理由；如果认为不能同意，指出注册会计师应进一步实施的审计程序。

2. ABC会计师事务所接受委托，审计X公司20×3年度的财务报表。A注册会计师了解和测试了与应收账款相关的内部控制，并将控制风险评估为高水平。A注册会计师取得20×3年12月31日的应收账款明细表，并于20×4年1月15日采用积极式函证方式对所有重要客户寄发了询证函。

资料一：A注册会计师制定的具体计划相关内容摘抄如下：

(1) 拟通过实施函证程序，获取充分、适当的审计证据，以证实应收账款存在认定、营业收入的发生认定和营业成本的准确性认定。

(2) 如果部分债务人向X公司回函，只要X公司在没有拆封的情况下直接转交项目组，就不必要求债务人直接向事务所回函。

(3) 为提高不可预见性，以应对关联方交易的特别风险，在向关联方函证时，直接以会计师事务所的名义寄发积极式询证函。

资料二：A注册会计师将与函证结果相关的重要异常情况汇总于审计工作底稿，摘抄如下：

异常情况	函证编号	客户名称	询证金额（元）	回函日期	回函内容
(1)	22	甲	300 000	20×4年1月22日	购买X公司300 000元货物属实，但款项已于20×3年12月25日用支票支付
(2)	56	乙	500 000	20×4年1月19日	因产品质量不符合要求，根据购货合同，于20×3年12月28日将货物退回
(3)	64	丙	640 000	20×4年1月19日	20×3年12月10日收到X公司委托本公司代销的货物640 000元，尚未销售
(4)	134	丁	600 000	—	因地址错误，被邮局退回

要求：

(1) 针对资料一所述各种情况，指出注册会计师的函证决策是否存在不当之处，如果认为决策不当，请简要说明理由。

(2) 针对资料二各种异常情况，请问A注册会计师应分别相应实施哪些重要审计程序？

CHAPTER

11 第十一章 采购与付款循环审计

【学习目标】通过本章学习，了解采购与付款循环的主要业务活动、凭证与记录；理解采购与付款循环重要内部控制与控制测试的程序；掌握应付账款、固定资产的实质性程序等。

第一节 采购与付款循环的特性

采购与付款循环的特性主要包括两部分的内容：一是本循环涉及的主要凭证和会计记录；二是本循环涉及的主要业务活动。

一、涉及的主要凭证和会计记录

采购与付款交易通常要经过请购——订货——验收——付款这样的程序，与销售与收款交易一样，在内部控制比较健全的企业，处理采购与付款业务通常需要使用很多凭证和会计记录。典型的采购与付款循环所涉及的主要凭证和会计记录有以下几种：

（一）请购单

请购单是由产品制造、资产使用等部门的有关人员填写，送交采购部门申请购买商品、劳务或其他资产的书面凭证。

（二）订购单

订购单是由采购部门填写，向另一企业购买订购单上所指定商品、劳务或其他资产的书面凭证。

（三）验收单

验收单是收到商品、资产时所编制的凭证，列示从供应商处收到的商品、资产的种类和数量等内容。

（四）卖方发票

卖方发票是供应商开具的，交给买方以载明发运的货物或提供的劳务、应付款金额和付款条件等事项的凭证。

（五）付款凭单

付款凭单是采购方企业的应付凭单部门编制的，载明已收到商品、资产或接受劳务的厂商、应付款金额和付款日期的凭证。付款凭单是采购方企业内部记录和支付负债的授权证明文件。

（六）转账凭证

转账凭证是指记录转账交易的记账凭证，它是根据有关转账交易（即不涉及库存现金、银行存款收付的各项业务）的原始凭证编制的。

（七）付款凭证

付款凭证包括现金付款凭证和银行存款付款凭证，是指用来记录库存现金和银行存款支出业务的记账凭证。

（八）应付账款明细账

“应付账款”科目核算因购买材料、商品、和接受劳务供应而应付给供应单位的款项。应付账款明细账通常按供应商进行明细分类核算，各应付账款明细账的余额合计数应与应付账款总账的余额相等。

（九）库存现金日记账和银行存款日记账

库存现金日记账是用来登记库存现金每天的收入、支出和结存情况的账簿。银行存款日记账是用来反映银行存款增加、减少和结存情况的账簿。

（十）供应商对账单

供应商对账单是由供货方按月编制的，标明期初余额、本期购买、本期支付给供应商的款项和期末余额的凭证。供应商对账单是供应商对有关交易的陈述，如果不考虑买卖双方在收发货物上可能存在的时间差等因素，其期末余额通常应与采购方相应的应付账款期末余额一致。

二、涉及的主要业务活动

下面以采购商品为例，分别阐述采购与付款循环所涉及的主要业务活动及其适当的控制程序和相关的认定。

（一）请购商品和劳务

仓库负责对需要购买的已列入存货清单的项目填写请购单，其他部门也可以对所需要购买的未列入存货清单的项目编制请购单。大多数企业对正常经营所需的物资的购买均作一般授权，比如，仓库在现有库存达到再订购点时就可直接提出采购申请，其他部门也可为正常的维修工作和类似工作直接申请采购有关物品。但对资本支出和租赁合同，企业则通常要求作特别授权，只允许指定人员提出请购。请购单可由手工或计算机编制。由于企业内不少部门都可以填列请购单，不便事先编号，为加强控制，每张请购单必须经过对这类支出预算负责的主管人员签字批准。

请购单是证明有关采购交易的“发生”认定的凭据之一，也是采购交易轨迹的起点。

（二）编制订购单

采购部门在收到请购单后，只能对经过批准的请购单发出订购单。对每张订购单，采购部门应确定最佳的供应来源。对一些大额、重要的采购项目，应采取竞价方式来确定供应商，以保证供货的质量、及时性和成本的低廉。

订购单应正确填写所需要的商品品名、数量、价格、厂商名称和地址等，预先予以编号并经过被授权的采购人员签名。其正联应送交供应商，副联则送至企业内部的验收部门、应付凭单部门和编制请购单的部门。随后，应独立检查订购单的处理，以确定是否确实收到商品并正确入账。这项检查与采购交易的“完整性”认定有关。

（三）验收商品

有效的订购单代表企业已授权验收部门接受供应商发运来的商品。验收部门首先应比较所收商品与订购单上的要求是否相符，如商品的品名、说明、数量、到货时间等，然后再盘点商品并检查商品有无损坏。

验收后，验收部门应对已收货的每张订购单编制一式多联、预先编号的验收单，作为验收和检验商品的依据。验收人员将商品送交仓库或其他请购部门时，应取得经过签字的收据，或要求其在验收单的副联上签收，以确立他们所采购的资产应负的保管责任。验收人员还应将其中的一联验收单送交应付凭单部门。

验收单是支持资产或费用以及与采购有关的负债的“存在或发生”认定的重要凭证。定期独立检查验收单的顺序以确定每笔采购交易都已编制凭单，则与采购交易的“完整性”认定有关。

（四）储存已验收的商品存货

将已验收商品的保管与采购的其他职责相分离，可减少未经授权的采购和盗用商品的风险。存放商品的仓储区应相对独立，限制无关人员接近。这些控制与商品的“存在”认定有关。

（五）编制付款凭单

记录采购交易之前，应付凭单部门应编制付款凭单。这项功能的控制包括：

（1）确定供应商发票的内容与相关的验收单、订购单的一致性。

（2）确定供应商发票计算的正确性。

（3）编制有预先编号的付款凭单，并附上支持性凭证（如订购单、验收单和供应商发票等）。这些支持性凭证的种类，因交易对象的不同而不同。

（4）独立检查付款凭单计算的正确性。

（5）在付款凭单上填入应借记的资产或费用账户名称。

（6）由被授权人员在凭单上签字，以示批准照此凭单要求付款。所有未付凭单的副联应保存在未付凭单档案中，以待日后付款。经适当批准和有预先编号的凭单为记录采购交易提供了依据，因此，这些控制与“存在”、“发生”、“完整性”、“权利和义务”和“计价和分摊”等认定有关。

（六）确认与记录负债

正确确认已验收货物和已接受劳务的债务，要求准确、及时地记录负债。该记录对企业财务报表反映和企业实际现金支出有重大影响。因此，必须特别注意，按正确的数额记载企业确实已发生的购货和接受劳务事项。

应付账款确认与记录相关部门一般有责任核查购置的财产并在应付凭单登记簿或应付账款明细账中加以记录。在收到供应商发票时，应付账款部门应将发票上所记载的品名、规格、价格、数量、条件及运费与订货单上的有关资料核对，如有可能，还应与验收单上的资料进行比较。

应付账款确认与记录的一项重要控制是要求记录现金支出的人员不得经手现金、有价证券和其他资产。恰当的凭证、记录与恰当的记账手续，对业绩的独立考核和应付账款职能而言是必不可少的控制。

在手工系统下，应将已批准的未付款凭单送达会计部门，据以编制有关记账凭证和登记有关账簿。会计主管应监督为采购交易而编制的记账凭证中账户分类的适当性；通过定期核对编制记账凭证的日期与凭单副联的日期，监督入账的及时性。而独立检查会计人员则应核对所记录的凭单总数与应付凭单部门送来的每日凭单汇总表是否一致，并定期独立检查应付账款总账余额与应付凭单部门未付款凭单档案中的总金额是否一致。

（七）付　款

通常是由应付凭单部门负责确定未付凭单在到期日付款。企业有多种款项结算方式，以支票结算方式为例，编制和签署支票的有关控制包括：

（1）独立检查已签发支票的总额与所处理的付款凭单的总额的一致性。

（2）应由被授权的财务部门的人员负责签署支票。

（3）被授权签署支票的人员应确定每张支票都附有一张已经适当批准的未付款凭单，并确定支票收款人姓名和金额与凭单内容一致。

（4）支票一经签署就应在其凭单和支持性凭证上用加盖印戳或打洞等方式将其注销，以免重复付款。

（5）支票签署人不应签发无记名甚至空白的支票。

（6）支票应预先连续编号，保证支出支票存根的完整性和作废支票处理的恰当性。

（7）应确保只有被授权的人员才能接近未经使用的空白支票。

（八）记录现金、银行存款支出

仍以支票结算方式为例，在手工系统下，会计部门应根据已签发的支票编制付款记账凭证，并据以登记银行存款日记账及其他相关账簿。以记录银行存款支出为例，有关控制包括：

（1）会计主管应独立检查记入银行存款日记账和应付账款明细账的金额的一致性，以及与支票汇总记录的一致性。

（2）通过定期比较银行存款日记账记录的日期与支票副本的日期，独立检查入账的及时性。

（3）独立编制银行存款余额调节表。

第二节　采购与付款循环的内部控制与控制测试

一、采购与付款交易的内部控制

（一）采购交易的内部控制

以内部控制目标为出发点，采购交易与销售交易的内部控制大同小异，因此，以下就采购交易内部控制的特殊之处予以说明。

1. 适当的职责分离

如前所述，适当的职责分离有助于防止各种有意或无意的错误。企业应当建立采购与付款业务的岗位责任制，明确相关部门和岗位的职责、权限，确保办理采购与付款业务的不相容岗位相互分离、制约和监督。采购与付款业务不相容岗位至少包括：请购与审批；询价与确定供应商；采购合同的订立与审批；采购与验收；采购、验收与相关会计记录；付款审批与付款执行。这些都是对单位提出的、有关采购与付款业务相关职责适当分离的基本要求，以确保办理采购与付款业务的不相容岗位相互分离、制约和监督。

2. 内部核查程序

企业应当建立对采购与付款内部控制的监督检查制度。采购与付款内部控制监督检查的主要内容，包括：

（1）采购与付款业务相关岗位及人员的设置情况。重点检查是否存在采购与付款业务不相容职务混岗的现象。

（2）采购与付款业务授权批准制度的执行情况。重点检查大宗采购与付款业务的授权批准手续是否健全，是否存在越权审批的行为。

（3）应付账款和预付账款的管理。重点审查应付账款和预付账款支付的正确性、时效性和合法性。

（4）有关单据、凭证和文件的使用和保管情况。重点检查凭证的登记、领用、传递、保管、注销手续是否健全，使用和保管制度是否存在漏洞。

（二）付款交易的内部控制

采购与付款循环包括采购和付款两个方面。在内部控制健全的企业，与采购相关的付款交易同样有其内部控制目标和内部控制，注册会计师应针对每个具体的内部控制目标确定关键的内部控制，并对此实施相应的控制测试和交易的实质性程序。对付款交易的部分测试可与测试采购交易一并实施。当然，另一些付款交易测试仍需单独实施。

需要指出的是，对于每个企业而言，由于性质、所处行业、规模以及内部控制健全程度等不同，其与付款交易相关的内部控制内容可能有所不同，但以下与付款交易相关的内部控制内容是应当共同遵循的：

(1) 企业应当按照《现金管理暂行条例》、《支付结算办法》等有关货币资金内部控制的规定办理采购付款业务。

(2) 企业财会部门在办理付款业务时，应当对采购发票、结算凭证、验收证明等相关凭证的真实性、完整性、合法性及合规性进行严格审核。

(3) 企业应当建立预付账款和定金的授权批准制度，加强预付账款和定金的管理。

(4) 企业应当加强应付账款和应付票据的管理，由专人按照约定的付款日期、折扣条件等管理应付款项。已到期的应付款项需经有关授权人员审批后方可办理结算与支付。

(5) 企业应当建立退货管理制度。对退货条件、退货手续、货物出库、退货货款回收等做出明确规定，及时收回退货款。

(6) 企业应当定期与供应商核对应付账款、应付票据、预付款项等往来款项。如有不符，应查明原因，及时处理。

(三) 采购与付款循环内部控制工作底稿示例

注册会计师可以通过检查（主要是查阅内部控制生成文件）、询问和观察等方法，对被审计单位的相关内部控制进行调查和了解，将了解结果采用填写调查表（问卷）、系统流程图、文字说明等方式进行描述和记录。表 11-1 列示了采购与付款循环内部控制穿行测试工作底稿。

表 11-1　　采购与付款循环内部控制穿行测试

单位名称：________ 编制人：________ 日期：________ 索引号：________

会计期间：________ 复核人：________ 日期：________ 页　次：________

审计目标：通过穿行测试，了解和评价采购与付款循环控制设计是否合理并得到执行，评估与财务报表相关的重大错报风险。

审计过程：（记录如何选择样本量及方法）

样本序号	业务内容	采购时间	采购金额	关键控制点执行情况的检查							
				1	2	3	4	5	6	7	8

续表

标识1：不相容职务已分开设置并得到执行； 标识2：所有采购均已按规定编制请购单； 标识3：请购申请经批准，超预算和预算外采购符合规定； 标识4：采用订单采购或合同订货采购的方式； 标识5：收到货物时指定专人验收并编写验收报告； 标识6：付款已填制资金支付审批单并经批准； 标识7：按规定进行会计核算； 标识8：定期核对与供应商的债权债务金额。
穿行测试说明：（针对上述测试过程需要说明的事项）
审计结论： 经××抽查××笔业务，我们发现 1. ××关键控制存在××问题，发现××关键控制执行存在问题，财务报表××认定可能存在重大错报； 2. 对××控制高度依赖（中度/不依赖），拟对××控制执行有效性控制测试。

二、采购与付款循环内部控制的测试

在审计实务中，注册会计师既可以考虑以被审计单位的内部控制目标为起点实施控制测试，也可以考虑以识别的重大错报风险为起点实施控制测试。本节择要介绍以内部控制目标为起点的控制测试。

（1）在本章第一节介绍的采购与付款交易涉及的八项主要活动中，前三项是请购商品和劳务、编制订购单、验收商品。注册会计师在实施控制测试时，应抽取请购单、订购单和商品验收单，检查请购单、订购单是否得到适当审批，验收单是否有相关人员的签名，订购单和验收单是否按顺序编号。

有些被审计单位的内部控制要求，应付账款记账员应定期汇总该期间生成的所有订购单并与请购单核对，编制采购信息报告。对此，注册会计师在实施控制测试时，应抽取采购信息报告，检查其是否已复核，如有不符，是否已经及时调查和处理。

（2）对于编制付款凭单、确认与记录负债这两项主要业务活动，被审计单位的内部控制通常要求应付账款记账员将采购发票所载信息与验收单、订购单进行核对，核对相符应在发票上加盖“相符”印戳。对此，注册会计师在实施控制测试时，应抽取订购单、验收单和采购发票，检查所载信息是否核对一致，发票上是否加盖了“相符”印戳。

每月末，应付账款主管应编制应付账款账龄分析报告。注册会计师在实施控制测试时，应抽取应付账款调节表，检查调节项目与有效的支持性文件是否相符，以及是否与应付账款明细账相符。

(3) 有些被审计单位内部控制要求，由应付账款记账员负责编制付款凭证，并附相关单证，提交会计主管审批。在完成对付款凭证及相关单证的复核后，会计主管在付款凭证上签字，作为复核证据，并在所有单证上加盖“核销”印戳。对此，注册会计师在实施控制测试时，应抽取付款凭证，检查其是否经由会计主管复核和审批，并检查款项支付是否得到适当人员的复核和审批。

第三节 采购与付款循环的实质性程序

一、采购与付款循环的实质性程序

采购与付款交易的主要重大错报风险通常是低估费用和应付账款，从而高估利润、粉饰财务状况。因此，实施实质性程序，如对收到的商品和付款实施截止测试，以获取交易是否已被计入正确的会计期间的证据就显得非常重要；该交易循环中的另一项重大错报风险是采购的商品、资产被错误分类，即对本应资本化的予以费用化，或对本应费用化的予以资本化。这都将影响利润和资产或负债。此外，对于付款交易，还应关注被审计单位是否存在未经授权或无效的付款，是否将应计入费用的付款有意无意地冲销了不相关的应付账款。

(一) 实质性分析程序

1. 根据对被审计单位的经营活动、供应商的发展历程、贸易条件和行业惯例的了解，确定应付账款和费用支出的期望值。

2. 根据本期应付账款余额组成与以前期间交易水平和预算的比较，定义采购和应付账款可接受的重大差异额。

3. 识别需要进一步调查的差异并调查异常数据关系，如与周期趋势不符的费用支出。这类程序通常包括：

(1) 观察月度（或每周）已记录采购总额趋势，与往年或预算相比较。任何异常波动都必须与管理层讨论，如果有必要的话还应作进一步的调查。

(2) 将实际毛利与以前年度和预算相比较。如果被审计单位以不同的加价销售产品，就需要将相似利润水平的产品分组进行比较。任何重大的差异都需要进行调查。因为毛利可能由于销售额、销售成本的错误被歪曲，而销售成本的错误则又可能是受采购记录的错误所影响。

(3) 计算记录在应付账款上的赊购天数，并将其与以前年度相比较。超出预期的变化可能由多种因素造成，包括未记录采购、虚构采购记录或截止问题。

(4) 检查常规账户和付款。例如，租金、电话费和电费。这些费用是日常发生的，通常按月支付。通过检查可以确定已记录的所有费用及其月度变动情况。

（5）检查异常项目的采购。例如，大额采购，从不经常发生交易的供应商处采购，以及未通过采购账户而是通过其他途径计入存货和费用项目的采购。

（6）无效付款或金额不正确的付款，可以通过检查付款记录和付款趋势得以发现。例如，注册会计师通过查找金额偏大的异常项目并深入调查，可能发现重复付款或记入不恰当应付账款账户的付款。

4. 通过询问管理层和员工，调查重大差异额是否表明存在重大错报风险，是否需要设计恰当的细节测试程序以识别和应对重大错报风险。

5. 形成结论，即实质性分析程序是否能够提供充分、适当的审计证据，或需要对交易和余额实施细节测试以获取进一步的审计证据。

（二）采购与付款交易和相关余额的细节测试

当出现以下情形时，注册会计师通常应当考虑对采购与付款交易和相关余额实施细节测试：（1）重大错报风险评估为高。例如，存在非正常的交易，包括在期末发生对账户的非正常调整、缺乏支持性文件和关联方交易等；（2）实质性分析程序显示出未预期的趋势；（3）需要在财务报表中单独披露的金额或很可能存在错报的金额。例如，差旅费、修理和维护费、广告费、税费、咨询费等；（4）对需要在纳税申报表中单独披露的事项进行分析；（5）需要为有些项目单独出具审计报告。例如，被审计单位如果要向国外的特许权授予方支付特许权使用费，就可能存在这类需要。

1. 交易的细节测试

（1）注册会计师应从被审计单位业务流程层面的主要交易流中选取样本，检查其支持性证据。例如，从采购和付款记录中选取样本：①检查支持性的订购单、商品验收单、发运凭证和发票，追踪至相关费用或资产账户以及应付账款账户；②必要时，检查其他支持性文件，如交易合同条款；③检查已用于付款的支票存根或电子货币转账付款证明以及相关的汇款通知。如果付款与发票对应，则检查相关供应商发票，并追踪付款至相关的应付账款或费用账户。

（2）对主要交易流实施截止测试。其中，采购交易的截止测试包括：①选择已记录采购的样本，检查相关的商品验收单，保证交易已计入正确的会计期间；②确定期末最后一份验收单的顺序号码并审查代码报告，以检测记录在本会计期间的验收单是否存在更大的顺序号码，或因采购交易被漏记或错计入下一会计期间而在本期遗漏的顺序号码。付款交易的截止测试包括：①确定期末最后签署的支票的号码，确保其后的支票支付未被当作本期的交易予以记录；②追踪付款至期后的银行对账单，确定其在期后的合理期间内被支付；③询问期末已签署但尚未寄出的支票，考虑该项支付是否应在本期冲回，计入下一会计期间。寻找未记录的负债的截止测试包括：①确定被审计单位期末用于识别未记录负债的程序，获取相关交易已记入应付账款的证据；②复核供应商付款通知和供应商对账单，获取发票被遗失或未计入正确的会计期间的证据；询问并确定在资产负债表日是否应增加一项应计负债；③调查关于订购单、商品验收单和发票不符的例外报告，识别遗漏的交易或计入不恰当会计期间的交易；④复核截至审计外勤结束日记录在期后的付款，查找其是否在年底前发生的证据；⑤询问审计外勤结束时仍未支付的应付账款；⑥对于在建工程，检查承建方的证明或质量监督报告，以获取存在未记录负债的证据；⑦复核资本预算和董事会会议纪要，获取是否存在承诺和或有负债的证据。

2. 余额的细节测试

（1）复核供应商的付款通知，与供应商对账，获取发票遗漏、未计入正确的会计期间的证据。询问并检查对收费存在争议的往来信函，确定在资产负债表日是否应增加一项应计负债。

（2）在特殊情况下，注册会计师需要决定是否应通过供应商来证实被审计单位期末的应付余额。这种情况通常在被审计单位对采购与付款交易的控制出现严重缺失，记录被毁损时，或者在怀疑存在舞弊或会计记录在火灾或水灾中遗失时才会发生。

二、应付账款的实质性程序

应付账款是企业在正常经营过程中，因购买材料、商品和接受劳务供应等经营活动而应付给供应单位的款项。可见应付账款是随着企业赊购交易的发生而发生的，注册会计师应结合赊购交易进行应付账款的审计。

（一）应付账款的审计目标

应付账款的审计目标一般包括：确定期末应付账款是否存在；确定期末应付账款是否为被审计单位应履行的偿还义务；确定应付账款的发生及偿还记录是否完整，确定应付账款期末余额是否正确，确定应付账款的列报是否恰当。

（二）应付账款的实质性程序

1. 获取或编制应付账款明细表：

（1）复核加计正确，并与报表数、总账数和明细账合计数核对是否相符；

（2）检查非记账本位币应付账款的折算汇率及折算是否正确；

（3）分析出现借方余额的项目，查明原因，必要时，作重分类调整；

（4）结合预付账款等往来项目的明细余额，调查有无同挂的项目、异常余额或与购货无关的其他款项（如关联方账户或雇员账户），如有，应做出记录，必要时作调整。

2. 根据被审计单位实际情况，选择以下方法对应付账款执行实质性分析程序：

（1）将期末应付账款余额与期初余额进行比较，分析波动原因。

（2）分析长期挂账的应付账款，要求被审计单位做出解释，判断被审计单位是否缺乏偿债能力或利用应付账款隐瞒利润；并注意其是否可能无须支付，对确实无须支付的应付账款的会计处理是否正确，依据是否充分；关注账龄超过3年的大额应付账款在资产负债表日后是否偿还，检查偿还记录、单据及披露情况。

（3）计算应付账款与存货的比率、应付账款与流动负债的比率，并与以前年度相关比率对比分析，评价应付账款整体的合理性。

（4）分析存货和营业成本等项目的增减变动，判断应付账款增减变动的合理性。

3. 函证应付账款。一般情况下，并不必须函证应付账款，这是因为函证不能保证查出未记录的应付账款，况且注册会计师能够取得采购发票等外部凭证来证实应付账款的余额。但如果控制风险较高，某应付账款明细账户金额较大或被审计单位处于财务困难阶段，则应进行应付账款的函证。

在进行函证时，注册会计师应选择较大金额的债权人，以及那些在资产负债表日金额不大，甚至为零，但为企业重要供货人的债权人作为函证对象。函证最好采用积极函证方式，并具体说明应付金额。同应收账款的函证一样，注册会计师必须对函证的过程进行控制，要求债权人直接回函，并根据回函情况编制与分析函证结果汇总表，对未回函的，应考虑是否再次函证。

如果存在未回函的重大项目，注册会计师应采用替代审计程序。比如，可以检查决算日后应付账款明细账及库存现金和银行存款日记账，核实其是否已支付，同时检查该笔债务的相关凭证资料，如合同、发票、验收单，核实应付账款的真实性。

4. 检查应付账款是否计入正确的会计期间，是否存在未入账的应付账款：

（1）检查债务形成的相关原始凭证，如供应商发票、验收报告或入库单等，查找有无未及时入账的应付账款，确定应付账款期末余额的完整性；

（2）检查资产负债表日后应付账款明细账贷方发生额的相应凭证，关注其购货发票的日期，确认其入账时间是否合理；

（3）获取被审计单位与其供应商之间的对账单，并将对账单和被审计单位财务记录之间的差异进行调节（如在途款项、在途货物、付款折扣、未记录的负债等），查找有无未入账的应付账款，确定应付账款金额的准确性；

(4) 针对资产负债表日后付款项目，检查银行对账单及有关付款凭证（如银行划款通知、供应商收据等），询问被审计单位内部或外部的知情人员，查找有无未及时入账的应付账款；

(5) 结合存货监盘程序，检查被审计单位在资产负债日前后的存货入库资料（验收报告或入库单），检查是否有大额料到单未到的情况，确认相关负债是否计入了正确的会计期间。

如果注册会计师通过这些审计程序发现某些未入账的应付账款，应将有关情况详细记入审计工作底稿，并根据其重要性确定是否需建议被审计单位进行相应的调整。

5. 针对已偿付的应付账款，追查至银行对账单、银行付款单据和其他原始凭证，检查其是否在资产负债表日前真实偿付。

6. 针对异常或大额交易及重大调整事项（如大额的购货折扣或退回，会计处理异常的交易，未经授权的交易，或缺乏支持性凭证的交易等），检查相关原始凭证和会计记录，以分析交易的真实性、合理性。

7. 被审计单位与债权人进行债务重组的，检查不同债务重组方式下的会计处理是否正确。

8. 标明应付关联方［包括持5%以上（含5%）表决权股份的股东］的款项，执行关联方及其交易审计程序，并注明合并报表时应予抵销的金额。

9. 检查应付账款是否已按照企业会计准则的规定在财务报表中做出恰当列报。一般来说，“应付账款”项目应根据“应付账款”和“预付账款”科目所属明细科目的期末贷方余额的合计数填列。

如果被审计单位为上市公司，则通常在其财务报表附注中应说明有无欠持有5%以上（含5%）表决权股份的股东单位账款；说明账龄超过3年的大额应付账款未偿还的原因，并在期后事项中反映资产负债表日后是否偿还。

三、固定资产的实质性程序

固定资产是指同时具有下列两个特征的有形资产：(1) 为生产商品、提供劳务、出租或经营管理而持有的；(2) 使用寿命超过一个会计年度。这里的使用寿命是指企业使用固定资产的预计期间，或者该固定资产所能生产产品或提供劳务的数量。固定资产只有同时满足下列两个条件才能予以确认：(1) 与该固定资产有关的经济利益很可能流入企业；(2) 该固定资产的成本能够可靠地计量。由于固定资产在企业资产总额中一般都占有较大的比例，固定资产的安全、完整对企业的生产经营影响极大，注册会计师应对固定资产的审计予以高度重视。

固定资产审计的范围很广。固定资产科目余额反映企业所有固定资产的原价，累计折旧科目余额反映企业固定资产的累计折旧数额，固定资产减值准备科目余额反映企业对固定资产计提的减值准备数额，固定资产项目余额由固定资产科目余额扣除累计折旧科目余额和固定资产减值准备科目余额构成，这三项无疑属于固定资产的审计范围。除此之外，由于固定资产的增加包括购置、自行建造、投资者投入、融资租入、更新改造、以非现金资产抵偿债务方式取得或以应收债权换入、以非货币性资产交换方式换入、经批准无偿调入、接受捐赠和盘盈等多种途径，相应涉及货币资金、应付账款、预付款项、在建工程、股本、资本公积、长期应付款、递延所得税负债等项目；企业的固定资产又因出售、报废、投资转出、捐赠转出、抵债转出、以非货币性资产交换方式换出、无偿调出、毁损和盘亏等原因而减少，与固定资产清理、其他应收款、营业外收入和营业外支出等项目有关；另外，企业按月计提固定资产折旧，这又与制造费用、销售费用、管理费用等项目联系在一起。因此，在进行固定资产审计时，应当关注这些相关项目。广义的固定资产审计范围，自然也包括这些相关项目在内。

（一）固定资产的审计目标

固定资产的审计目标一般包括：确定固定资产是否存在；确定所有应记录的固定资产是否均已记录；确定记录的固定资产是否由被审计单位拥有或者控制；确定固定资产以恰当的金额包括在财务报表中，与之相关的计价或分摊已恰当记录；确定固定资产、累计折旧和固定资产减值准备是否已按照企业会计准则的规定在财务报表中做出恰当列报。

（二）固定资产——账面余额的实质性程序

1. 获取或编制固定资产和累计折旧分类汇总表，检查固定资产的分类是否正确并与总账数和明细账合计数核对相符，结合累计折旧、减值准备科目与报表数核对相符。固定资产和累计折旧分类汇总表又称一览表或综合分析表，是审计固定资产和累计折旧的重要工作底稿，其参考格式如表 11-2 所示。

表 11-2　　　　固定资产和累计折旧分类汇总表

年　月　日

编制人：　　　　日期：

被审计单位：　　　　复核人：　　　　日期：

固定资产类别	固定资产				累计折旧					
	期初余额	本期增加	本期减少	期末余额	折旧方法	折旧率	期初余额	本期增加	本期减少	期末余额
合计										

汇总表包括固定资产与累计折旧两部分，应按照固定资产类别分别填列。需要解释的是期初余额栏，注册会计师对其审计应分三种情况：一是在连续审计情况下，应注意与上期审计工作底稿中的固定资产和累计折旧的期末余额审定数核对相符。二是在变更会计师事务所时，后任注册会计师应查阅前任注册会计师有关工作底稿。三是如果被审计单位以往未经注册会计师审计，即在首次接受审计情况下，注册会计师应对期初余额进行较全面的审计。尤其是当被审计单位的固定资产数量多、价值大、占资产总额比重高时，最理想的方法是全面审计被审计单位设立以来“固定资产”和“累计折旧”账户中的所有重要的借贷记录。这样，既可核实期初余额的真实性，又可从中加深对被审计单位固定资产管理和会计核算工作的了解。

2. 根据具体情况，选择以下方法对固定资产实施实质性分析程序：

（1）基于对被审计单位及其环境的了解，通过进行以下比较，并考虑有关数据间关系的影响，建立有关数据的期望值：

①分类计算本期计提折旧额与固定资产原值的比率，并与上期比较；

②计算固定资产修理及维护费用占固定资产原值的比例，并进行本期各月、本期与以前各期的比较。

（2）确定可接受的差异额。

（3）将实际情况与期望值相比较，识别需要进一步调查的差异。

（4）如果其差额超过可接受的差异额，调查并获取充分的解释和恰当的佐证审计证据，如检查相关的凭证。

（5）评估实质性分析程序的测试结果。

3. 实地检查重要固定资产，确定其是否存在，关注是否存在已报废但仍挂账的固定资产。

实施实地检查审计程序时，注册会计师可以以固定资产明细分类账为起点，进行实地追查，以证明会计记录中所列固定资产确实存在，并了解其目前的使用状况；也可以以实地为起点，追查至固定资产明细分类账，以获取实际存在的固定资产均已入账的证据。

当然，注册会计师实地检查的重点是本期新增加的重要固定资产，有时，观察范围也会扩展到以前期间增加的重要固定资产。观察范围的确定需要依据被审计单位内部控制的强弱、固定资产的重要性和注册会计师的经验来判断。如为首次接受审计，则应适当扩大检查范围。

4. 检查固定资产的所有权。对各类固定资产，注册会计师应获取、收集不同的证据以确定其是否确归被审计单位所有，如，对外购的机器设备等固定资产，通常经审核采购发票、采购合同等予以确定；对于房地产类固定资产，尚需查阅有关的合同、产权证明、财产税单、抵押借款的还款凭据、保险单等书面文件；对融资租入的固定资产，应验证有关融资租赁合同，证实其并非经营租赁；对汽车等运输设备，应验证有关运营证件等；对受留置权限制的固定资产，通常还应审核被审计单位的有关负债项目等予以证实。

5. 检查本期固定资产的增加。

（1）询问管理层当年固定资产的增加情况，并与获取或编制的固定资产明细表进行核对；

（2）检查本年度增加固定资产的计价是否正确，手续是否齐备，会计处理是否正确；

（3）检查固定资产是否存在弃置费用，如果存在弃置费用，检查弃置费用的估计方法和弃置费用现值的计算是否合理，会计处理是否正确。

6. 检查本期固定资产的减少。固定资产的减少主要包括出售、向其他单位投资转出、向债权人抵债转出、报废、毁损、盘亏等。有的被审计单位在全面清查固定资产时，常常会出现固定资产账存实亡现象，这可能是由于固定资产管理或使用部门不了解报废固定资产与会计核算两者间的关系，擅自报废固定资产而未及时通知财务部门作相应的会计核算所致，这样势必造成财务报表反映失真。审计固定资产减少的主要目的就在于查明业已减少的固定资产是否已作适当的会计处理。其审计要点如下：

（1）结合固定资产清理科目，抽查固定资产账面转销额是否正确。

（2）检查出售、盘亏、转让、报废或毁损的固定资产是否经授权批准，会计处理是否正确。

（3）检查因修理、更新改造而停止使用的固定资产的会计处理是否正确。

（4）检查投资转出固定资产的会计处理是否正确。

（5）检查债务重组或非货币性资产交换转出固定资产的会计处理是否正确。

（6）检查转出的投资性房地产账面价值及会计处理是否正确。

（7）检查其他减少固定资产的会计处理是否正确。

7. 检查固定资产的后续支出，确定固定资产有关的后续支出是否满足资产确认条件；如不满足，该后续支出是否在发生时计入当期损益。

8. 检查固定资产的租赁。企业在生产经营过程中，有时可能有闲置的固定资产供其他单位租用；有时由于生产经营的需要，又需租用固定资产。租赁一般分为经营租赁和融资租赁两种。

9. 获取暂时闲置固定资产的相关证明文件，并观察其实际状况，检查是否已按规定计提折旧，相关的会计处理是否正确。

10. 获取已提足折旧仍继续使用固定资产的相关证明文件，并作相应记录。

11. 获取持有待售固定资产的相关证明文件，并作相应记录。检查对其预计净残值调整是否正确、会计处理是否正确。

12. 检查固定资产保险情况，复核保险范围是否足够。

13. 检查有无与关联方的固定资产购售活动，是否经适当授权，交易价格是否公允。对于合并范围内的购售活动，记录应予合并抵销的金额。

14. 对应计入固定资产的借款费用，应根据企业会计准则的规定，结合长短期借款、应付债券或长期应付款的审计，检查借款费用（借款利息、折溢价摊销、汇兑差额、辅助费用）资本化的计算方法和资本化金额，以及会计处理是否正确。

15. 检查购置固定资产时是否存在与资本性支出有关的财务承诺。

16. 检查固定资产的抵押、担保情况。结合对银行借款等的检查，了解固定资产是否存在重大的抵押、担保情况。如存在，应取证并作相应的记录，同时提请被审计单位作恰当披露。

17. 确定固定资产是否已按照企业会计准则的规定在财务报表中做出恰当列报。

如果被审计单位是上市公司，则通常应在其财务报表附注中按类别分项列示固定资产期初余额、本期增加额、本期减少额及期末余额；说明固定资产中存在的在建工程转入、出售、置换、抵押或担保等情况；披露通过融资租赁租入的固定资产的账面原值、累计折旧、账面净值；披露通过经营租赁租出的固定资产每类租出资产的账面价值。

（三）固定资产——累计折旧的实质性程序

固定资产可以长期参加生产经营而仍保持其原有实物形态，但其价值将随着固定资产的使用而逐渐转移到生产的产品中，或构成经营成本或费用。这部分在固定资产使用寿命内，按照确定的方法对应计折旧额进行的系统分摊就是固定资产的折旧。

在不考虑固定资产减值准备的前提下，影响折旧的因素有折旧的基数（一般指固定资产的账面原价）、固定资产的残余价值和使用寿命三个方面。在考虑固定资产减值准备的前提下，影响折旧的因素则包括折旧的基数、累计折旧、固定资产减值准备、固定资产预计净残值和固定资产尚可使用年限五个方面。在计算折旧时，对固定资产的残余价值和清理费用只能人为估计；对固定资产的使用寿命，由于固定资产的有形和无形损耗难以准确计算，因而也只能估计；同样，对固定资产减值准备的计提也带有估计的成分。因此，固定资产折旧主要取决于企业的折旧政策，具有一定程度的主观性。

累计折旧的实质性程序通常包括：

1. 获取或编制累计折旧分类汇总表，复核加计是否正确，并与总账数和明细账合计数核对是否相符。

2. 检查被审计单位制定的折旧政策和方法是否符合相关会计准则的规定。确定其所采用的折旧方法能否在固定资产预计使用寿命内合理分摊其成本，前后期是否一致，预计使用寿命和预计净残值是否合理。

3. 复核本期折旧费用的计提和分配：

(1) 了解被审计单位的折旧政策是否符合规定，计提折旧范围是否正确，确定的使用寿命、预计净残值和折旧方法是否合理；如采用加速折旧法，是否取得批准文件。

(2) 检查被审计单位折旧政策前后期是否一致。

(3) 复核本期折旧费用的计提是否正确。

(4) 检查折旧费用的分配方法是否合理，是否与上期一致；分配计入各项目的金额占本期全部折旧计提额的比例与上期比较是否有重大差异。

(5) 注意固定资产增减变动时，有关折旧的会计处理是否符合规定，查明通过更新改造、接受捐赠或融资租入而增加的固定资产的折旧费用计算是否正确。

4. 将"累计折旧"账户贷方的本期计提折旧额与相应的成本费用中的折旧费用明细账户的借方相比较，以查明所计提折旧金额是否已全部摊入本期产品成本或费用。

5. 检查累计折旧的减少是否合理、会计处理是否正确。

6. 确定累计折旧的披露是否恰当。

如果被审计单位是上市公司，通常应在其财务报表附注中按固定资产类别分别列示累计折旧期初余额、本期计提额、本期减少额及期末余额。

(四) 固定资产——固定资产减值准备的实质性程序

固定资产的可收回金额低于其账面价值称为固定资产减值。这里的可收回金额应当根据固定资产的公允价值减去处置费用后的净额与资产预计未来现金流量的现值两者之间的较高者确定。这里的处置费用包括与固定资产处置有关的法律费用、相关税费、搬运费以及为使固定资产达到可销售状态所发生的直接费用等。

固定资产减值准备的实质性程序一般包括：

(1) 获取或编制固定资产减值准备明细表，复核加计正确，并与总账数和明细账合计数核对相符。

(2) 检查固定资产减值准备计提和核销的批准程序，取得书面报告等证明文件。

（3）检查被审计单位计提固定资产减值准备的依据是否充分及会计处理是否正确。

（4）检查资产组的认定是否恰当，计提固定资产减值准备的依据是否充分，会计处理是否正确。

（5）实施实质性分析程序，计算本期末固定资产减值准备占期末固定资产原值的比率，并与期初该比率比较，分析固定资产的质量状况。

（6）检查被审计单位处置固定资产时原计提的减值准备是否同时结转，会计处理是否正确。

（7）检查是否存在转回固定资产减值准备的情况。按照企业会计准则规定，固定资产减值损失一经确认，在以后会计期间不得转回。

（8）确定固定资产减值准备的披露是否恰当。

如果被审计单位是上市公司，其财务报表附注中通常还应分别列示计提的固定资产减值准备金额、增减变动情况以及计提的原因。

练习题

一、单项选择题

1. 注册会计师在了解Y公司采购交易内部控制的设计情况时，应注意确认下列采购（　　）职务是否由两个独立的部门执行。

A. 请购与审批　　B. 询价与确定供应商

C. 采购合同的订立与审批　　D. 采购与验收

2. 下列凭证中，（　　）难以直接证实被审计单位是否遵循了采购交易的“准确性”或“计价和分摊”认定。

A. 订购单　　B. 卖方发票

C. 验收单　　D. 付款凭证

3. 在上市公司有关付款凭单的下列内部控制中，注册会计师应当认为存在设计缺陷的是（　　）。

A. 付款凭单应当由销售部门专人填制

B. 填制付款凭单前，应确定卖方发票、验收单、订购单的一致性

C. 付款凭单是确认与记录负债的依据

D. 付款凭单上应填入借记的资产或费用账户名称

4. 如果Y公司无法合理解释其应付账款期末余额远小于期初余额的原因，A注册会计师最可能评估其（　　）认定的重大错报风险为高水平。

A. 应付账款余额的完整性　　　　B. 应付账款余额的计价

C. 应付账款列报的分类　　　　D. 相关采购交易的截止

5. 以下审计程序中，C注册会计师最有可能获取固定资产存在的审计证据是（　　）。

A. 观察经营活动，并将固定资产本期余额与上期余额进行比较

B. 询问被审计单位的管理层和生产部门

C. 以检查固定资产实物为起点，检查固定资产明细账和相关凭证

D. 以检查固定资产明细账为起点，检查固定资产实物和相关凭证

6. 以下审计程序中，D注册会计师最有可能证实已记录应付账款存在的是（　　）。

A. 从应付账款明细账追查至购货合同、购货发票和入库单等凭证

B. 检查采购文件以确定是否使用预先编号的采购单

C. 抽取购货合同、购货发票和入库单等凭证，追查至应付账款明细账

D. 向供应商函证零余额的应付账款

7. 在检查应付账款项目的会计处理和报表披露情况时，发现Y公司对应付账款业务进行了如下处理和披露，其中需要提请Y公司调整或改正的是（　　）。

A. 对带有现金折扣的应付账款，已按发票上记载的全部应付账款入账，而在实际获得的现金折扣后作了冲减财务费用的处理

B. 在财务报表附注中对账龄超过3年的大额应付账款尚未偿还的原因进行具体说明，并进一步说明资产负债日后仍未偿还

C. 对确实无法支付的应付账款，在取得了充分依据并履行了必要的审计手续后，金额转入了“资本公积”项目

D. 在编制财务报表时，将“应付账款”和“预付账款”科目所属的明细科目的期末贷方余额的合计数列示在资产负债表的“应付账款”项目中

8. 下列审计程序中，不属于审查固定资产减少的审计程序的是（　　）。

A. 审查出售固定资产的净收益　　　　B. 分析“营业外收支”账户

C. 追查停产产品的专用设备的处理　　　　D. 审核固定资产的验收报告

9. 注册会计师如果对应付账款进行函证，通常采用的函证方式为（　　）。

A. 积极式　　　　B. 消极式

C. 积极式和消极式的结合　　　　D. 积极式或消极式均可

10. 在下列进一步审计程序中，与应付账款在财务报表上列报的分类与可理解性目标最为相关的是（　　）。

A. 核实应付账款明细账余额合计是否与总账余额相符

B. 检查应付账款明细表中有无借方余额的应付账款

C. 向近三年来发生过采购业务的供应商函证应付账款

D. 从应付账款明细账中抽取业务抽查到供应商发票

二、多项选择题

1. 实施实地观察固定资产审计程序时可以（　　）。

A. 以固定资产明细账为起点　　B. 以累计折旧明细账为起点

C. 以实物为起点　　D. 以固定资产总账为起点

2. 下列各项中，注册会计师认为需要对固定资产账面价值进行调整的有（　　）。

A. 对固定资产进行修理发生的费用

B. 对办公楼进行装修符合资本化的部分

C. 对融资租赁租入固定资产进行改良发生的费用

D. 计提固定资产减值准备

3. 固定资产的审计目标应包括（　　）。

A. 确定固定资产是否存在

B. 确定固定资产及其累计折旧增减变动是否完整

C. 确定资产预算是否合理

D. 确定固定资产计价和折旧政策是否恰当

4. 注册会计师实地观察固定资产是为了（　　）。

A. 确定固定资产是否存在

B. 确定固定资产的披露是否正确

C. 确定固定资产的完整性

D. 验证固定资产的所有权

5. 注册会计师在对被审计单位的应付账款进行审计时，一般应选择的函证对象有（　　）。

A. 较大金额的债权人

B. 所有的债权人

C. 在资产负债表日金额不大、甚至为零的债权人，而且不是企业重要供货人的债权人

D. 在资产负债表日金额不大、甚至为零，但为企业重要供货人的债权人

三、判断题

1. 财务报表中的“应付账款”项目应根据“应付账款”和“预付账款”科目所属明细科目的期末贷方余额的合计数填列。（　　）

2. 购买固定资产的价款超过正常信用条件延期支付，实质上具有融资性质

的，注册会计师认为固定资产的成本以购买价款的现值为基础确定。(　　)

3. 因为多数舞弊企业往往低估应付账款，所以函证不能保证查出所有未入账的应付账款。(　　)

4. 注册会计师审查被审计单位卖方发票、验收单、订货单和请购单的合理性和真实性，追查存货的采购业务至存货的永续盘存记录，可测试已发生采购业务的完整性。(　　)

5. 已达到预定可使用状态但在年度内尚未办理竣工决算手续的固定资产，应按估计价值暂估入账，并计提折旧。待办理了竣工决算手续后，再按照实际成本调整原来的暂估价值，并调整已计提的折旧额。(　　)

四、简答题

B股份有限公司（以下简称B公司）产品采购以B公司仓库为交货地点。B公司目前主要采用手工会计系统。C和D注册会计师负责于20×3年10月25日至11月10日对B公司的内部控制进行了解、测试与评价。

(1) 对需要购买的已经列入存货清单的项目由仓库负责填写请购单，对未列入存货清单的由相关需求部门填写请购单。请购单未设置编号，但每张请购单须由对该类采购支出负责预算的主管人员签字批准。

(2) 采购部收到经批准的请购单后，由其职员E进行询价并确定供应商，再由其职员F负责编制和发出预先连续编号的订购单。订购单一式四联，经被授权的采购人员签字后，分别送交供应商、负责验收的部门、提交请购单的部门和负责采购业务结算的应付凭单部门。

(3) 验收部门根据订购单上的要求对所采购的材料进行验收，完成验收后，将原材料交由仓库人员存入库房，并编制预先连续编号的验收单交仓库人员签字确认。验收单一式三联，其中两联分送应付凭单部门和仓库部门，一联留存验收部门。

(4) 应付凭单部门核对供应商发票、验收单和订购单，并编制预先连续编号的付款凭单。会计部门收到附有供应商发票的付款凭单后即应及时编制有关的记账凭证，并登记原材料和应付账款账簿。

要求：针对资料中第（1）至第（4）项，判断B公司的内部控制程序在设计上是否存在缺陷。请分别予以指出，并简要说明理由；如果存在缺陷，提出改进建议。

五、实训题

X会计师事务所负责对Y公司20×3年度财务报表进行审计。E注册会计师担任该审计项目合伙人。在审计过程中，F注册会计师负责固定资产的审计，并编制了相关的工作底稿，部分内容摘抄如下（金额单位：万元）：

资料一：

Y公司					索引号：I1-1
固定资产累计折旧审计表			编制：F	日期：20×4年2月21日	
截至20×3年12月31日			审核：E	日期：20×4年2月21日	
	索引	20×3年			20×2年
		未审数	审计调整	审定数	已审数
A固定资产	注释1	234	18	252	216
B固定资产	注释2	320	30	350	230
……	……	……	……	……	……

注释1：A固定资产是用于生产A产品的专用机械设备。至20×3年年底已使用7年，预计尚可使用3年。根据Y公司的折旧政策。该设备每年计提的累计折旧为36万元。因A产品大量积压，Y公司20×3年下半年未使用该设备，因此停止对该设备计提折旧。我们检查了该设备的使用记录，没有发现异常。审计处理建议：已提出审计调整建议，补提累计折旧18万元，并相应调整增加A产品存货账面价值18万元。

注释2：B固定资产用于生产B产品。B产品是畅销产品，20×3年年末结存数量为往年的50%。由于长期超负荷工作，Y公司提前于20×3年第三季度对设备进行定期大修理，在此期间停止计提折旧。我们检查了Y公司生产部门第三季度有关B固定资产的大修理报告，没有发现异常。审计处理建议：补提B固定资产第三季度少提的累计折旧30万元，相应调整增加B产品的营业成本。

注释…：（略）

资料二：

Y公司					索引号：I1-2
固定资产减值准备审计表			编制：F	日期：20×4年2月21日	
截至20×3年12月31日			审核：E	日期：20×4年2月21日	
	索引	20×3年			20×2年
		未审数	审计调整	审定数	已审数
A固定资产	注释1	60	10	70	60
B固定资产	注释2	0	40	40	80
……	……	……	……	……	……

注释1：A固定资产于20×4年初重新投入使用。重新启用A固定资产时发现：因闲置期间疏于管理导致设备功能性损坏，专家20×4年1月提交的评估报告确认该设备发生减值10万元。Y公司财务经理以评估报告于20×4年提交为由，没有在20×3年财务报表反映这一情况。我们检查了评估报告并询问了A固定资产的操作人员与维护人员，没有发现异常。审计处理建议：已提出审计调整建议，补提减值准备10万元，并相应调整增加资产减值损失10万元。

注释2：B产品的热销使得B固定资产市场价格上升。20×3年年末，Y公司将B固定资产可收回金额高于账面价值40万元冲减了以前年度B固定资产减值准备。我们检查了B固定资产及其可收回金额相关的资料，确认B固定资产可收回金额回升的相关信息与事实相符。审计处理建议：无须提出审计调整建议。

注释…：（略）

要求：

（1）请针对资料一中固定资产累计折旧审计工作底稿的注释1、2，假定不考虑其他条件，逐项指出相关审计处理建议是否存在不当之处，并简要说明理由。如果存在不当之处，简要提出改进建议。

（2）请针对资料二中固定资产减值准备审计工作底稿的注释1、2，假定不考虑其他条件，逐项指出相关审计处理建议是否存在不当之处，并简要说明理由。如果存在不当之处，简要提出改进建议。

CHAPTER

12 第十二章 生产与存货循环审计

【学习目标】 通过本章学习，了解生产与存货循环的主要业务活动、凭证与记录；理解生产与存货循环重要内部控制与控制测试的程序；掌握存货的实质性程序等。

第一节　生产与存货循环的特性

一、涉及的主要凭证和会计记录

以制造业为例，生产与存货循环由将原材料转化为产成品的有关活动组成。该循环包括制定生产计划，控制、保持存货水平以及与制造过程有关的交易和事项，涉及领料、生产加工、销售产成品等主要环节。生产与存货循环所涉及的凭证和记录主要包括：

（一）生产指令

生产指令又称“生产任务通知单”，是企业下达制造产品等生产任务的书面文件，用以通知供应部门组织材料发放，生产车间组织产品制造，会计部门组织成本计算。广义的生产指令也包括用于指导产品加工的工艺规程，如机械加工企业的“路线图”等。

（二）领发料凭证

领发料凭证是企业为控制材料发出所采用的各种凭证，如材料发出汇总表、领料单、限额领料单、领料登记簿、退料单等。

（三）产量和工时记录

产量和工时记录是登记工人或生产班组出勤内完成产品数量、质量和生产这些产品所耗费工时数量的原始记录。产量和工时记录的内容与格式是多种多样的，在不同的生产企业中，甚至在同一企业的不同生产车间中，由于生产类型不同而采用不同格式的产量和工时记录。常见的产量和工时记录主要有工作通知单、工序进程单、工作班产量报告、产量通知单、产量明细表、废品通知单等。

（四）工薪汇总表及工薪费用分配表

工薪汇总表是为了反映企业全部工薪的结算情况，并据以进行工薪结算总分类核算和汇总整个企业工薪费用而编制的，它是企业进行工薪费用分配的依据。工薪费用分配表反映了各生产车间各产品应负担的生产工人工薪及福利费。

（五）材料费用分配表

材料费用分配表是用来汇总反映各生产车间各产品所耗费的材料费用的原始记录。

（六）制造费用分配汇总表

制造费用分配汇总表是用来汇总反映各生产车间各产品所应负担的制造费用的原始记录。

（七）成本计算单

成本计算单是用来归集某一成本计算对象所应承担的生产费用，计算该成本计算对象的总成本和单位成本的记录。

（八）存货明细账

存货明细账是用来反映各种存货增减变动情况和期末库存数量及相关成本信息的会计记录。

二、涉及的主要业务活动

同样以制造业为例，生产与存货循环所涉及的主要业务活动包括：

（一）计划和安排生产

生产计划部门的职责是根据顾客订单或者对销售预测和产品需求的分析来决

定生产授权。如决定授权生产，即签发预先编号的生产通知单。该部门通常应将发出的所有生产通知单编号并加以记录控制。此外，还需要编制一份材料需求报告，列示所需要的材料和零件及其库存。

（二）发出原材料

仓库部门的责任是根据从生产部门收到的领料单发出原材料。领料单上必须列示所需的材料数量和种类，以及领料部门的名称。领料单可以一料一单，也可以多料一单，通常需一式三联。仓库发料后，将其中一联连同材料交给领料部门，其余两联经仓库登记材料明细账后，送会计部门进行材料收发核算和成本核算。

（三）生产产品

生产部门在收到生产通知单及领取原材料后，便将生产任务分解到每一个生产工人，并将所领取的原材料交给生产工人，据以执行生产任务。生产工人在完成生产任务后，将完成的产品交生产部门查点，然后转交检验员验收并办理入库手续；或是将所完成的产品移交下一个部门，作进一步加工。

（四）核算产品成本

为了正确核算并有效控制产品成本，必须建立健全成本会计制度，将生产控制和成本核算有机结合在一起。一方面，生产过程中的各种记录、生产通知单、领料单、计工单、入库单等文件资料都要汇集到会计部门，由会计部门对其进行检查和核对，了解和控制生产过程中存货的实物流转；另一方面，会计部门要设置相应的会计账户，会同有关部门对生产过程中的成本进行核算和控制。成本会计制度可以非常简单，只是在期末记录存货余额；也可以是完善的标准成本制度，它持续地记录所有材料处理、在产品和产成品，并形成对成本差异的分析报告。完善的成本会计制度应该提供原材料转为在产品，在产品转为产成品，以及按成本中心、分批生产任务通知单或生产周期所消耗的材料、人工和间接费用的分配与归集的详细资料。

（五）储存产成品

产成品入库，须由仓库部门先行点验和检查，然后签收。签收后，将实际入库数量通知会计部门。据此，仓库部门确立了本身应承担的责任，并对验收部门的工作进行验证。除此之外，仓库部门还应根据产成品的品质特征分类存放，并填制标签。

（六）发出产成品

产成品的发出须由独立的发运部门进行。装运产成品时必须持有经有关部门核准的发运通知单，并据此编制出库单。出库单至少是四联，一联交仓库部门；

一联发运部门留存；一联送交顾客；一联作为给顾客开发票的依据。

第二节 生产与存货循环的内部控制与控制测试

一、生产与存货循环的内部控制

总体上看，生产与存货循环的内部控制主要包括存货的内部控制、成本会计制度的内部控制两项内容。

关于存货的内部控制，需要作以下两个方面的说明：一方面，由于生产与存货循环与其他业务循环的内在联系，生产与存货循环中某些审计测试，特别是对存货的审计测试，与其他相关业务循环的审计测试同时进行将更为有效。例如，原材料的取得和记录是作为采购与付款循环的一部分进行测试的，而装运产成品和记录营业收入与成本则是作为销售与收款循环审计的一部分进行测试的。这些在前面相应章节已经结合其他循环作了介绍，在此不再赘述。另一方面，尽管不同的企业对其存货可能采取不同的内部控制，但从根本上说，均可概括为存货的数量和计价两个关键因素的控制。

（一）与存货相关的内部控制

与存货相关的内部控制涉及被审计单位供、产、销各个环节，包括采购、验收、仓储、领用、加工、装运出库等方面，还包括存货数量的盘存制度。需要说明的是，与存货内部控制相关的措施有很多，其有效程度也存在差异。

1. 采购

与采购相关的内部控制的总体目标是所有交易都已获得适当的授权与批准。使用购货订单是一项基本的内部控制措施。购货订单应当预先连续编号，事先确定采购价格并获得批准。此外，还应当定期清点购货订单。

2. 验收

与存货验收相关的内部控制的总体目标是所有收到的货物都已得到记录。使用验收报告单是一项基本的内部控制措施。被审计单位应当设置独立的部门负责验收货物，该部门具有验收存货实物、确定存货数量、编制验收报告、将验收报告传送至会计核算部门以及运送货物至仓库等一系列职能。

3. 仓储

与仓储相关的内部控制的总体目标是确保与存货实物的接触必须得到管理层的指示和批准。被审计单位应当采取实物控制措施，使用适当的存储设施，以使存货免受意外损毁、盗窃或破坏。

4. 领用

与领用相关的内部控制的总体目标是所有存货的领用均应得到批准和记录。使用存货领用单是一项基本的内部控制措施。对存货领用单应当定期进行清点。

5. 加工（生产）

与加工（生产）相关的内部控制的总体目标是对所有的生产过程做出适当的记录。使用生产报告是一项基本的内部控制措施。在生产报告中，应当对产品质量缺陷和零部件使用及报废情况及时做出说明。

6. 装运出库

与装运出库相关的内部控制的总体目标是所有的装运都得到了记录。使用发运凭证是一项基本的内部控制措施。发运凭证应当预先编号，定期进行清点，并作为日后开具收款账单的依据。

7. 存货的盘存制度

存货数量的盘存制度一般分为实地盘存制和永续盘存制。存货盘存制度不同，对存货数量的控制程度的影响也不同。但即使采用永续盘存制，也并不意味着无须对存货实物进行盘点。为了核对存货账面记录、加强对存货的管理，被审计单位每年至少应对存货进行一次全面盘点。

（二）成本会计制度的内部控制

表 12-1 列示的是成本会计制度的内部控制目标与关键内部控制的关系。

表 12-1　　成本会计制度的目标、内部控制一览表

内部控制目标	关键的内部控制
生产业务是根据管理层一般或特定的授权进行的（发生）	对以下三个关键点应履行恰当手续，经过特别审批或一般审批：（1）生产指令的授权批准；（2）领料单的授权批准；（3）工薪的授权批准
记录的成本是实际发生的而非虚构的（发生）	成本的核算是以经过审核的生产通知单、领发料凭证、产量和工时记录、工薪费用分配表、材料费用分配表、制造费用分配表为依据的
所有耗费和物化劳动均已反映在成本中（完整性）	生产通知单、领发料凭证、产量和工时记录、工薪费用分配表、材料费用分配表、制造费用分配表均事先编号并已经登记入账
成本以正确的金额，在恰当的会计期间及时记录于适当的账户（发生、完整性、准确性、计价和分摊）	采用适当的成本核算方法，并且前后各期一致；采用适当的费用分配方法，并且前后各期一致；采用适当的成本核算流程和账务处理流程；内部核查
对存货实施保护措施，保管人员与记录、批准人员相互独立（完整性）	存货保管人员与记录人员职务相分离
账面存货与实际存货定期校对相符（存在、完整性、计价和分摊）	定期进行存货盘点

（三）生产与存货循环内部控制工作底稿示例

注册会计师可以通过检查（主要是查阅内部控制生成文件）、询问和观察、穿行测试等方法，对被审计单位的相关内部控制进行调查和了解，将了解结果采用填写调查表（问卷）、系统流程图、文字说明等方式进行描述和记录。表 12-2 列示了生产与存货循环内部控制穿行测试工作底稿。

表 12-2　　　　生产与存货循环内部控制穿行测试

单位名称：________编制人：________日期：________索引号：________

会计期间：________复核人：________日期：________页　次：________

审计目标：通过穿行测试，了解和评价生产与存货循环控制设计是否合理并得到执行，评估与财务报表相关的重大错报风险。

审计过程：（记录如何选择样本量及方法）

样本序号	业务内容	样本时间	样本金额	主要控制点执行情况的检查										
				1	2	3	4	5	6	7	8	9	10	11

标识 1：不相容职务已分开设置并得到执行；
标识 2：经审批的生产通知单按顺序编号；
标识 3：经审批的领料单上已列示所需的材料数量、种类、领料部门名称及用途；
标识 4：经审批的产品转移单是否履行验收手续；
标识 5：经审核的产品入库单是否履行验收手续；
标识 6：仓库收发存报表是否与入库单、领料单（出库单）等汇总数核对一致；
标识 7：财务与仓库定期对账，并及时分析根据审批调整相关差异的记录是否与账面记录一致；
标识 8：定期盘点记录与账面数差异是否经过适当批准并及时调账；
标识 9：已开具的销货单、销售发票、提货联或运货单所记录的内容是否核对一致；
标识 10：存货明细账与总账余额是否核对一致；
标识 11：产品销售成本计算是否符合制度规定，是否与相关收入配比。
……

穿行测试说明：（针对上述测试过程需要说明的事项）

审计结论：
经××抽查××笔业务，我们发现
1. ××关键控制存在××问题，发现××关键控制执行存在问题，财务报表××认定可能存在重大错报；
2. 对××控制高度依赖（中度/不依赖），拟对××控制执行有效性控制测试。

二、生产与存货循环内部控制的测试

在审计实务中，注册会计师既可以考虑以被审计单位的内部控制目标为起点实施控制测试，也可以考虑以识别的重大错报风险为起点实施控制测试。本节择要介绍以内部控制目标为起点的控制测试。

1. 注册会计师应当通过控制测试获取支持将被审计单位的控制风险评价为中或低的证据。如果能够获取这些证据，注册会计师就可以接受较高的检查风险，并在很大程度上可以通过实施实质性分析程序获取进一步的审计证据，减少对生产与存货交易和营业成本、存货等相关项目的细节测试的依赖。

2. 对于计划和安排生产这项主要业务活动，有些被审计单位的内部控制要求，根据经审批的月度生产计划书，由生产计划经理签发预先按顺序编号的生产通知单。对此，注册会计师在实施控制测试时，应抽取生产通知单检查是否与月度生产计划书中的内容一致。

3. 对于发出原材料这项主要业务活动，有些被审计单位的内部控制要求：(1) 仓库管理员应把领料单编号、领用数量、规格等信息输入计算机系统，经仓储经理复核并以电子签名方式确认后，系统自动更新材料明细台账；(2) 原材料仓库分别于每月、每季和年度终了，对原材料存货进行盘点，会计部门对盘点结果进行复盘。由仓库管理员编写原材料盘点明细表，发现差异及时处理，经仓储经理、财务经理和生产经理复核后调整入账。相应地，注册会计师在实施控制测试时应当：(1) 抽取出库单及相关的领料单，检查是否正确输入并经适当层次复核；(2) 抽取原材料盘点明细表并检查是否经适当层次复核，有关差异是否得到处理。

4. 对于生产产品和核算产品成本这两项主要业务活动，有些被审计单位的内部控制要求：(1) 生产成本记账员应根据原材料出库单，编制原材料领用凭证，与计算机系统自动生成的生产记录日报表核对材料耗用和流转信息；由会计主管审核无误后，生成记账凭证并过账至生产成本及原材料明细账和总分类账。(2) 每月末，由生产车间与仓库核对原材料、半成品、产成品的转出和转入记录，如有差异，仓库管理员应编制差异分析报告，经仓储经理和生产经理签字确认后交会计部门进行调整。(3) 每月末，由计算机系统对生产成本中各项组成部分进行归集，按照预设的分摊公式和方法，自动将当月发生的生产成本在完工产品和在产品中按比例分配；同时，将完工产品成本在各不同产品类别中分配，由此生成产品成本计算表和生产成本分配表；由生产成本记账员编制生产成本结转凭证，经会计主管审核批准后进行账务处理。相应地，注册会计师在实施控制测试时应当：(1) 抽取原材料领用凭证，检查是否与生产记录日报表一致，是否经适当审核，如有差异是否及时处理；(2) 抽取核对记录，检查差异是否已得到处理；(3) 抽取生产成本结转凭证，检查与支持性文件是否一致并经适当复核；(4) 预设的分摊公式和方法是否存在变更，变更是否经适当审批。当然，必要时应当考虑利用计算机专家的工作。

5. 对于储存产成品和发出产成品这两项主要业务活动，有些被审计单位的内部控制要求：(1) 产成品入库时，质量检验员应检查并签发预先按顺序编号的产成品验收单，由生产小组将产成品送交仓库。仓库管理员应检查产成品验收单，并清点产成品数量，填写预先顺序编号的产成品入库单，经质检经理、生产经理和仓储经理签字确认后，由仓库管理员将产成品入库单信息输入计算机系统，计算机系统自动更新产成品明细台账并与采购订购单编号核对。(2) 产成品出库时，由仓库管理员填写预先顺序编号的出库单，并将产成品出库单信息输入计算机系统，经仓储经理复核并以电子签名方式确认后，计算机系统自动更新产成品明细台账并与发运通知单编号核对。(3) 产成品装运发出前，由运输经理独立检查出库单、销售订购单和发运通知单，确定从仓库提取的商品附有经批准的销售订购单，并且所提取商品的内容与销售订购单一致。(4) 每月末，生产成本记账员根据计算机系统内状态为"已处理"的订购单数量，编制销售成本结转凭证，结转相应的销售成本，经会计主管审核批准后进行账务处理。(5) 产成品仓库分别于每月、每季和年度终了，对产成品存货进行盘点，由会计部门对盘点结果进行复盘，仓库管理员应编写产成品存货盘点明细表，发现差异及时处理，经仓储经理、财务经理和生产经理复核后调整入账。相应地，注册会计师在实施控制测试时应当：(1) 抽取产成品验收单、产成品入库单并检查输入信息是否准确；(2) 抽取发运通知单、出库单并检查是否一致；(3) 抽取发运单和相关销售订购单，检查内容是否一致；(4) 抽取销售成本结转凭证，检查与支持性文件是否一致并适当复核；(5) 抽取产成品存货盘点报告并检查是否经适当层次复核，有关差异是否得到处理。

6. 成本会计制度的控制测试。包括直接材料成本控制测试、直接人工成本控制测试、制造费用控制测试和生产成本在当期完工产品与在产品之间分配的控制测试四项内容。

(1) 直接材料成本控制测试。对采用定额单耗的企业，可选择某一成本报告期若干种具有代表性的产品成本计算单，获取样本的生产指令或产量统计记录及其直接材料单位消耗定额，根据材料明细账或采购业务测试工作底稿中各该直接材料的单位实际成本，计算直接材料的总消耗量和总成本，与该样本成本计算单中的直接材料成本核对，并注意下列事项：生产指令是否经过授权批准；单位消耗定额和材料成本计价方法是否适当，在当年度有无重大变更。

对未采用定额单耗的企业，可获取材料费用分配汇总表、材料发出汇总表（或领料单）、材料明细账（或采购业务测试工作底稿）中各该直接材料的单位成本，作如下检查：成本计算单中直接材料成本与材料费用分配汇总表中该产品负担的直接材料费用是否相符，分配标准是否合理；将抽取的材料发出汇总表或领料单中若干种直接材料的发出总量和各该种材料的实际单位成本之积，与材料费用分配汇总表中各该种材料费用进行比较，并注意领料单的签发是否经过授权批准，材料发出汇总表是否经过适当的人员复核，材料单位成本计价方法是否适当，在当年有无重大变更。

对采用标准成本法的企业，获取样本的生产指令或产量统计记录、直接材料单位标准用量、直接材料标准单价及发出材料汇总表或领料单，检查下列事项：根据生产量、直接材料单位标准用量和标准单价计算的标准成本与成本计算单中的直接材料成本核对是否相符；直接材料成本差异的计算与账务处理是否正确，并注意直接材料的标准成本在当年度有无重大变更。

(2) 直接人工成本测试。对采用计时工资制的企业，获取样本的实际工时统计记录、职员分类表和职员工薪手册（工资率）及人工费用分配汇总表。作如下检查：成本计算单中直接人工成本与人工费用分配汇总表中该样本的直接人工费用核对是否相符；样本的实际工时统计记录与人工费用分配汇总表中该样本的实际工时核对是否相符；抽取生产部门若干天的工时台账与实际工时统计记录核对是否相符；当没有实际工时统计记录时，则可根据职员分类表及职员工薪手册中的工资率，计算复核人工费用分配汇总表中该样本的直接人工费用是否合理。

对采用计件工资制的企业，获取样本的产量统计报告、个人（小组）产量记录和经批准的单位工薪标准或计件工资制度，检查下列事项：根据样本的统计产量和单位工薪标准计算的人工费用与成本计算单中直接人工成本核对是否相符；抽取若干个直接人工（小组）的产量记录，检查是否被汇总计入产量统计报告。

对采用标准成本法的企业，获取样本的生产指令或产量统计报告、工时统计报告和经批准的单位标准工时、标准工时工资率、直接人工的工薪汇总等资料，检查下列事项：根据产量和单位标准工时计算的标准工时总量与标准工时工资率之积同成本计算单中直接人工成本核对是否相符；直接人工成本差异的计算与账务处理是否正确，并注意直接人工的标准成本在当年度有何重大变更。

(3) 制造费用测试。获取样本的制造费用分配汇总表、按项目分列的制造费用明细账、与制造费用分配标准有关的统计报告及其相关原始记录，作如下检查：制造费用分配汇总表中，样本分担的制造费用与成本计算单中的制造费用核对是否相符；制造费用分配汇总表中的合计数与样本所属报告期的制造费用明细账总计数核对是否相符；制造费用分配汇总表选择的分配标准（机器工时数、直接人工工资、直接人工工时数、产量数）与相关的统计报告或原始记录核对是否相符，并对费用分配标准的合理性作出评估；如果企业采用预计费用分配率分配制造费用，则应针对制造费用分配过多或过少的差额，检查其是否作了适当的账务处理；如果企业采用标准成本法，则应检查样本中标准制造费用的确定是否合理，计入成本计算单的数额是否正确，制造费用差异的计算与账务处理是否正确，并注意标准制造费用在当年度有何重大变更。

（4）生产成本在当期完工产品与在产品之间分配的测试。检查成本计算单中在产品数量与生产统计报告或在产品盘存表中的数量是否一致；检查在产品约当产量计算或其他分配标准是否合理；计算复核样本的总成本和单位成本，最终对当年采用的成本会计制度作出评价。

第三节　生产与存货循环的实质性程序

一、生产与存货交易的实质性程序

不同来源存货在计价和分摊方面的性质是不同的。结合存货容易被盗和变质、毁损等不同于其他财务报表项目的特性，生产与存货交易的重大错报风险通常是影响存货存在、完整性、权利和义务、计价和分摊等认定的存货的高估风险。

（一）实质性分析程序

（1）根据对被审计单位的经营活动、供应商的发展历程、贸易条件、行业惯例和行业现状的了解，确定营业收入、营业成本、毛利以及存货周转和费用支出项目的期望值。

（2）根据本期存货余额组成、存货采购、生产水平与以前期间和预算的比较，定义营业收入、营业成本和存货可接受的重大差异额。

（3）比较存货余额与预期周转率。

（4）计算实际数和预计数之间的差异，并同管理层使用的关键业绩指标进行比较。

（5）通过询问管理层和员工，调查实质性分析程序得出的重大差异额是否表明存在重大错报风险，是否需要设计恰当的细节测试程序以识别和应对重大错报风险。

（6）形成结论，即分析程序是否能够提供充分、适当的审计证据，或需要对交易和余额实施细节测试以获取进一步的审计证据。

（二）生产与存货交易和相关余额的细节测试

1. 交易的细节测试

（1）注册会计师应从被审计单位存货业务流程层面的主要交易流中选取样本，检查其支持性证据。例如，从存货采购、完工产品的转移、销售和销售退回记录中选取样本：

①检查支持性的供应商文件、生产成本分配表、完工产品报告、销售和销售退回文件；

②从供应商文件、生产成本分配表、完工产品报告、销售和销售退回文件中选取样本，追踪至存货总分类账户的相关分录；

③重新计算样本所涉及的金额，检查交易经授权批准而发生的证据。

（2）对期末前后发生的诸如采购、销售退回、销售、产品存货转移等主要交易流，实施截止测试。

确认本期末存货收发记录的最后一个顺序号码，并详细检查随后的记录，以检测在本会计期间的存货收发记录中是否存在更大的顺序号码，或因存货收发交易被漏记或错计入下一会计期间而在本期遗漏的顺序号码。

2. 存货余额的细节测试

存货余额的细节测试内容很多，比如，观察被审计单位的实地盘存；通过询问确定现有存货是否存在寄存情形，或者被审计单位存货在盘点日是否被寄存在他人处；获取最终的存货盘点表，并对存货的完整性、存在和计量进行测试；检查、计算、询问和函证存货价格；检查存货的抵押合同和寄存合同；检查、计算、询问和函证存货的可变现净值等。

二、存货的实质性程序

（一）存货审计概述

《企业会计准则第1号——存货》规定，存货是指企业在日常活动中持有以备出售的产成品或商品、处在生产过程中的在产品、在生产过程或提供劳务过程中耗用的材料和物料等。在通常情况下，存货对企业经营特点的反映能力强于其他资产项目。存货不仅对于生产制造业、批发业和零售行业十分重要，对于服务行业也具有重要性。通常，存货的重大错报对于流动资产、营运资本、总资产、销售成本、毛利以及净利润都会产生直接的影响。存货的重大错报对于其他某些项目，例如利润分配和所得税，也具有间接影响。审计中许多复杂和重大的问题都与存货有关。存货、产品生产和销售成本构成了会计、审计乃至企业管理中最为普遍、重要和复杂的问题。

存货审计，尤其是对年末存货余额的测试，通常是审计中最复杂也最费时的部分。对存货存在性和存货价值的评估常常十分困难。导致存货审计复杂的主要原因包括：

（1）存货通常是资产负债表中的一个主要项目，而且通常是构成营运资本的最大项目。

（2）存货存放于不同的地点，这使得对它的实物控制和盘点都很困难。企业必须将存货存放于便于产品生产和销售的地方，但是这种分散也带来了审计的困难。

（3）存货项目的多样性也给审计带来了困难。例如，化学制品、宝石、电子元件以及其他的高科技产品。

（4）存货本身的陈旧以及存货成本的分配也使得存货的估价出现困难。

（5）允许采用的存货计价方法的多样性。

正是由于存货对于企业的重要性、存货问题的复杂性以及存货与其他项目密切的关联度，要求注册会计师对存货项目的审计应当予以特别的关注。相应地，要求实施存货项目审计的注册会计师具备较高的专业素质和相关业务知识，分配较多的审计工时，运用多种有针对性的审计程序。

（二）存货监盘

1. *存货监盘的作用*

在 20 世纪 30 年代末以前，存货审计工作通常仅限于审查会计记录。当时的准则并不要求对存货进行观察和检查，注册会计师并不承担证实存货实际存在的责任，并声称他们并无资格对被审计单位如此庞杂的存货进行确认。直到美国出现了麦克森·罗宾斯（Mckesson Robbins）公司调查案，这种情况才发生了改变。1939 年美国证券交易委员会（SEC）的听证会揭示，在纽约证券交易所上市的麦克森-罗宾斯公司已审计的财务报表虚增了 1 900 万美元的资产——约占资产总额的 25%，其中虚增存货约为 1 000 万美元。受该案件的影响，注册会计师职业界不得不考虑承担证实存货实际存在的责任，否则将被视为并未尽到保护财务报表使用者的职责。因此，职业界规定，除非出现无法实施存货监盘的特殊情况，注册会计师应当实施必要的替代程序，在绝大多数情况下都必须亲自观察存货盘点过程，实施存货监盘程序。

如果存货对财务报表是重要的，注册会计师应当实施下列审计程序，对存货的存在和状况获取充分、适当的审计证据：

（1）在存货盘点现场实施监盘（除非不可行）。

（2）对期末存货记录实施审计程序，以确定其是否准确反映实际的存货盘点结果。

尽管实施存货监盘，获取有关期末存货数量和状况的充分、适当的审计证据是注册会计师的责任，但这并不能取代被审计单位管理层定期盘点存货，合理确定存货的数量和状况的责任。事实上，管理层通常制定程序，要求对存货每年至少进行一次实物盘点，以作为编制财务报表的基础，并用以确定被审计单位永续盘存制的可靠性（如适用）。

存货监盘针对的主要是存货的存在认定、完整性认定以及权利和义务的认定，注册会计师监盘存货的目的在于获取有关存货数量和状况的审计证据，以确证被审计单位记录的所有存货确实存在，已经反映了被审计单位拥有的全部存货，并属于被审计单位的合法财产。存货监盘作为存货审计的一项核心审计程序，通常可同时实现上述多项审计目标。

需要指出的是，注册会计师在测试存货的所有权认定和完整性认定时，可能还需要实施其他审计程序，这些将在本章的其他部分讨论。

2. 存货监盘计划

（1）制定存货监盘计划的基本要求。注册会计师应当根据被审计单位存货的特点、盘存制度和存货内部控制的有效性等情况，在评价被审计单位存货盘点计划的基础上，编制存货监盘计划，对存货监盘做出合理安排。

有效的存货监盘需要制定周密、细致的计划。为了避免误解并有助于有效地实施存货监盘，注册会计师通常需要与被审计单位就存货监盘等问题达成一致意见。因此，注册会计师首先应当充分了解被审计单位存货的特点、盘存制度和存货内部控制的有效性等情况，并考虑获取、审阅和评价被审计单位预定的盘点程序。存货存在与完整性的认定具有较高的重大错报风险，而且注册会计师通常只有一次机会通过存货的实地监盘对有关认定做出评价。根据计划过程所搜集到的信息，有助于注册会计师合理确定参与监盘的地点以及存货监盘的程序。

（2）制定存货监盘计划应考虑的相关事项。在编制存货监盘计划时，注册会计师需要考虑以下事项：

①与存货相关的重大错报风险和重要性。一是具有漫长制造过程的存货。制造过程漫长的企业（如飞机制造和酒类产品酿造企业）的审计重点包括递延成本、预期发生成本以及未来市场波动可能对当期损益的影响等事项。二是具有固定价格合约的存货。预期发生成本的不确定性是其重大审计问题。三是与时装相关的服装存货。由于服装产品的消费者对服装风格或颜色的偏好容易发生变化，因此，存货是否过时是重要的审计事项。四是鲜活、易腐商品存货。因为物质特性和保质期短暂，此类存货变质的风险很高。五是具有高科技含量的存货。由于技术进步，此类存货易于过时。六是单位价值高昂、容易被盗窃的存货。例如，

珠宝存货的错报风险通常高于铁制纽扣之类存货的错报风险。

②与存货相关的内部控制的性质。在制定存货监盘计划时，注册会计师应当了解被审计单位与存货相关的内部控制，并根据内部控制的完善程度确定进一步审计程序的性质、时间安排和范围。被审计单位与存货实地盘点相关的充分内部控制通常包括：制定合理的存货盘点计划，确定合理的存货盘点程序，配备相应的监督人员，对存货进行独立的内部验证，将盘点结果与永续存货记录进行独立的调节，对盘点表和盘点标签进行充分控制。

③对存货盘点是否制定了适当的程序，并下达了正确的指令。注册会计师一般需要复核或与管理层讨论其存货盘点程序。在复核或与管理层讨论其存货盘点程序时，注册会计师应当考虑下列主要因素，以评价其能否合理地确定存货的数量和状况：盘点的时间安排；存货盘点范围和场所的确定；盘点人员的分工及胜任能力；盘点前的会议及任务布置；存货的整理和排列，对毁损、陈旧、过时、残次及所有权不属于被审计单位的存货的区分；存货的计量工具和计量方法；在产品完工程度的确定方法；存放在外单位的存货的盘点安排；存货收发截止的控制；盘点期间存货移动的控制；盘点表单的设计、使用与控制；盘点结果的汇总以及盘盈或盘亏的分析、调查与处理。

如果认为被审计单位的存货盘点程序存在缺陷，注册会计师应当提请被审计单位调整。

④存货盘点的时间安排。如果存货盘点在财务报表日以外的其他日期进行，注册会计师除实施存货监盘相关审计程序外，还应当实施其他审计程序，以获取审计证据，确定存货盘点日与财务报表日之间的存货变动是否已得到恰当的记录。

⑤被审计单位是否一贯采用永续盘存制。存货数量的盘存制度一般分为实地盘存制和永续盘存制。存货盘存制度不同，注册会计师需要做出的存货监盘安排也不同。如果被审计单位通过实地盘存制确定存货数量，则注册会计师参加此种盘点。如果被审计单位采用永续盘存制，则注册会计师在年度中一次或多次参加盘点。

⑥存货的存放地点（包括不同存放地点的存货的重要性和重大错报风险），以确定适当的监盘地点。

注册会计师应了解所有的存货存放地点，既可以防止被审计单位或自己发生任何遗漏，也有助于恰当地分配审计资源。注册会计师通常应当重点考虑被审计单位的重要存货存放地点，特别是金额较大或可能存在重大错报风险（如存货性质特殊）的存货地点，将这些存货地点列入监盘地点。对其他无法在存货盘点现场实施存货监盘的存货存放地点，注册会计师应当实施替代审计程序，以获取有关存货的存在和状况的充分、适当的审计证据。

⑦是否需要专家协助。注册会计师可能不具备其他专业领域专长与技能。在确定资产数量或资产实物状况（如矿石堆），或在收集特殊类别存货（如艺术品、稀有玉石、房地产、电子器件、工程设计等）的审计证据时，注册会计师可以考虑利用专家的工作。

当在产品存货金额较大时，可能面临如何评估在产品完工程度问题。注册会计师可以了解被审计单位的盘点程序，如果有关在产品的完工程度未被明确列出，注册会计师应当考虑采用其他有助于确定完工程度的措施，如获取零部件明细清单、标准成本表以及作业成本表，与工厂的有关人员进行讨论等，并运用职业判断。注册会计师也可以根据存货生产过程的复杂程度考虑利用专家的工作。

(3) 存货监盘计划的主要内容。存货监盘计划应当包括下列主要内容：

①存货监盘的目标、范围及时间安排。存货监盘的主要目标包括获取被审计单位资产负债表日有关存货数量和状况以及有关管理层存货盘点程序可靠性的审计证据，检查存货的数量是否真实完整，是否归属被审计单位，存货有无毁损、陈旧、过时、残次和短缺等状况。

存货监盘范围的大小取决于存货的内容、性质以及与存货相关的内部控制的完善程度和重大错报风险的评估结果。

存货监盘的时间，包括实地察看盘点现场的时间、观察存货盘点的时间和对已盘点存货实施检查的时间等，应当与被审计单位实施存货盘点的时间相协调。

②存货监盘的要点及关注事项。存货监盘的要点主要包括注册会计师实施存货监盘程序的方法、步骤，各个环节应注意的问题以及所要解决的问题。注册会计师需要重点关注的事项包括盘点期间的存货移动、存货的状况、存货的截止确认、存货的各个存放地点及金额等。

③参加存货监盘人员的分工。注册会计师应当根据被审计单位参加存货盘点人员分工、分组情况、存货监盘工作量的大小和人员素质情况，确定参加存货监盘的人员组成、各组成人员的职责和具体的分工情况，并加强督导。

④检查存货的范围。注册会计师应当根据对被审计单位存货盘点和对被审计单位内部控制的评价结果确定检查存货的范围。在实施观察程序后，如果认为被审计单位内部控制设计良好且得到有效实施，存货盘点组织良好，可以相应缩小实施检查程序的范围。

3. 存货监盘程序

在存货盘点现场实施监盘时，注册会计师应当实施下列审计程序：

（1）评价管理层用以记录和控制存货盘点结果的指令和程序。注册会计师需要考虑这些指令和程序是否包括下列方面：适当控制活动的运用，例如，收集已使用的存货盘点记录，清点未使用的存货盘点表单，实施盘点和复盘程序；准确认定在产品的完工程度，流动缓慢（呆滞）、过时或毁损的存货项目，以及第三方拥有的存货（如寄存货物）；在适用的情况下用于估计存货数量的方法，如可能需要估计煤堆的重量；对存货在不同存放地点之间的移动以及截止日前后期间出入库的控制。

（2）观察管理层制定的盘点程序（如对盘点时及其前后的存货移动的控制程序）的执行情况。这有助于注册会计师获取有关管理层指令和程序是否得到适当设计和执行的审计证据。

注册会计师可以获取有关截止性信息（如存货移动的具体情况）的复印件，有助于日后对存货移动的会计处理实施审计程序。具体地说，注册会计师一般应当获取盘点日前后存货收发及移动的凭证，检查库存记录与会计记录期末截止是否正确。注册会计师在对期末存货进行截止测试时，通常应当关注：

所有在截止日以前入库的存货项目是否均已包括在盘点范围内，并已反映在截止日以前的会计记录中。任何在截止日期以后入库的存货项目是否均未包括在盘点范围内，也未反映在截止日以前的会计记录中。

所有在截止日以前装运出库的存货项目是否均未包括在盘点范围内，且未包括在截止日的存货账面余额中。任何在截止日期以后装运出库的存货项目是否均已包括在盘点范围内，并已包括在截止日的存货账面余额中。

所有已确认为销售但尚未装运出库的商品是否均未包括在盘点范围内，且未包括在截止日的存货账面余额中。所有已记录为购货但尚未入库的存货是否均已包括在盘点范围内，并已反映在会计记录中。

在途存货和被审计单位直接向顾客发运的存货是否均已得到了适当的会计处理。

注册会计师通常可观察存货的验收入库地点和装运出库地点以执行截止测试。在存货入库和装运过程中采用连续编号的凭证时，注册会计师应当关注截止日期前的最后编号。如果被审计单位没有使用连续编号的凭证，注册会计师应当列出截止日期以前的最后几笔装运和入库记录。如果被审计单位使用运货车厢或拖车进行存储、运输或验收入库，注册会计师应当详细列出存货场地上满载和空载的车厢或拖车，并记录各自的存货状况。

（3）检查存货。在存货监盘过程中检查存货，虽然不一定能确定存货的所有权，但有助于确定存货的存在，以及识别过时、毁损或陈旧的存货。注册会计师应当把所有过时、毁损或陈旧存货的详细情况记录下来，这既便于进一步追查这些存货的处置情况，也能为测试被审计单位存货跌价准备计提的准确性提供证据。

（4）执行抽盘。在对存货盘点结果进行测试时，注册会计师可以从存货盘点记录中选取项目追查至存货实物，以及从存货实物中选取项目追查至盘点记录，以获取有关盘点记录准确性和完整性的审计证据。需要说明的是，注册会计师应尽可能避免让被审计单位事先了解将抽取检查的存货项目。除记录注册会计师对存货盘点结果进行的测试情况外，获取管理层完成的存货盘点记录的复印件也有助于注册会计师日后实施审计程序，以确定被审计单位的期末存货记录是否准确地反映了存货的实际盘点结果。

注册会计师在实施检查程序时发现差异，很可能表明被审计单位的存货盘点在准确性或完整性方面存在错误。由于检查的内容通常仅仅是已盘点存货中的一部分，所以在检查中发现的错误很可能意味着被审计单位的存货盘点还存在着其他错误。一方面，注册会计师应当查明原因，并及时提请被审计单位更正；另一方面，注册会计师应当考虑错误的潜在范围和重大程度，在可能的情况下，扩大检查范围以减少错误的发生。注册会计师还可要求被审计单位重新盘点。重新盘点的范围可限于某一特殊领域的存货或特定盘点小组。

（5）需要特别关注的情况：

①存货盘点范围。在被审计单位盘点存货前，注册会计师应当观察盘点现场，确定应纳入盘点范围的存货是否已经适当整理和排列，并附有盘点标识，防止遗漏或重复盘点。对未纳入盘点范围的存货，注册会计师应当查明未纳入的原因。

对所有权不属于被审计单位的存货，注册会计师应当取得其规格、数量等有关资料，确定是否已单独存放、标明，且未被纳入盘点范围。在存货监盘过程中，注册会计师应当根据取得的所有权不属于被审计单位的存货的有关资料，观察这些存货的实际存放情况，确保其未被纳入盘点范围。即使在被审计单位声明不存在受托代存存货的情形下，注册会计师在存货监盘时也应当关注是否存在某些存货不属于被审计单位的迹象，以避免盘点范围不当。

②对特殊类型存货的监盘。对某些特殊类型的存货而言，被审计单位通常使用的盘点方法和控制程序并不完全适用。这些存货通常或者没有标签，或者其数量难以估计，或者其质量难以确定，或者盘点人员无法对其移动实施控制。在这些情况下，注册会计师需要运用职业判断，根据存货的实际情况，设计恰当的审计程序，对存货的数量和状况获取审计证据。表 12-3 列举了被审计单位特殊存货的类型、通常采用的盘点方式与存在的潜在问题，以及可供注册会计师实施的监盘程序。

表 12-3　　特殊类型存货的监盘程序

存货类型	盘点方法与潜在问题	可供实施的审计程序
木材、钢筋盘条、管子	通常无标签，但在盘点时会做上标记或用粉笔标识；难以确定存货的数量或等级。	检查标记或标识； 利用专家或被审计单位内部有经验人员的工作。
堆积型存货（比如糖、煤、钢废料）	通常既无标签也不做标记； 在估计存货数量时存在困难。	运用工程估测、几何计算、高空勘测，并依赖详细的存货记录； 如果堆场中的存货堆不高，可进行实地监盘，或通过旋转存货堆加以估计。
使用磅秤测量的存货	在估计存货数量时存在困难。	在监盘前和监盘过程中均应检验磅秤的精准度，并留意磅秤的位置移动与重新调校程序； 将检查和重新称量程序相结合； 检查称量尺度的换算问题。
散装物品（如贮窖存货、使用桶、箱、罐、槽等容器储存的液、气体、谷类粮食、流体存货等）	在盘点时通常难以加以识别和确定； 在估计存货数量时存在困难； 在确定存货质量时存在困难。	使用容器进行监盘或通过预先编号的清单列表加以确定； 使用浸蘸、测量棒、工程报告以及依赖永续存货记录；选择样品进行化验与分析，或利用专家的工作。
贵金属、石器、艺术品与收藏品	在存货辨认与质量确定方面存在困难。	选择样品进行化验与分析，或利用专家的工作。
生产纸浆用木材、牲畜	在存货辨认与数量确定方面存在困难； 可能无法对此类存货的移动实施控制。	通过高空摄影以确定其存在性，对不同时点的数量进行比较，并依赖永续存货记录。

（6）存货监盘结束时的工作。在被审计单位存货盘点结束前，注册会计师应当：

①再次观察盘点现场，以确定所有应纳入盘点范围的存货是否均已盘点。

②取得并检查已填用、作废及未使用盘点表单的号码记录，确定其是否连续编号，查明已发放的表单是否均已收回，并与存货盘点的汇总记录进行核对。注册会计师应当根据自己在存货监盘过程中获取的信息对被审计单位最终的存货盘点结果汇总记录进行复核，并评估其是否正确地反映了实际盘点结果。如果存货盘点日不是资产负债表日，注册会计师应当实施适当的审计程序，确定盘点日与资产负债表日之间存货的变动是否已作正确的记录。

无论管理层通过年度实地盘点还是采用永续盘存制确定存货数量，由于实际原因，存货的实地盘点均有可能在财务报表日以外的某一天或某几天进行。无论哪种情况，针对存货变动控制的设计、执行和维护的有效性，决定了在财务报表日以外的某一天或某几天执行的盘点程序是否符合审计目的。《中国注册会计师审计准则第 1231 号——针对评估的重大错报风险采取的应对措施》对在期中实施实质性程序做出了规定。

如果被审计单位采用永续盘存制，管理层可能执行实地盘点或其他测试方法，确定永续盘存记录中的存货数量信息的可靠性。在某些情况下，管理层或注册会计师可能识别出永续盘存记录和现有实际存货数量之间的差异，这可能表明对存货变动的控制没有有效运行。

当设计审计程序以获取关于盘点日的存货总量与期末存货记录之间的变动是否已被适当记录的审计证据时，注册会计师考虑的相关事项包括：对永续盘存记录的调整是否适当；被审计单位永续盘存记录的可靠性；从盘点获取的数据与永续盘存记录存在重大差异的原因。

4. 特殊情况的处理

(1) 在存货盘点现场实施存货监盘不可行。在某些情况下，实施存货监盘可能是不可行的。这可能是由存货性质和存放地点等因素造成的，例如，存货存放在对注册会计师的安全有威胁的地点。对注册会计师带来不便的一般因素不足以支持注册会计师作出实施存货监盘不可行的决定。审计中的困难、时间或成本等事项本身，不能作为注册会计师省略不可替代的审计程序或满足于说服力不足的审计证据的正当理由。

如果在存货盘点现场实施存货监盘不可行，注册会计师应当实施替代审计程序（如检查盘点日后出售盘点日之前取得或购买的特定存货的文件记录），以获取有关存货的存在和状况的充分、适当的审计证据。

如果不能实施替代审计程序，或者实施替代审计程序可能无法获取有关存货的存在和状况的充分、适当的审计证据，注册会计师需要按照规定发表非无保留意见。

(2) 因不可预见的情况导致无法在存货盘点现场实施监盘。由于不可预见情况而可能导致无法在预定日期实施存货监盘，两种比较典型的情况包括：

①注册会计师无法亲临现场，即由于不可抗力导致其无法到达存货存放地实施存货监盘；

②气候因素，即由于恶劣的天气导致注册会计师无法实施存货监盘程序，或由于恶劣的天气无法观察存货，如木材被积雪覆盖。

如果由于不可预见的情况，无法在存货盘点现场实施监盘，注册会计师应当另择日期实施监盘，并对间隔期内发生的交易实施审计程序。

(3) 由第三方保管或控制的存货。如果由第三方保管或控制的存货对财务报表是重要的，注册会计师应当实施下列一项或两项审计程序，以获取有关该存货存在和状况的充分、适当的审计证据：向持有被审计单位存货的第三方函证存货的数量和状况；实施检查或其他适合具体情况的审计程序。根据具体情况（如获取的信息使注册会计师对第三方的诚信和客观性产生疑虑），注册会计师可能认为实施其他审计程序是适当的。其他审计程序可以作为函证的替代程序，也可以作为追加的审计程序。

其他审计程序的示例包括：

①实施或安排其他注册会计师实施对第三方的存货监盘（如可行）；

②获取其他注册会计师或服务机构注册会计师针对用以保证存货得到恰当盘点和保管的内部控制的适当性而出具的报告；

③检查与第三方持有的存货相关的文件记录，如仓储单；

④当存货被作为抵押品时，要求其他机构或人员进行确认。

（三）存货计价测试

监盘程序主要是对存货的结存数量予以确认。为验证财务报表上存货余额的真实性，还必须对存货的计价进行审计，即确定存货实物数量和永续盘存记录中的数量是否经过正确地计价和汇总。存货计价测试主要是针对被审计单位所使用的存货单位成本是否正确所做的测试。存货计价审计表如表 12-4 所示。

表 12-4　　存货计价审计表

日期	品名及规格	购入			发出			余额		
		数量	单价	金额	数量	单价	金额	数量	单价	金额
1. 计价方法说明： 2. 情况说明及审计结论：										

1. 样本的选择

计价审计的样本，应从存货数量已经盘点、单价和总金额已经计入存货汇总表的结存存货中选择。选择样本时应着重选择结存余额较大且价格变化比较频繁的项目，同时考虑所选样本的代表性。抽样方法一般采用分层抽样法，抽样规模应足以推断总体的情况。

2. 计价方法的确认

注册会计师除应了解掌握被审计单位的存货计价方法外，还应对这种计价方法的合理性与一贯性予以关注，没有足够理由，计价方法在同一会计年度内不得变动。

3. 计价测试

注册会计师首先应对存货价格的组成内容予以审核。然后按照所了解的计价方法对所选择的存货样本进行计价测试。测试时，应尽量排除被审计单位已有计算程序和结果的影响，进行独立测试。测试结果出来后，应与被审计单位账面记录对比，编制对比分析表，分析形成差异的原因。如果差异过大，应扩大测试范围，并根据审计结果考虑是否应提出审计调整建议。

在存货计价审计中由于被审计单位期末存货采用成本与可变现净值孰低的方法计价，所以注册会计师应充分关注其对存货可变现净值的确定及存货跌价准备的计提。

可变现净值是指企业在日常活动中，存货的估计售价减去至完工时估计将要发生的成本、估计的销售费用以及相关税费后的金额。企业确定存货的可变现净值，应当以取得的确凿证据为基础，并且考虑持有存货的目的、资产负债表日后事项的影响等因素。

练习题

一、单项选择题

1. 从总体上看，生产与存货循环的内部控制，下列表述中错误的是（　　）。

A. 包括存货的内部控制

B. 包括成本会计制度的内部控制

C. 包括费用类内部控制

D. 存货的内部控制可概括为数量和计价两个关键因素的控制

2. 下列有关生产与存货循环涉及的主要凭证与会计记录的说法中，错误的是（　　）。

A. 生产任务通知单，是企业下达制造产品等生产任务的书面或口头文件，用以通知供应部门组织材料发放，生产车间组织产品制造，会计部门组织成本计算

B. 领发料凭证是企业为控制材料发出所采用的各种凭证，如材料发出汇总表、领料单、限额领料单、领料登记簿、退料单等

C. 产量和工时记录是登记工人或生产班组在出勤时间内完成产品数量、质量和生产这些产品所耗费工时数量的原始记录

D. 工薪汇总表是为了反映企业全部工薪的结算情况，并据以进行工薪总分类核算和汇总整个企业工薪费用而编制的，它是企业进行工薪费用分配的依据

3. A和B注册会计师在对Y公司的内部控制进行调查记录时，注意到以下情况，其中存货相关内部控制可能不存在缺陷的是（　　）。

A. Y公司在审计年度内未对存货实施盘点，但有完整的存货会计记录和仓库记录

B. 采用预先编号、采购价格已确定、并按获得批准的购货订单进行购货，且定期清点存货

C. Y公司生产产品所需的零星Z材料由XYZ公司代管，Y公司对Z材料的变动暂不进行会计记录；另外，Y公司财务部门会计记录和仓库明细账均反映了代XYZ公司保管的E材料

D. Y公司每年12月25日后发生的存货在仓库的明细账上记录，不在财务部门的会计账上反映

4. 下列有关存货监盘表述中，不正确的是（　　）。

A. 存货监盘不仅是监督盘点，还包括适当的检查

B. 通过存货的监盘，可以同时实现存货的真实性、完整性、权利和义务等多个审计目标

C. 存货监盘程序主要包括控制测试和实质性程序两种方式

D. 对监盘结果进行适当检查的目的仅是为了证实被审计单位的存货实物总额

5. 以下说法中正确的是（　　）。

A. 对于企业存放于公共仓库或由外部人员保管的存货，可以直接向保管人员进行书面函证

B. 如果在接受委托时，被审计单位的期末存货盘点已经完成，注册会计师应当提请被审计单位另择日期重新盘点

C. 注册会计师在生产与存货循环审计中经常大量运用分析程序获取证据，并形成审计结论

D. 注册会计师对存货进行计价测试主要是针对被审计单位所使用的存货购入的入账价值是否正确所做的测试

6. 如果由于天气原因，注册会计师无法现场监盘存货，下列应对措施中，优先考虑的是（　　）。

A. 实施替代审计程序，如果替代程序无法获取有关存货存在和状况的充分、适当的审计证据，则考虑是否发表非无保留意见

B. 另择日期进行监盘，并对间隔期内的交易实施审计程序

C. 评价被审计单位有关存货盘点的内部控制，判断是否依赖被审计单位的存货盘点结果

D. 在审计报告中说明审计范围因不可预见的情况受到限制

7. 注册会计师在了解到某上市公司与产成品出库相关的下列内部控制后，最可能认为（　　）属于设计缺陷。

A. 由销售部门填制销售单　　B. 由仓库部门编制发运凭单

C. 由发运部门填写发运凭证　　D. 由销售部门开具销售发票

8. 如果存货盘点安排在（　　）进行，注册会计师应当确定存货盘点日与财务报表日之间的存货变动是否已得到恰当的记录。

A. 财务报表日　　B. 财务报表日前

C. 财务报表日后不久　　D. 财务报表日以外的日期

9. 编制存货监盘计划时，注册会计师需要确定的存货监盘时间可能不包括（　　）。

A. 实地察看盘点现场的时间　　B. 现场观察存货盘点的时间

C. 对已盘点存货实施检查的时间　　D. 与专家沟通监盘结果的时间

10. 在被审计单位盘点存货前，注册会计师拟观察盘点现场。下列相关说法中，不正确的是（　　）。

A. 观察应纳入盘点范围的存货是否已适当整理和排列并附有盘点标识

B. 对应纳入盘点范围但未纳入的存货，应查明未纳入的原因

C. 观察所有权不属于被审计单位的存货是否单独存放、标明

D. 对所有权不属于被审计单位的存货，无须取得其规格、数量等资料

二、多项选择题

1. 如果由第三方保管或控制的存货对财务报表是重要的，注册会计师应当实施下列（　　）审计程序，以获取有关该存货存在和状况的充分、适当的审计证据。

A. 向持有被审计单位存货的第三方函证存货的数量和状况

B. 实施检查或其他适合具体情况的审计程序

C. 实施或安排其他注册会计师实施对第三方的存货监盘（如可行）

D. 获取其他注册会计师或服务机构注册会计师针对用以保证存货得到恰当盘点和保管的内部控制的适当性而出具的报告

2. 注册会计师在对期末存货进行截止测试时，下列应当关注的内容正确的有（　　）。

A. 所有在截止日以前入库的存货项目是否均未包括在盘点范围内，且未包括在截止日的存货账面余额中

B. 所有在截止日以前装运出库的存货项目是否均未包括在盘点范围内，且未包括在截止日的存货账面余额中

C. 在途存货和被审计单位直接向顾客发运的存货是否均未得到适当的会计

处理

D. 所有已记录为购货但尚未入库的存货是否均已包括在盘点范围内，并已反映在会计记录中

3. 注册会计师一般需要复核或与管理层讨论其存货盘点程序。在复核或与管理层讨论其存货盘点程序时，注册会计师应当考虑下列（　　）主要因素，以评价其能否合理地确定存货的数量和状况。

A. 盘点的时间安排　　B. 存货盘点范围和场所的确定

C. 盘点人员的分工及胜任能力　　D. 盘点前的会议及任务布置

4. 存货监盘计划的主要内容包括（　　）。

A. 存货监盘的目标、范围及时间安排

B. 检查存货的范围

C. 参加存货监盘人员的分工

D. 存货监盘的要点及关注事项

5. 对于计价测试中发现的对滞销产品少提或不提存货跌价准备的错误，注册会计师应当建议被审计单位对财务报表进行（　　）的审计调整。

A. 贷记存货　　B. 借记存货跌价准备

C. 贷记产成品　　D. 借记资产减值损失

三、判断题

1. 注册会计师可以考虑实地察看存货的存放场所，以便在盘点工作开始之前发现潜在问题。（　　）

2. 注册会计师在监盘有关存货时采用检查程序主要目的是证实被审计单位的存货实物总额。（　　）

3. 在检查存货盘点结果时，注册会计师可以从存货盘点记录中选取项目追查至存货实物，以测试盘点记录的准确性。（　　）

4. 注册会计师在进行审计时，发现被审计单位以前会计期间已计提存货跌价准备的某项存货，其可变现净值大于成本，则建议应将该项存货跌价准备的账面已提数全部冲回。（　　）

5. H 公司有一批比较贵重的特殊材料，具有放射性，为验证其真实性，注册会计师未对该材料称重，而是通过检查其收发记录和保管记录、了解了相关内部控制、查看现场等方式确认该存货。（　　）

四、简答题

1. 某企业仓库保管员负责登记存货明细账，以便对仓库中所有存货项目的收、发、存进行永续记录。当收到验收部门送交的存货和验收单后，根据验收单登记存货明细账。平时，各车间或其他部门如果需要领取原材料，都可以填写领

料单，仓库保管员根据领料单发出原材料。如果仓库保管员有时间，偶尔也会对存货进行实地盘点。

根据上述描述，回答下面问题：

(1) 你认为上述描述的内部控制有什么弱点？并简要说明该缺陷可能导致的错弊。

(2) 针对该企业存货循环上的弱点，提出改进建议。

2. A注册会计师是Y公司20×3年度财务报表审计业务的项目合伙人。Y公司为玻璃制造企业，存货主要有玻璃、煤炭和烧碱，其中有部分玻璃存放于外地公用仓库。另有丁公司部分水泥存放于Y公司的仓库。Y公司拟于20×3年12月29日至12月31日盘点存货。以下是A注册会计师撰写的存货监盘计划的部分内容。

存货监盘计划

(一) 存货监盘的目标

检查Y公司20×3年12月31日存货数量是否真实完整。

(二) 存货监盘范围

20×3年12月31日库存的所有存货，包括玻璃、煤炭、烧碱和水泥。

(三) 监盘时间

存货的观察与检查时间均为20×3年12月31日。

(四) 存货监盘的主要程序

(1) 在Y公司开始盘点存货前，监盘人员在拟检查的存货项目上做出标识。

(2) 在存货监盘过程中，监盘人员除关注存货的数量外，还需要特别关注存货是否出现毁损、陈旧、过时及残次等情况。

(3) 对以标准规格包装箱包装的存货，监盘人员根据包装箱的数量及每箱的标准容量直接计算确定存货的数量。

(4) 对存货监盘过程中收到的存货，要求甲公司单独码放，不纳入存货监盘的范围。

(5) 检查相关凭证以证实盘点截止日前所有已确认为销售但尚未装运出库的存货均已纳入盘点范围。

(6) 对于存放在外地仓库的玻璃，主要实施检查货运文件、出库记录等替代程序。

(7) 对于烧碱，煤炭和石英砂等堆积型存货，采用观察以及检查相关的收、发、存凭证和记录的方法，确定存货数量。

要求：

(1) 请指出存货监盘计划中目标、范围和时间存在的错误，并简要说明理由。

(2) 请判断存货监盘计划中列示的主要程序是否恰当，若不恰当，请予以修改。

(3) 假设因雪灾导致监盘人员于原定存货监盘日未能到达盘点现场，指出A注册会计师应当采取何种补救措施。

五、实训题

甲公司系ABC会计师事务所的常年审计客户，主要从事电子产品的生产和销售。ABC会计师事务所委派X注册会计师担任甲公司20×3年度财务报表审计项目合伙人。在审计存货时，X注册会计师编制了相关工作底稿，部分内容摘录如下：

资料一：

金额单位：万元

甲公司			索引号：B1-1		
原材料审计表			编制：（略）		日期：20×4年3月5日
截至20×3年12月31日			审核：（略）		日期：20×4年3月5日
	索引	20×3年			20×2年
		未审数	审计调整	审定数	已审数
A原材料	注释1	200	50	250	450
B原材料	注释2	50	−20	30	200
……（略）	（略）	……（略）	……（略）	……（略）	……（略）
减：存货跌价准备	B1−3	0	0	0	0
合计		1 960	−60	1 900	1 700

注释1：A原材料主要用于生产A产品。根据A原材料盘点结果，20×3年年末结存金额未包括于20×3年12月31日已入库但尚未收到采购发票的50万元A材料。审计处理建议：已提出审计调整建议，于20×3年年末补计已入库的A原材料50万元。

注释2：B原材料主要用于生产B产品。根据B原材料盘点结果，20×3年年末结存金额中有20万元的B原材料在20×3年12月31日收到采购发票，但于20×4年1月1日才实际收到入库。审计处理建议：已提出审计调整建议，于20×3年年末冲回尚未收到入库的C原材料20万元。

注释…：（略）

资料二：

金额单位：万元

甲公司			索引号：B1-2
产成品审计表	编制：（略）	日期：20×4年3月5日	
截至20×3年12年31日	审核：（略）	日期：20×4年3月5日	

续表

	索引	20×3年			20×2年
		未审数	审计调整	审定数	已审数
A产品	注释1	280	40	320	500
B产品	注释2	170	20	190	300
……（略）	（略）	……（略）	……（略）	……（略）	……（略）
减：存货跌价准备	B1-3	0	0	0	0
合计		2 550	100	2 650	2 400

注释1：A产品曾经是甲公司的主要产品之一，但随着新产品的推出，月销量已由20×3年1月的约10 000件下降至20×3年12月的约3 000件，并且预计20×4年的售价和销量都将继续下跌。事实上，甲公司已于20×4年2月初宣布A产品降价10%。

20×3年12月末销售的1 000件A产品（成本为40万元）在20×4年1月5日被退回。甲公司相应冲减了20×4年1月份的主营业务收入。我们检查了相关销货退回协议以及20×4年1月5日的入库记录，没有发现异常。审计处理建议：已提出审计调整建议，冲回该1 000件A产品于20×3年度所确认的相关主营业务收入、主营业务成本和应收账款，并相应调整增加20×3年年末B产品余额40万元。

注释2：B产品已于20×4年2月起停产。我们对B产品于20×3年12月31日的发出计价进行了测试［见索引号（略）］，注意到B产品于20×3年12月结转主营业务成本所用的单位成本计算有误，导致多转主营业务成本20万元。审计处理建议：已提出审计调整建议，冲回B产品于20×3年度多结转的主营业务成本20万元，并相应调整增加20×3年年末B产品余额20万元。

注释…：（略）

资料三：

金额单位：万元

甲公司					索引号：B1-3	
存货跌价准备审计表				编制：（略）	日期：20×4年3月5日	
截至20×3年12月31日				审核：（略）	日期：20×4年3月5日	
	索引	结存成本	可变现净值	应计提的跌价准备	账面已计提的跌价准备	差异
A原材料	注释1	200	210	0	0	0
B原材料	注释1	50	55	0	0	0
……（略）	（略）	……（略）	……（略）	……（略）	……（略）	
小计		1 960		0	0	0
A产品	注释2	280	290	0	0	0
B产品	注释2	170	180	0	0	0
……（略）	（略）	……（略）	……（略）	……（略）	……（略）	
小计		2 550		0	0	0

续表

注释1：原材料可变现净值按照于20×3年12月31日的相关原材料市场价格扣除对外转让原材料的预计销售费用和相关税费确定。我们核对了相关原材料供应商于20×3年12月31日的报价、预计销售费用和税费的计算表［索引号（略）］，没有发现差异。审计处理建议：无须提出审计调整建议。 注释2：产成品可变现净值按照于20×3年12月31日的相关产品销售价格扣除必要销售费用和相关税费确定。我们核对了甲公司相关产品于20×3年12月31日的售价目录以及预计销售费用和税费的计算表［索引号（略）］，没有发现差异。审计处理建议：无须提出审计调整建议。 注释…：（略）

要求：

（1）针对资料一的注释1、2，假定不考虑其他条件，逐项指出相关审计处理建议是否存在不当之处，并简要说明理由。如果存在不当之处，简要提出改进建议。

（2）针对资料二的注释1、2，假定不考虑其他条件，逐项指出相关审计处理建议是否存在不当之处，并简要说明理由。如果存在不当之处，简要提出改进建议。

（3）针对资料三，结合资料一和资料二，假定不考虑其他条件，指出资料三所列的存货跌价准备审计表的内容存在哪些不当之处。

（4）针对资料三，结合资料一和资料二，假定不考虑其他条件，针对A原材料、B原材料，以及A产品、B产品，逐项指出是否存在需要建议甲公司计提存货跌价准备的情况，并简要说明理由。

六、案例分析题

君山公司审计案例

（一）公司情况

君山公司为一家从事加工浓缩果蔬果汁的上市公司，公司主要资产包括两条先进的加工生产线和存货。截至20×6年12月31日，君山公司存货余额为73 043万元（包括用作原材料的工业苹果15 374万元，桶装果汁57 669万元），占资产总额的45%。公司工业苹果贮存在租赁地23个地下仓库中，桶装果汁贮存在工厂仓库、租赁的5个中转仓库及发运码头。

（二）注册会计师实施的主要审计程序

20×6年8月，洞庭会计师事务所首次接受君山公司委托，为其20×6年度财务报表提供审计服务。在审计过程中，注册会计师对存货实施的审计程序与相关发现如下：

（1）20×6年10月预审时，对君山公司的存货内控制度设计及其运行进行了解，并观察过部分存货现场。注册会计师发现：公司用于存放工业苹果的23

个地下仓库均系分布在苹果生产地的偏远山区的废旧防空洞，仓储设施比较简陋；基于对君山公司及其环境的了解，负责该项审计业务的注册会计师将存货高估评估为重大错报风险。

(2) 君山公司于20×6年12月初通知注册会计师，公司将于20×6年12月31日对存货进行盘点。考虑到刚刚在10月份进行了预审，在预审时也观察过部分存货现场，并了解过存货的内部控制设计及其运行，加之君山公司的存货分布很广，注册会计师没有实施监盘。但考虑到存货高估评估为重大错报风险的领域，注册会计师与君山公司管理层进行了协商，要求君山公司20×7年3月对存放于工厂仓库的桶装果汁安排重新盘点，注册会计师实施监盘。

(3) 按照与注册会计师的协商，君山公司于20×7年3月31日对存放于工厂仓库的桶装果汁进行了全面盘点。注册会计师向君山公司索取了存货盘点表，并进行了复核，存货盘点表未显示存在存货盘盈盘亏及其他异常现象。注册会计师实施了监盘，并根据资产负债表至重新盘点日的存货变动情况倒轧至20×6年12月31日，未发现结果与该部分存货的期末余额存在重大差异。

基于以上程序，注册会计师认可了君山公司20×6年年末的存货余额，对公司20×6年度财务报表出具了标准无保留意见的审计报告。

(三) 后续进展

20×7年7月，地方证监局接到举报。经查实，君山公司20×6年度财务报表至少存在以下两项错报：

(1) 20×6年第四季度因地区气候异常，造成所在地的7个仓库的工业苹果腐烂，涉及存货金额3 003万元（有公司内部报损报告），君山公司将该事实反映为于20×7年3月份盘亏。

(2) 因市场竞争加剧，公司盈利能力减弱，君山公司于20×6年度以减少结转产成品——桶装果汁成本方式，虚增存货7 031万元。证监局于20×7年7月31日要求公司对存货全面盘点，并确认了该问题。由于注册会计师20×7年3月31日对存货进行监盘时，公司以存放于租赁仓库的存货补充了工厂存货，虚增了存货。

上述两项错报致使君山公司20×6年度财务报表存货项目高估了10 034万元。如果对此重大错报进行调整，君山公司20×6年将由盈利转变为重大亏损。因举报属实，注册会计师受到行政处罚。

[案例资料来源：中国注册会计师协会，中国注册会计师继续教育审计案例（第一辑），中国财政经济出版社，2009年。]

思考：1. 君山公司的存货具有哪些特殊性？注册会计师在监盘过程中有哪些需要注意之处？

2. 请评价注册会计师对君山公司的存货审计程序。

CHAPTER

13 第十三章 货币资金审计

【学习目标】通过本章学习，了解货币资金内部控制及其测试方法；掌握现金和银行存款的实质性程序等。

第一节 货币资金审计概述

货币资金是企业资产的重要组成部分，是企业资产中流动性最强的一种资产。任何企业进行生产经营活动都必须拥有一定数额的货币资金，持有货币资金是企业生产经营活动的基本条件，货币资金在企业的会计核算中占有重要的位置。根据货币资金存放地点及用途的不同，货币资金分为库存现金、银行存款及其他货币资金。

一、涉及的主要凭证和会计记录

货币资金审计涉及的凭证和会计记录主要有：(1) 现金盘点表；(2) 银行对账单；(3) 银行存款余额调节表；(4) 有关科目的记账凭证；(5) 有关会计账簿。

二、货币资金内部控制概述

由于货币资金是企业流动性最强的资产，企业必须加强对货币资金的管理，建立良好的货币资金内部控制，以确保全部应收取的货币资金均能收取，并及时正确地予以记录；全部货币资金支出是按照经批准的用途进行的，并及时正确地予以记录；库存现金、银行存款报告正确，并得以恰当保管；正确预测企业正常经营所需的货币资金收支额，确保企业有充足又不过剩的货币资金余额。

一般而言，一个良好的货币资金内部控制应该达到以下几点：(1) 货币资金收支与记账的岗位分离。(2) 货币资金收支要有合理、合法的凭据。(3) 全部收支及时准确入账，并且支出要有核准手续。(4) 控制现金坐支，当日收入现金应及时送存银行。(5) 按月盘点现金，编制银行存款余额调节表，以做到账实相符。(6) 加强对货币资金收支业务的内部审计。

尽管由于每个企业的性质、所处行业、规模以及内部控制健全程度等不同，使得其与货币资金相关的内部控制内容有所不同，但以下要求是通常应当遵循的：

1. 岗位分工及授权批准

(1) 企业应当建立货币资金业务的岗位责任制，明确相关部门和岗位的职责权限，确保办理货币资金业务的不相容岗位相互分离、制约和监督。出纳人员不得兼任稽核、会计档案保管和收入、支出、费用、债权债务账目的登记工作。企业不得由一人办理货币资金业务的全过程。

(2) 企业应当对货币资金业务建立严格的授权批准制度，明确审批人对货币资金业务的授权批准方式、权限、程序、责任和相关控制措施，规定经办人办理货币资金业务的职责范围和工作要求。审批人应当根据货币资金授权批准制度的规定，在授权范围内进行审批，不得超越审批权限。经办人应当在职责范围内，按照审批人的批准意见办理货币资金业务。对于审批人超越授权范围审批的货币资金业务，经办人员有权拒绝办理，并及时向审批人的上级授权部门报告。

(3) 企业应当按照规定的程序办理货币资金支付业务：

①支付申请。企业有关部门或个人用款时，应当提前向审批人提交货币资金支付申请，注明款项的用途、金额、预算、支付方式等内容，并附有效经济合同或相关证明。

②支付审批。审批人根据其职责、权限和相应程序对支付申请进行审批。对不符合规定的货币资金支付申请，审批人应当拒绝批准。

③支付复核。复核人应当对批准后的货币资金支付申请进行复核，复核货币资金支付申请的批准范围、权限、程序是否正确，手续及相关单证是否齐备，金额计算是否准确，支付方式、支付单位是否妥当等。复核无误后，交由出纳人员办理支付手续。

④办理支付。出纳人员应当根据复核无误的支付申请，按规定办理货币资金支付手续，及时登记现金和银行存款日记账。

(4) 企业对于重要货币资金支付业务，应当实行集体决策和审批，并建立责任追究制度，防范贪污、侵占、挪用货币资金等行为。

(5) 严禁未经授权的机构或人员办理货币资金业务或直接接触货币资金。

2. 现金和银行存款的管理

(1) 企业应当加强现金库存限额的管理，超过库存限额的现金应及时存入银行。

(2) 企业必须根据《现金管理暂行条例》的规定，结合本单位的实际情况，确定本单位现金的开支范围。不属于现金开支范围的业务应当通过银行办理转账结算。

(3) 企业现金收入应当及时存入银行，不得用于直接支付单位自身的支出。因特殊情况需坐支现金的，应事先报经开户银行审查批准。

企业借出款项必须执行严格的授权批准程序，严禁擅自挪用、借出货币资金。

(4) 企业取得的货币资金收入必须及时入账，不得私设“小金库”，不得账外设账，严禁收款不入账。

(5) 企业应当严格按照《支付结算办法》等国家有关规定，加强银行账户的管理，严格按照规定开立账户，办理存款、取款和结算。

企业应当定期检查、清理银行账户的开立及使用情况，发现问题，及时处理。

企业应当加强对银行结算凭证的填制、传递及保管等环节的管理与控制。

(6) 企业应当严格遵守银行结算纪律，不准签发没有资金保证的票据或远期支票，套取银行信用；不准签发、取得和转让没有真实交易和债权债务的票据，套取银行和他人资金；不准无理拒绝付款，任意占用他人资金；不准违反规定开立和使用银行账户。

(7) 企业应当指定专人定期核对银行账户，每月至少核对一次，编制银行存款余额调节表，使银行存款账面余额与银行对账单调节相符。如调节不符，应查明原因，及时处理。

(8) 企业应当定期和不定期地进行现金盘点，确保现金账面余额与实际库存相符。发现不符，及时查明原因，作出处理。

3. 票据及有关印章的管理

(1) 企业应当加强与货币资金相关的票据的管理，明确各种票据的购买、保管、领用、背书转让、注销等环节的职责权限和程序，并专设登记簿进行记录，防止空白票据的遗失和盗用。

(2) 企业应当加强银行预留印鉴的管理。财务专用章应由专人保管，个人名章必须由本人或其授权人员保管。严禁一人保管支付款项所需的全部印章。

按规定需要有关负责人签字或盖章的经济业务，必须严格履行签字或盖章手续。

4. 监督检查

(1) 企业应当建立对货币资金业务的监督检查制度，明确监督检查机构或人员的职责权限，定期和不定期地进行检查。

（2）货币资金监督检查的内容主要包括：

①货币资金业务相关岗位及人员的设置情况。重点检查是否存在货币资金业务不相容职务混岗的现象。

②货币资金授权批准制度的执行情况。重点检查货币资金支出的授权批准手续是否健全，是否存在越权审批行为。

③支付款项印章的保管情况。重点检查是否存在办理付款业务所需的全部印章交由一人保管的现象。

④票据的保管情况。重点检查票据的购买、领用、保管手续是否健全，票据保管是否存在漏洞。

（3）对监督检查过程中发现的货币资金内部控制中的薄弱环节，应当及时采取措施，加以纠正和完善。

第二节　库存现金审计

一、库存现金审计目标

库存现金包括企业的人民币和外币。现金是企业资产中流动性最强的一种资产。尽管其在企业资产总额中比重不大，但企业发生舞弊事件大都与现金有关，因此，注册会计师应该重视库存现金的审计。

库存现金的审计目标一般应包括：

（1）确定被审计单位资产负债表的货币资金项目中的库存现金在资产负债表日是否确实存在。

（2）确定被审计单位所有应当记录的现金收支业务是否均记录完毕，有无遗漏。

（3）确定记录的库存现金是否为被审计单位所拥有。

（4）确定库存现金以恰当的金额包括在财务报表的货币资金项目中，与之相关的计价调整已恰当记录。

（5）确定库存现金是否已按照企业会计准则的规定在财务报表中做出恰当列报。

二、库存现金内部控制测试

（一）库存现金内部控制概述

由于库存现金是企业流动性最强的资产，加强现金管理对于保护企业资产安全完整、维护社会主义经济秩序具有重要的意义。在良好的货币资金内部控制下，企业的现金收支记录及时、准确、完整；全部现金支出均按经批准的用途进行；现金得以安全保管。一般而言，一个良好的现金内部控制应该达到以下几点：(1) 现金收支与记账的岗位分离。(2) 现金收支要有合理、合法的凭据。(3) 全部收支及时准确入账，并且支出要有核准手续。(4) 控制现金坐支，当日收入现金应及时送存银行。(5) 按月盘点现金，以做到账实相符。(6) 加强对现金收支业务的内部审计。

(二) 库存现金内部控制的测试

1. 了解现金内部控制。通常通过现金内部控制流程图来了解现金内部控制。编制现金内部控制流程图是现金控制测试的重要步骤。注册会计师在编制之前应通过询问、观察等调查手段收集必要的资料，然后根据所了解的情况编制流程图。对中小企业，也可采用编写现金内部控制说明的方法。

若年度审计工作底稿中已有以前年度的流程图，注册会计师可根据调查结果加以修正，以供本年度审计之用。一般地，了解现金内部控制时，注册会计师应当注意检查库存现金内部控制的建立和执行情况，并关注以下内容：

(1) 库存现金的收支是否按规定的程序和权限办理。

(2) 是否存在与被审计单位经营无关的款项收支情况。

(3) 是否存在出租、出借银行账户的情况。

(4) 出纳与会计的职责是否严格分离。

(5) 库存现金是否妥善保管，是否定期盘点、核对，等等。

2. 抽取并检查收款凭证。如果现金收款内部控制不强，很可能会发生贪污舞弊或挪用等情况。例如，在一个小企业中，出纳员同时负责登记应收账款明细账，很可能发生循环挪用货款的情况。为测试现金收款的内部控制，注册会计师应按现金的收款凭证分类，选取适当的样本量，作如下的检查：(1) 核对现金日记账的收入金额是否正确。(2) 核对收款凭证与应收账款明细账的有关记录是否相符。(3) 核对实收金额与销货发票是否一致，等等。

3. 抽取并检查付款凭证。为测试现金付款内部控制，注册会计师应按照现金付款凭证分类，选取适当的样本量，作如下检查：(1) 检查付款的授权批准手续是否符合规定。(2) 核对现金日记账的付出金额是否正确。(3) 核对付款凭证与应付账款明细账的记录是否一致。(4) 核对实付金额与购货发票是否相符，等等。

4. 抽取一定期间的库存现金日记账与总账核对。注册会计师应抽取一定期间的库存现金日记账，检查其加总是否正确无误，与总分类账核对是否相符。

5. 检查外币现金的折算方法是否符合有关规定，是否与上年度一致。对于有外币现金的被审计单位，注册会计师应检查外币库存现金日记账及“财务费用”、“在建工程”等账户的记录，确定企业有关外币现金的增减变动是否采用交易发生日的即期汇率将外币金额折算为记账本位币金额，或者采用按照系统合理的方法确定的、与交易发生日即期汇率近似的汇率折算为记账本位币，选择采用汇率的方法前后各期是否一致；检查企业的外币现金的期末余额是否采用期末即期汇率折算为记账本位币金额；折算差额的会计处理是否正确。

6. 评价库存现金的内部控制。注册会计师在完成上述程序之后，即可对库存现金的内部控制进行评价。评价时，注册会计师应首先确定库存现金内部控制可信赖的程度以及存在的薄弱环节和缺点，然后据以确定在库存现金实质性程序中对哪些环节可以适当减少审计程序，哪些环节应增加审计程序作重点检查，以减少审计风险。

三、库存现金的实质性程序

1. 核对库存现金日记账与总账的余额是否相符。注册会计师测试现金余额的起点，是核对库存现金日记账与总账的余额是否相符。如果不相符，应查明原因，并做出适当调整。

2. 监盘库存现金。监盘库存现金是证实资产负债表中所列现金是否存在的一项重要程序。

企业盘点库存现金，通常包括对已收到但未存入银行的现金、零用金、找换金等的盘点。盘点库存现金的时间和人员应视被审计单位的具体情况而定，但必须有出纳员和被审计单位会计主管人员参加，并由注册会计师进行监盘。盘点和监盘库存现金的步骤和方法主要有：

（1）制定库存现金盘点程序，实施突击性的检查，时间最好选择在上午上班前或下午下班时进行，盘点的范围一般包括企业各部门经管的现金。在进行现金盘点前，应由出纳员将现金集中起来存入保险柜。必要时可加以封存，然后由出纳员把已办妥现金收付手续的收付款凭证登入库存现金日记账。如企业库存现金存放部门有两处或两处以上的，应同时进行盘点。

（2）审阅库存现金日记账并同时与现金收付凭证相核对；一方面检查日记账的记录与凭证的内容和金额是否相符；另一方面了解凭证日期与日记账日期是否相符或接近。

（3）由出纳员根据库存现金日记账加计累计数额，结出现金结余。

（4）盘点保险柜的现金实存数，同时编制“库存现金监盘表”（格式参见表13-1），分币种、面值列示盘点金额。

（5）将盘点金额与库存现金日记账余额进行核对，如有差异，应查明原因，必要时应提请被审计单位作出调整；如无法查明原因，应要求被审计单位按管理权限批准后作出调整。

（6）若有冲抵库存现金的借条、未提现支票、未作报销的原始凭证、应在“库存现金监盘表”中注明或做出必要的调整。

（7）在非资产负债表日进行盘点和监盘时，应调整至资产负债表日的金额。

3. 分析被审计单位日常库存现金余额是否合理，关注是否存在大额未缴存的现金。

4. 抽查大额现金收支。注册会计师应抽查大额现金收支的原始凭证内容是否完整，有无授权批准，并核对相关账户的进账情况，如有与被审计单位生产经营业务无关的收支事项，应查明原因，并作相应的记录。

5. 检查现金收支的正确截止。被审计单位资产负债表的货币项目中的库存现金数额，应以结账日实有数额为。因此，注册会计师必须验证现金收支的截止日期。通常，注册会计师可考虑对结账日前后一段时期内现金收支凭证进行审计，以确定是否存在跨期事项，是否应考虑提出调整建议。

6. 检查库存现金是否在资产负债表上恰当列报。根据有关规定，库存现金在资产负债表的“货币资金”项目中反映，注册会计师应在实施上述审计程序后，确定库存现金账户的期末余额是否恰当，进而确定库存现金是否在资产负债表上恰当披露。

表 13-1　　**库存现金盘点表**

被审计单位：　　索引号：
项目：　　财务报表截止日/期间：
编制：　　复核：
日期：　　日期：

检查盘点记录					实有现金盘点记录						
项目	项次	人民币	美元	某外币	面额	人民币		美元		某外币	
						张	金额	张	金额	张	金额
上一日账面库存余额	1				1 000 元						
盘点日未记账传票收入金额	2				500 元						
盘点日未记账传票支出金额	3				100 元						
盘点日账面应有金额	4=1+2−3				50 元						
盘点实有现金数额	5				10 元						
盘点日应有与实有差异	6=4−5				5 元						

续表

检查盘点记录							实有现金盘点记录					
项目		项次	人民币	美元	某外币	面额	人民币		美元		某外币	
							张	金额	张	金额	张	金额
差异原因分析	白条抵库（张）					2元						
						1元						
						0.5元						
						0.2元						
						0.1元						
						合计						
追溯调整	报表日至查账日现金付出总额						情况说明及审计结论：					
	报表日至查账日现金收入总额											
	报表日库存现金应有余额											
	报表日账面汇率											
	报表日余额折合本位币金额											
本位币合计												

出纳员：　　会计主管人员：　　监盘人：　　检查日期：

审计说明：

第三节　银行存款审计

一、银行存款审计目标

银行存款是指企业存放在银行或其他金融机构的各种款项。按照国家有关规定，凡是独立核算的企业都必须在当地银行开设账户。企业在银行开设账户以后，除按核定的限额保留库存现金外，超过限额的现金必须存入银行；除了在规定的范围内可以用现金直接支付的款项外，在经营过程中所发生的一切货币收支业务，都必须通过银行存款账户进行结算。

银行存款的审计目标主要包括：(1) 确定被审计单位资产负债表中的银行存款在资产负债表日是否确实存在。(2) 确定被审计单位所有应当记录的银行存款收支业务是否均已记录完毕，有无遗漏。(3) 确定记录的银行存款是否为被审计单位所拥有或控制。(4) 确定银行存款以恰当的金额包括在财务报表的货币资金项目中，与之相关的计价调整已恰当记录。(5) 确定银行存款是否已按照企业会计准则在财务报表中做出恰当列报。

二、银行存款内部控制测试

(一) 银行存款内部控制概述

一般而言，一个良好的银行存款的内部控制同现金的内部控制一样，也应达到以下几点：

(1) 银行存款收支与记账的岗位分离。

(2) 银行存款收支要有合理、合法的凭据。

(3) 全部收支及时准确入账，并且支出要有核准手续。

(4) 按月编制银行存款余额调节表，以做到账实相符。

(5) 加强对银行存款收支业务的内部审计。

按照我国现金管理的有关规定，超过规定限额以上的现金支出一律使用支票。因此，企业应建立相应的支票申领制度，明确申领范围、申领批准及支票签发、支票报销等。

对于支票报销和现金报销，企业应建立报销制度。报销人员报销时应当有正常的报批手续、适当的付款凭据，有关采购支出还应具有验收手续。会计部门应对报销单据加以审核，现金出纳见到加盖核准戳记的支出凭据后方可付款。

付款记录应及时登记入账，相关凭证应按顺序或内容编制会计记录的附件。

(二) 银行存款的控制测试

1. 了解银行存款的内部控制。注册会计师对银行存款内部控制的了解一般与了解现金的内部控制同时进行。注册会计师应当注意的内容包括：(1) 银行存款的收支是否按规定的程序和权限办理。(2) 银行账户是否存在与本单位经营无关的款项收支情况。(3) 是否存在出租、出借银行账户的情况。(4) 出纳与会计的职责是否严格分离。(5) 是否定期取得银行对账单并编制银行存款余额调节表等。

2. 抽取并检查收款凭证。注册会计师应选取适当的样本量，作如下检查：（1）核对收款凭证与存入银行账户的日期和金额是否相符。（2）核对银行存款日记账的收入金额是否正确。（3）核对收款凭证与银行对账单是否相符。（4）核对收款凭证与应收账款明细账的有关记录是否相符。（5）核对实收金额与销货发票是否一致，等等。

3. 抽取并检查付款凭证。为测试银行存款付款内部控制，注册会计师应选取适当的样本量，作如下检查：（1）检查付款的授权批准手续是否符合规定。（2）核对银行存款日记账的付出金额是否正确。（3）核对付款凭证与银行对账单是否相符。（4）核对付款凭证与应付账款明细账的记录是否一致。（5）核对实付金额与购货发票是否相符，等等。

4. 抽取一定期间的银行存款日记账与总账核对。注册会计师应抽取一定期间的银行存款日记账，检查其有无计算错误，并与银行存款总分类账核对。

5. 抽取一定期间银行存款余额调节表，查验其是否按月正确编制并经复核。为证实银行存款记录的正确性，注册会计师必须抽取一定期间的银行存款余额调节表，将其同银行对账单、银行存款日记账及总账进行核对，确定被审计单位是否按月正确编制并复核银行存款余额调节表。

6. 检查外币银行存款的折算方法是否符合有关规定，是否与上年度一致。对于有外币银行存款的被审计单位，注册会计师应检查外币银行存款日记账及“财务费用”、“在建工程”等账户的记录，确定有关外币银行存款的增减变动是否采用交易发生日的即期汇率将外币金额折算为记账本位币金额，或者采用按照系统合理的方法确定的、与交易发生日即期汇率近似的汇率折算为记账本位币，选择采用汇率的方法前后各期是否一致；检查企业的外币银行存款的余额是否采用期末即期汇率折算为记账本位币金额；折算差额的会计处理是否正确。

7. 评价银行存款的内部控制。注册会计师在完成上述程序之后，即可对银行存款的内部控制进行评价。评价时，注册会计师应首先确定银行存款内部控制可信赖的程度以及存在的薄弱环节和缺点。然后据以确定在银行存款实质性程序中对哪些环节可以适当减少审计程序，哪些环节应增加审计程序并作重点检查，以减少审计风险。

三、银行存款的实质性程序

1. 获取或编制银行存款余额明细表，复核加计是否正确，并与总账数和日记账合计数核对是否相符；检查非记账本位币银行存款的折算汇率及折算金额是否正确。如果不符，应查明原因，必要时应建议作出适当调整。

2. 实施实质性分析程序。计算银行存款累计余额应收利息收入，分析比较银行存款应收利息收入与实际利息收入的差异是否恰当，评估利息收入的合理性，检查是否存在高息资金拆借，确认银行存款余额是否存在，利息收入是否已经完整记录。

3. 检查银行存单。编制银行存单检查表，检查是否与账面记录金额一致，是否被质押或限制使用，存单是否为被审计单位所拥有。

（1）对已质押的定期存款，应检查定期存单，并与相应的质押合同核对，同时关注定期存单对应的质押借款有无入账；

（2）对未质押的定期存款，应检查开户证实书原件；

（3）对审计外勤工作结束日前已提取的定期存款，应核对相应的兑付凭证、银行对账单和定期存款复印件。

4. 取得并检查银行存款余额对账单和银行存款余额调节表。取得并检查银行存款余额对账单和银行存款余额调节表是证实资产负债表中所列银行存款是否存在的重要程序。银行存款余额调节表通常应由被审计单位根据不同的银行账户及货币种类分别编制，其格式如表 13-2 所示。具体测试程序如下：

（1）将资产负债表日银行存款余额对账单与银行询证函回函核对，确认是否一致，核对账面记录的存款金额是否与对账单记录一致。

（2）获取资产负债表日的银行存款余额调节表，检查加计数是否正确，调节后银行存款日记账余额与银行对账单余额是否一致。

（3）检查调节事项的性质和范围是否合理：

①检查是否存在跨期收支和跨行转账的调节事项。编制跨行转账业务明细表，检查跨行转账业务是否同时对应转入和转出，未在同一期间完成的转账业务是否反映在银行存款余额调节表的调整事项中。

②检查大额在途存款和未付票据。检查在途存款的日期，查明发生在途存款的具体原因，追查期后银行对账单存款记录日期，确定被审计单位与银行记账时间差异是否合理，确定在资产负债表日是否需提请被审计单位进行适当调整；

检查被审计单位未付票据明细清单，查明未及时入账的原因，确定账簿记录时间晚于银行对账单的日期是否合理；

检查被审计单位未付票据明细清单中有记录但截至资产负债表日银行对账单无记录且金额较大的未付票据，获取票据领取人的书面说明，确认资产负债表日是否需要进行调整；

检查资产负债表日后银行对账单是否完整地记录了调节事项中银行未付票据金额。

（4）检查是否存在未入账的利息收入和利息支出。

（5）检查是否存在其他跨期收支事项，检查相应的原始交易单据或者银行收付款单据。

（6）当未经授权或授权不清支付货币资金的现象比较突出时，检查银行存款余额调节表中支付异常的领款（包括没有载明收款人）、签字不全、收款地址不清、金额较大票据的调整事项，确认是否存在舞弊。

表 13-2　　　　银行存款余额调节表

年　月　日

编制人：　　　　日期：　　　　索引号：

复核人：　　　　日期：　　　　页次：

户别：　　　　币别：

项目
银行对账单余额（　年　月　日）
加：企业已收，银行尚未入账金额
其中：1. ________元
2. ________元
减：企业已付，银行尚未入账金额
其中：1. ________元
2. ________元
调整后银行对账单金额
企业银行存款日记账金额（　年　月　日）
加：银行已收，企业尚未入账金额
其中：1. ________元
2. ________元
减：银行已付，企业尚未入账金额
其中：1. ________元
2. ________元
调整后企业银行存款日记账金额
经办会计人员：（签字）　　　　会计主管：（签字）

说明：1. 本表应按不同的银行账户及货币种类由被审计单位分别编制。

2. 审计人员应对未达账项进行分析并确定是否需要调整及原因，将此调整原因反映在该账户具体审计工作底稿中。

3. 调节后银行对账单金额应与企业银行存款日记账金额一致。

5. 函证银行存款余额，编制银行函证结果汇总表，检查银行回函。

（1）向被审计单位在本期存过款的银行发函，包括零余额账户和本期内注销的账户。

（2）确定被审计单位账面余额与银行函证结果的差异，对不符事项做出适当处理。

银行存款函证是指注册会计师在执行审计业务的过程中，需要以被审计单位名义向有关单位发函询证，以验证被审计单位的银行存款是否真实、合法、完整。按照国际惯例，财政部和中国人民银行于 1999 年 1 月 6 日联合印发了《关于做好企业的银行存款、借款及往来款项函证工作的通知》（以下简称《通知》），《通知》对函证工作提出了明确的要求，并规定：各商业银行、政策性银行、非银行金融机构要在收到询证函之日起 10 个工作日内，根据函证的具体要求，及时回函并可按照国家的有关规定收取询证费用；各有关企业或单位根据函证的具体要求回函。

函证银行存款余额是证实资产负债表所列银行存款是否存在的重要程序。通过向往来银行函证，注册会计师不仅可了解企业资产的存在，还可了解企业账面反映所欠银行债务的情况，并有助于发现企业未入账的银行借款和未披露的或有负债。

注册会计师应当对银行存款（包括零余额账户和在本期内注销的账户）及与金融机构往来的其他重要信息实施函证程序，除非有充分证据表明某一银行存款及与金融机构往来的其他重要信息对财务报表不重要且与之相关的重大错报风险很低。

如果不对这些项目实施函证程序，注册会计师应当在审计工作底稿中说明理由。

注册会计师需要考虑是否对在本期内注销的账户的银行进行函证，这通常是因为有可能存款账户已注销但仍有银行借款或其他负债存在。

6. 检查银行存款账户存款人是否为被审计单位，若存款人非被审计单位，应获取该账户户主和被审计单位的书面声明，确认资产负债表日是否需要调整。

7. 关注是否存在质押、冻结等对变现有限制或存在境外的款项，是否已做必要的调整和披露。

8. 对不符合现金及现金等价物条件的银行存款在审计工作底稿中予以列明，以考虑对现金流量表的影响。

9. 抽查大额银行存款收支的原始凭证，检查原始凭证是否齐全、记账凭证与原始凭证是否相符、账务处理是否正确、是否记录于恰当的会计期间等项内容。检查是否存在非营业目的的大额货币资金转移，并核对相关账户的进账情况；如有与被审计单位生产经营无关的收支事项，应查明原因并作相应的记录。

10. 检查银行存款收支的正确截止。选取资产负债表日前后若干天的银行存款收支凭证实施截止测试，关注业务内容及对应项目，如有跨期收支事项，应考虑是否应提请调整建议。

11. 检查银行存款的列报是否恰当。根据有关规定，企业的银行存款在资产负债表的“货币资金”项目中反映，所以，注册会计师应在实施上述审计程序后，确定银行存款账户的期末余额是否恰当，进而确定银行存款是否在资产负债表上恰当披露。此外，如果企业的银行存款存在抵押、冻结等使用限制或者潜在回收风险，注册会计师应关注企业是否已经恰当披露有关情况。

练习题

一、单项选择题

1. N公司某银行账户的银行对账单余额为585 000元，在审查N公司编制的该账户银行存款余额调节表时，A注册会计师注意到以下事项：N公司已收、银行尚未入账的某公司销货款100 000元；N公司已付、银行尚未入账的预付某公司材料款50 000元；银行已收、N公司尚未入账的某公司退回的押金35 000元；银行已代扣、N公司尚未入账的水电费25 000元。假定不考虑审计重要性水平，A注册会计师审计后确认该账户的银行存款日记账余额应是（　　）元。

A. 625 000　　B. 635 000

C. 575 000　　D. 595 000

2. 监盘库存现金是注册会计师证实被审计单位资产负债表所列现金是否存在的一项重要措施，被审计单位必须参加盘点的人员是（　　）。

A. 会计主管人员　　B. 出纳员和会计主管人员

C. 现金出纳员和财务经理　　D. 出纳员和财务总监

3. 货币资金内部控制的以下关键环节中，存在重大缺陷的是（　　）。

A. 财务专用章由专人保管，个人名章由本人或其授权人员保管

B. 对重要货币资金支付业务，实行集体决策

C. 现金收入及时存入银行，特殊情况下，经主管领导审查批准方可坐支现金

D. 指定专人定期核对银行账户，每月核对一次，编制银行存款余额调节表，使银行存款账面余额与银行对账单调节相符

4. 20×3年3月5日对N公司全部现金进行盘点后，确认现有现金数额为1 000元。N公司3月4日账面库存现金余额为2 000元，3月5日发生的现金收支全部未登记入账，其中收入金额为3 000元、支出金额为4 000元，20×3年1月1日至3月4日现金收入总额为165 200元，现金支出总额为165 500元，则推断20×2年12月31日库存现金应为（　　）元。

A. 1 300　　B. 2 300

C. 700　　D. 2 700

5. 下列说法中不正确的是（　　）。

A. 注册会计师应当向被审计单位在本期存过款的银行发函，包括零余额账户和在本期内注销的账户

B. 注册会计师在对银行存款做控制测试时可以抽取适当付款凭证核对实付金额与购货发票中所列示金额是否相符

C. 向银行函证企业的银行存款，不仅可以证实企业银行存款的真实性，而且可以核实企业对银行借款记录的完整性

D. 被审计单位资产负债表上的银行存款数额，应以编制或取得银行存款余额调节表日银行存款账户数额为准

二、多项选择题

1. 下列情形中，违背货币资金“不相容岗位相互分离”控制原则的是（　　）。

A. 由出纳人员兼任会计档案保管工作

B. 由出纳人员保管签发支票所需全部印章

C. 由出纳人员兼任收入总账和明细账的登记工作

D. 由出纳人员兼任固定资产明细账的登记工作

2. A公司编制的20×3年12月末银行存款余额调节表显示存在120 000元的未达账项，其中包括A公司已付而银行未付的材料采购款100 000元。以下审计程序中，可能为该材料采购款未达账项的真实性提供审计证据的有（　　）。

A. 检查20×4年1月份的银行对账单

B. 检查相关的采购合同、供应商销售发票和付款审批手续

C. 就20×3年12月末银行存款余额向银行寄发银行询证函

D. 向相关的原材料供应商寄发询证函

3. F注册会计师拟对银行存款余额实施函证程序。以下做法中，正确的有（　　）。

A. 以A公司的名义寄发银行询证函

B. 除余额为零的银行存款账户以外，必须对A公司所有银行存款账户实施函证程序

C. 由A公司代为填写银行询证函后，交由注册会计师直接发出并回收

D. 应当由被审计单位和会计师事务所共同签章

三、判断题

1. 注册会计师在对银行存款业务进行实质性程序时，应审查银行存款余额调节表或函证银行存款余额。（　　）

2. 由于库存现金总额还不到M公司年末总资产的1‰，助理人员认为其金额远远低于报表的重要性水平而不必进行盘点。（　　）

3. 对于库存现金的盘点应当事先告知被审计单位，以使其协助注册会计师的审计工作。(　　)

四、实训题

1. 20×3 年 2 月 11 日下午 5 点 30 分，审计人员参加对华光工厂库存现金的清查盘点工作。清查结果如下：

(1) 实点库存现金（人民币）结存数：100 元币 120 张，50 元币 80 张，10 元币 220 张，5 元币 154 张，1 元币 220 张，5 角币 50 张，1 角币 51 张。

(2) 查明现金日记账截至 20×3 年 2 月 10 日的账面余额为 21 679.2 元。

(3) 查出已经办理收款手续尚未入账的收款凭证（91 号至 102 号）金额合计为 4 372.3 元。

(4) 查出已经办理付款手续尚未入账的付款凭证（103 号至 111 号）金额合计为 4 126.1 元。

(5) 发现现金日记账中夹有下列单据，共计 2 560 元：职工刘红借学费 250 元，职工王敏借学费 110 元，许林华借药费 1 000 元，万广华借药费 1 200 元。

(6) 发现保险柜中有 2 月 1 日收到销售产品的转账支票一张，计价 8 000 元。

(7) 银行核定库存现金限额 10 000 元。

要求：(1) 根据清查结果，编制库存现金监盘表；

(2) 指出企业现金管理中存在的重要问题，并提出审计意见。

库存现金监盘表

年　月　日盘点　　　　　　　　　　　　　　　　　　单位：元

项目	金额	备注
库存现金实存额		
盘点日止账面结存额		
加：已收款未入账部分		
减：已付款未入账部分		
盘点日止账面应存额		
溢缺金额		
亏缺原因		

审计人员：　　　　　　出纳员：　　　　　　会计主管：

2. A 注册会计师对 X 公司 20×3 年度财务报表实施审计，并已于 20×4 年 2 月初开始实施外勤审计工作。审计工作底稿记载的与货币资金相关资料如下：

资料一：X 公司规定所有货币资金的支付均须经过财务经理贾华审批。A 注册会计师通过询问贾华，获悉 X 公司有两名专职出纳人员，其中张琪为现金出纳员，王微为银行出纳员。

资料二：A 注册会计师对 20×3 年 12 月 31 日的银行存款进行审查，查得银行存款日记账余额为174 800元，银行对账单余额为97 500元，并发现以下情况：

（1）银行从X公司银行存款中扣除借款利息1 200元，公司未入账；

（2）X公司12月28日开出转账支票一张25 500元，银行未入账；

（3）银行12月29日收到B公司汇来的货款35 000元，公司未入账；

（4）X公司12月2日存入转账支票一张64 000元，银行未入账；

（5）银行对账单上发现12月20日和23日收入和付出支票各一张，金额均为50 000元，X公司银行存款日记账上无此记录。X公司银行出纳员王微编制的银行存款余额调节表无此记录。

要求：（1）针对资料一和资料二，指出所述的X公司货币资金相关内部控制的设计或执行是否存在缺陷，并简要说明理由。

（2）针对资料二，指出X公司编制的银行存款余额调节表存在的问题。

（3）分析X公司在银行存款方面可能存在的问题。

银行存款余额调节表

20×3年12月31日

编制人：王微　日期：20×4年1月13日　　索引号：××

复核人：张琪　日期：20×4年1月31日　　页次：××

户别：H银行××分行　　　　币别：人民币

项目
银行对账单余额（20×3年12月31日）97 500元
加：企业已收，银行尚未入账金额
其中：1. 12月2日存入转账支票一张64 000元
2. 存入现金5 000元
减：企业已付，银行尚未入账金额
其中：1. X公司12月28日开出转账支票一张25 500元
2.
调整后银行对账单金额141 000元
企业银行存款日记账金额（20×3年12月31日）174 800元
加：银行已收，企业尚未入账金额
其中：1. 银行从X公司银行存款中扣除借款利息1 200元
2.
减：银行已付，企业尚未入账金额
其中：1. 12月29日收到B公司汇来的货款35 000元
2.
调整后企业银行存款日记账金额141 000元

经办会计人员：王微　　　　会计主管：贾华

CHAPTER

14 第十四章 审计报告

【学习目标】 通过本章学习，熟悉审计报告的含义与作用；掌握审计报告的类型与基本内容；理解不同审计意见发表的条件；熟悉不同审计意见下审计报告的格式和内容。

第一节 审计报告概述

一、审计报告的含义

审计报告是指注册会计师根据中国注册会计师审计准则的规定，在实施审计工作的基础上对被审计单位财务报表发表审计意见的书面文件。审计报告是注册会计师在完成审计工作后向委托人提交的最终产品，具有以下特征：

（1）注册会计师应当按照中国注册会计师审计准则（以下简称审计准则）的规定执行审计工作；

（2）注册会计师在实施审计工作的基础上才能出具审计报告；

（3）注册会计师通过对财务报表发表意见履行业务约定书约定的责任；

（4）注册会计师应当以书面形式出具审计报告。

注册会计师应当根据由审计证据得出的结论，清楚表达对财务报表的意见。无论是出具标准审计报告，还是非标准审计报告，注册会计师一旦在审计报告上签名并盖章，就表明对其出具的审计报告负责。

注册会计师应当将已审计的财务报表附于审计报告后。审计报告是注册会计师对财务报表是否在所有重大方面按照财务报告编制基础编制并实现公允反映发表审计意见的书面文件。因此，注册会计师应当将已审计的财务报表附于审计报告之后，以便于财务报表使用者正确理解和使用审计报告，并防止被审计单位替换、更改已审计的财务报表。

二、审计报告的作用

注册会计师签发的审计报告，主要具有鉴证、保护和证明三方面的作用。

（一）鉴证作用

注册会计师签发的审计报告，不同于政府审计和内部审计的审计报告，是以超然独立的第三者身份，对被审计单位财务报表合法性、公允性发表意见。这种意见，具有鉴证作用，得到了政府及其各部门和社会各界的普遍认可。政府有关部门，如财政部门、税务部门等了解、掌握企业的财务状况和经营成果的主要依据是企业提供的财务报表。财务报表是否合法、公允，主要依据注册会计师的审计报告做出判断。股份制企业的股东主要依据注册会计师的审计报告来判断被投资企业的财务报表是否公允地反映了财务状况和经营成果，以进行投资决策等。

（二）保护作用

注册会计师通过审计，可以对被审计单位财务报表出具不同类型审计意见的审计报告，以提高或降低财务报表信息使用者对财务报表的信赖程度，能够在一定程度上对被审计单位的财产、债权人和股东的权益及企业利害关系人的利益起到保护作用。如投资者为了减少投资风险，在进行投资之前，必须要查阅被投资企业的财务报表和注册会计师的审计报告，了解被投资企业的经营情况和财务状况。投资者根据注册会计师的审计报告做出投资决策，可以降低其投资风险。

（三）证明作用

审计报告是对注册会计师审计任务完成情况及其结果所做的总结，它可以表明审计工作的质量并明确注册会计师的审计责任。因此，审计报告可以对审计工作质量和注册会计师的审计责任起证明作用。通过审计报告，可以证明注册会计师在审计过程中是否实施了必要的审计程序，是否以审计工作底稿为依据发表审计意见，发表的审计意见是否与被审计单位的实际情况相一致，审计工作的质量是否符合要求。通过审计报告，可以证明注册会计师审计责任的履行情况。

第二节 审计报告的类型与要素

一、审计报告的类型

按照审计报告的格式，审计报告分为标准审计报告和非标准审计报告。当注册会计师出具的无保留意见的审计报告不附加说明段、强调事项段、其他事项段或任何修饰性用语时，该报告称为标准审计报告。其中，无保留意见是指当注册会计师认为财务报表在所有重大方面按照适用的财务报告编制基础编制并实现公允反映时发表的审计意见。包含其他报告责任段，但不含有强调事项段或其他事项段的无保留意见的审计报告也被视为标准审计报告。

非标准审计报告，是指带强调事项段或其他事项段的无保留意见的审计报告和非无保留意见的审计报告。非无保留意见的审计报告包括保留意见的审计报告、否定意见的审计报告和无法表示意见的审计报告。

二、审计报告的要素

审计报告应当包括下列基本要素：标题、收件人、引言段、管理层对财务报表的责任段、注册会计师的责任段、审计意见段、注册会计师的签名和盖章、会计师事务所的名称与地址及盖章、报告日期。

1. 标题

审计报告的标题应当统一规范为“审计报告”。

2. 收件人

审计报告的收件人是指注册会计师按照业务约定书的要求致送审计报告的对象，一般是指审计业务的委托人。审计报告应当载明收件人的全称。

注册会计师应当与委托人在业务约定书中约定致送审计报告的对象，以防止在此问题上发生分歧或审计报告被委托人滥用。针对整套通用目的财务报表出具的审计报告，审计报告的致送对象通常为被审计单位的股东或治理层。

3. 引言段

审计报告的引言段应当包括下列方面：

(1) 指出被审计单位的名称；

(2) 说明财务报表已经审计；

(3) 指出构成整套财务报表的每一财务报表的名称；

(4) 提及财务报表附注（包括重要会计政策概要和其他解释性信息）；

（5）指明构成整套财务报表的每一财务报表的日期或涵盖的期间。

审计意见应当涵盖由适用的财务报告编制基础所确定的整套财务报表。在许多通用的编制基础中，财务报表包括资产负债表、利润表、现金流量表、所有者权益变动表，以及重要会计政策概要和其他解释性信息。补充信息也可能被认为是财务报表的必要组成部分。

4. 管理层对财务报表的责任段

审计报告应当包含标题为“管理层对财务报表的责任”的段落，用以描述被审计单位中负责编制财务报表的人员的责任。管理层对财务报表的责任段应当说明，编制财务报表是管理层的责任，这种责任包括：

（1）按照适用的财务报告编制基础编制财务报表，并使其实现公允反映；

（2）设计、执行和维护必要的内部控制，以使财务报表不存在由于舞弊或错误导致的重大错报。

5. 注册会计师的责任段

审计报告应当包含标题为“注册会计师的责任”的段落。注册会计师的责任段应当说明下列内容：

（1）注册会计师的责任是在执行审计工作的基础上对财务报表发表审计意见。

（2）注册会计师按照中国注册会计师审计准则的规定执行了审计工作。中国注册会计师审计准则要求注册会计师遵守中国注册会计师职业道德守则，计划和执行审计工作以对财务报表是否不存在重大错报获取合理保证。

（3）审计工作涉及实施审计程序，以获取有关财务报表金额和披露的审计证据。选择的审计程序取决于注册会计师的判断，包括对由于舞弊或错误导致的财务报表重大错报风险的评估。在进行风险评估时，注册会计师考虑与财务报表编制和公允列报相关的内部控制，以设计恰当的审计程序，但目的并非对内部控制的有效性发表意见。审计工作还包括评价管理层选用会计政策的恰当性和做出会计估计的合理性，以及评价财务报表的总体列报。

（4）注册会计师相信获取的审计证据是充分、适当的，并为其发表审计意见提供了基础。

如果结合财务报表审计对内部控制的有效性发表意见，注册会计师应当删除上述第（3）项中“但目的并非对内部控制的有效性发表意见”的措辞。

6. 审计意见段

审计报告应当包含标题为“审计意见”的段落。

如果对财务报表发表无保留意见，除非法律法规另有规定，审计意见应当使用“财务报表在所有重大方面按照［适用的财务报告编制基础（如企业会计准则等)］编制，公允反映了……”的措辞。

如果在审计意见中提及的适用的财务报告编制基础不是企业会计准则，而是国际财务报告准则、国际公共部门会计准则或者其他国家或地区的财务报告准则，注册会计师应当在审计意见段中指明国际财务报告准则或国际公共部门会计准则，或者财务报告准则所属的国家或地区。

除审计准则规定的注册会计师对财务报表出具审计报告的责任外，相关法律法规可能对注册会计师设定了其他报告责任。如果注册会计师在对财务报表出具的审计报告中履行其他报告责任，应当在审计报告中将其单独作为一部分，并以“按照相关法律法规的要求报告的事项”为标题。为此，审计报告应当区分为“对财务报表出具的审计报告”和“按照相关法律法规的要求报告的事项”两部分。

7. 注册会计师的签名和盖章

审计报告应当由注册会计师签名并盖章。注册会计师在审计报告上签名并盖章，有利于明确法律责任。

审计报告应当由两名具备相关业务资格的注册会计师签名盖章并经会计师事务所盖章方为有效。合伙会计师事务所出具的审计报告，应当由一名对审计项目负最终复核责任的合伙人和一名负责该项目的注册会计师签名盖章；有限责任会计师事务所出具的审计报告，应当由会计师事务所主任会计师或其授权的副主任会计师和一名负责该项目的注册会计师签名盖章。

8. 会计师事务所的名称、地址及盖章

审计报告应当载明会计师事务所的名称和地址，并加盖会计师事务所公章。

根据《中华人民共和国注册会计师法》的规定，注册会计师承办业务，由其所在的会计师事务所统一受理并与委托人签订委托合同。因此，审计报告除了应由注册会计师签名并盖章外，还应载明会计师事务所的名称和地址，并加盖会计师事务所公章。

注册会计师在审计报告中载明会计师事务所地址时，标明会计师事务所所在的城市即可。在实务中，审计报告通常载于会计师事务所统一印刷的、标有该所详细通讯地址的信笺上，因此，无须在审计报告中注明详细地址。此外，根据国家工商行政管理部门的有关规定，在主管登记机关管辖区内，已登记注册的企业名称不得相同。因此在同一地区内不会出现重名的会计师事务所。

9. 报告日期

审计报告应当注明报告日期。审计报告的日期不应早于注册会计师获取充分、适当的审计证据（包括管理层认可对财务报表的责任且已批准财务报表的证据），并在此基础上对财务报表形成审计意见的日期。在确定审计报告日时，注册会计师应当确信已获取下列两方面的审计证据：

（1）构成整套财务报表的所有报表（包括相关附注）已编制完成；

（2）被审计单位的董事会、管理层或类似机构已经认可其对财务报表负责。

审计报告的日期非常重要。注册会计师对不同时段的资产负债表日后事项有着不同的责任，而审计报告的日期是划分时段的关键时点。在实务中，注册会计师在正式签署审计报告前，通常把审计报告草稿和已审计财务报表草稿一同提交给管理层。如果管理层批准并签署已审计财务报表，注册会计师即可签署审计报告。注册会计师签署审计报告的日期通常与管理层签署已审计财务报表的日期为同一天，或晚于管理层签署已审计财务报表的日期。在审计报告日期晚于管理层签署已审计财务报表日期时，注册会计师应当获取自管理层声明书日到审计报告日期之间的进一步审计证据，如补充的管理层声明书。

标准审计报告参考格式如下：

审计报告

ABC 股份有限公司全体股东：

我们审计了后附的 ABC 股份有限公司（以下简称 ABC 公司）财务报表，包括 20×1 年 12 月 31 日的资产负债表，20×1 年度的利润表、现金流量表和股东权益变动表以及财务报表附注。

一、管理层对财务报表的责任

编制和公允列报财务报表是 ABC 公司管理层的责任，这种责任包括：（1）按照企业会计准则的规定编制财务报表，并使其实现公允反映；（2）设计、执行和维护必要的内部控制，以使财务报表不存在由于舞弊或错误而导致的重大错报。

二、注册会计师的责任

我们的责任是在执行审计工作的基础上对财务报表发表审计意见。我们按照中国注册会计师审计准则的规定执行了审计工作。中国注册会计师审计准则要求我们遵守中国注册会计师职业道德守则，计划和执行审计工作以对财务报表是否不存在重大错报获取合理保证。

审计工作涉及实施审计程序，以获取有关财务报表金额和披露的审计证据。选择的审计程序取决于注册会计师的判断，包括对由于舞弊或错误导致的财务报表重大错报风险的评估。在进行风险评估时，注册会计师考虑与财务报表编制和公允列报相关的内部控制，以设计恰当的审计程序，但目的并非对内部控制的有效性发表意见。审计工作还包括评价管理层选用会计政策的恰当性和做出会计估计的合理性，以及评价财务报表的总体列报。

我们相信，我们获取的审计证据是充分、适当的，为发表审计意见提供了基础。

三、审计意见

我们认为，ABC 公司财务报表在所有重大方面按照企业会计准则的规定编制，公允反映了 ABC 公司 20×1 年 12 月 31 日的财务状况以及 20×1 年度的经营成果和现金流量。

××会计师事务所　　　　　　　　　　　中国注册会计师：×××
（盖章）　　　　　　　　　　　　　　　（签名并盖章）
　　　　　　　　　　　　　　　　　　　中国注册会计师：×××
　　　　　　　　　　　　　　　　　　　（签名并盖章）
中国××市　　　　　　　　　　　　　　二〇×二年×月×日

第三节　非标准审计报告

一、非无保留意见的审计报告

（一）非无保留意见的含义

非无保留意见包括保留意见、否定意见和无法表示意见。当存在下列情形之一时，注册会计师应当在审计报告中发表非无保留意见：

1. 根据获取的审计证据，得出财务报表整体存在重大错报的结论

错报是指某一财务报表项目的金额、分类、列报或披露，与按照适用的财务报告编制基础应当列示的金额、分类、列报或披露之间存在的差异。财务报表的重大错报可能源于：

（1）选择的会计政策的恰当性。

在选择的会计政策的恰当性方面，当出现下列情形时，财务报表可能存在重大错报：①选择的会计政策与适用的财务报告编制基础不一致；②财务报表（包括相关附注）没有按照公允列报的方式反映交易和事项。

（2）对所选择的会计政策的运用。

在对所选择的会计政策的运用方面，当出现下列情形时，财务报表可能存在重大错报：①管理层没有按照适用的财务报告编制基础的要求一贯运用所选择的会计政策，包括管理层未在不同会计期间或对相似的交易和事项一贯运用所选择

的会计政策（运用的一致性）；②不当运用所选择的会计政策（如运用中的无意错误）。

（3）财务报表披露的恰当性或充分性。

在财务报表披露的恰当性或充分性方面，当出现下列情形时，财务报表可能存在重大错报：①财务报表没有包括适用的财务报告编制基础要求的所有披露；②财务报表的披露没有按照适用的财务报告编制基础列报；③财务报表没有做出必要的披露以实现公允反映。

2. 无法获取充分、适当的审计证据，不能得出财务报表整体不存在重大错报的结论

如果注册会计师能够通过实施替代程序获取充分、适当的审计证据，则无法实施特定的程序并不构成对审计范围的限制。下列情形可能导致注册会计师无法获取充分、适当的审计证据（也称为审计范围受到限制）：

（1）超出被审计单位控制的情形。

超出被审计单位控制的情形，例如：①被审计单位的会计记录已被毁坏；②重要组成部分的会计记录已被政府有关机构无限期地查封。

（2）与注册会计师工作的性质或时间安排相关的情形。

与注册会计师工作的性质或时间安排相关的情形，例如：①被审计单位需要使用权益法对联营企业进行核算，注册会计师无法获取有关联营企业财务信息的充分、适当的审计证据以评价是否恰当运用了权益法；②注册会计师接受审计委托的时间安排，使注册会计师无法实施存货监盘；③注册会计师确定仅实施实质性程序是不充分的，但被审计单位的控制是无效的。

（3）管理层施加限制的情形。

管理层对审计范围施加的限制致使注册会计师无法获取充分、适当的审计证据的情形，例如：①管理层阻止注册会计师实施存货监盘；②管理层阻止注册会计师对特定账户余额实施函证。

管理层施加的限制可能对审计产生其他影响，如注册会计师对舞弊风险的评估和对业务保持的考虑。

（二）确定非无保留意见的类型

注册会计师确定恰当的非无保留意见类型，取决于下列事项：（1）导致非无保留意见的事项的性质，是财务报表存在重大错报，还是在无法获取充分、适当的审计证据的情况下，财务报表可能存在重大错报；（2）注册会计师就导致非无保留意见的事项对财务报表产生或可能产生影响的广泛性作出的判断。

广泛性是描述错报影响的术语，用以说明错报对财务报表的影响，或者由于

无法获取充分、适当的审计证据而未发现的错报（如存在）对财务报表可能产生的影响。根据注册会计师的判断，对财务报表的影响具有广泛性的情形包括：(1) 不限于对财务报表的特定要素、账户或项目产生影响；(2) 虽然仅对财务报表的特定要素、账户或项目产生影响，但这些要素、账户或项目是或可能是财务报表的主要组成部分；(3) 当与披露相关时，产生的影响对财务报表使用者理解财务报表至关重要。

表 14-1 列示了注册会计师对导致发表非无保留意见的事项的性质和这些事项对财务报表产生或可能产生影响的广泛性作出的判断，以及注册会计师的判断对审计意见类型的影响。

表 14-1　　　　审计意见决策表

导致发表非无保留意见的事项的性质	这些事项对财务报表产生或可能产生影响的广泛性	
	重大但不具有广泛性	重大且具有广泛性
财务报表存在重大错报	保留意见	否定意见
无法获取充分、适当的审计证据	保留意见	无法表示意见

（三）发表保留意见

1. 保留意见的审计报告出具的条件

当存在下列情形之一时，注册会计师应当发表保留意见：

(1) 在获取充分、适当的审计证据后，注册会计师认为错报单独或汇总起来对财务报表影响重大，但不具有广泛性。

注册会计师在获取充分、适当的审计证据后，只有当认为财务报表就整体而言是公允的，但还存在对财务报表产生重大影响的错报时，才能发表保留意见。如果注册会计师认为错报对财务报表产生的影响极为严重且具有广泛性，则应发表否定意见。因此，保留意见被视为注册会计师在不能发表无保留意见情况下最不严厉的审计意见。

(2) 注册会计师无法获取充分、适当的审计证据以作为形成审计意见的基础，但认为未发现的错报（如存在）对财务报表可能产生的影响重大，但不具有广泛性。

注册会计师因审计范围受到限制而发表保留意见还是无法表示意见，取决于无法获取的审计证据对形成审计意见的重要性。注册会计师在判断重要性时，应当考虑有关事项潜在影响，只有当未发现的错报（如存在）对财务报表可能产生的影响重大但不具有广泛性时，才能发表保留意见。

2. 保留意见的审计报告措辞

当由于财务报表存在重大错报而发表保留意见时，注册会计师应当根据适用的财务报告编制基础在审计意见段中说明：注册会计师认为，除了导致保留意见的事项段所述事项产生的影响外，财务报表在所有重大方面按照适用的财务报告编制基础编制，并实现公允反映。

当无法获取充分、适当的审计证据而导致发表保留意见时，注册会计师应当在审计意见段中使用“除……可能产生的影响外”等措辞。

当注册会计师发表保留意见时，在审计意见段中使用“由于上述解释”或“受……影响”等措辞是不恰当的，因为这些措辞不够清晰或没有足够的说服力。

由于财务报表存在重大错报而出具保留意见的审计报告参考格式如下：

审计报告

ABC 股份有限公司全体股东：

我们审计了后附的 ABC 股份有限公司（以下简称 ABC 公司）财务报表，包括 20×1 年 12 月 31 日的资产负债表，20×1 年度的利润表、现金流量表和股东权益变动表以及财务报表附注。

一、管理层对财务报表的责任

编制和公允列报财务报表是 ABC 公司管理层的责任，这种责任包括：(1) 按照企业会计准则的规定编制财务报表，并使其实现公允反映；(2) 设计、执行和维护必要的内部控制，以使财务报表不存在由于舞弊或错误而导致的重大错报。

二、注册会计师的责任

我们的责任是在执行审计工作的基础上对财务报表发表审计意见。我们按照中国注册会计师审计准则的规定执行了审计工作。中国注册会计师审计准则要求我们遵守中国注册会计师职业道德守则，计划和执行审计工作以对财务报表是否不存在重大错报获取合理保证。

审计工作涉及实施审计程序，以获取有关财务报表金额和披露的审计证据。选择的审计程序取决于注册会计师的判断，包括对由于舞弊或错误导致的财务报表重大错报风险的评估。在进行风险评估时，注册会计师考虑与财务报表编制和公允列报相关的内部控制，以设计恰当的审计程序，但目的并非对内部控制的有效性发表意见。审计工作还包括评价管理层选用会计政策的恰当性和做出会计估计的合理性，以及评价财务报表的总体列报。

我们相信，我们获取的审计证据是充分、适当的，为发表审计意见提供了基础。

三、导致保留意见的事项

ABC 公司 20×1 年 12 月 31 日资产负债表中存货的列示金额为×元。管理层根据成本对存货进行计量，而没有根据成本与可变现净值孰低的原则进行计量，这不符合企业会计准则的规定。ABC公司的会计记录显示，如果管理层以成本与可变现净值孰低来计量存货，存货列示金额将减少×元。相应地，资产减值损失将增加×元，所得税、净利润和股东权益将分别减少×元、×元和×元。

四、保留意见

我们认为，除“三、导致保留意见的事项”段所述事项产生的影响外，ABC公司财务报表在所有重大方面按照企业会计准则的规定编制，公允反映了ABC公司20×1年12月31日的财务状况以及20×1年度的经营成果和现金流量。

××会计师事务所　　　　　　　　　　中国注册会计师：×××
（盖章）　　　　　　　　　　　　　　（签名并盖章）
　　　　　　　　　　　　　　　　　　中国注册会计师：×××
　　　　　　　　　　　　　　　　　　（签名并盖章）
中国××市　　　　　　　　　　　　　二〇×二年×月×日

（四）发表否定意见

1. 否定意见的审计报告出具的条件

在获取充分、适当的审计证据后，如果认为错报单独或汇总起来对财务报表的影响重大且具有广泛性，注册会计师应当发表否定意见。

2. 否定意见的审计报告措辞

当发表否定意见时，注册会计师应当根据适用的财务报告编制基础在审计意见段中说明：注册会计师认为，由于导致否定意见的事项段所述事项的重要性，财务报表没有在所有重大方面按照适用的财务报告编制基础编制，未能实现公允反映。

由于财务报表存在重大错报而出具否定意见的审计报告参考格式如下：

审计报告

ABC股份有限公司全体股东：

我们审计了后附的ABC股份有限公司（以下简称ABC公司）合并财务报表，包括20×1年12月31日的合并资产负债表，20×1年度的合并利润表、合并现金流量表和合并股东权益变动表以及财务报表附注。

一、管理层对财务报表的责任

编制和公允列报合并财务报表是ABC公司管理层的责任，这种责任包括：(1) 按照企业会计准则的规定编制合并财务报表，并使其实现公允反映；(2) 设计、执行和维护必要的内部控制，以使合并财务报表不存在由于舞弊或错误而导致的重大错报。

二、注册会计师的责任

我们的责任是在执行审计工作的基础上对合并财务报表发表审计意见。我们按照中国注册会计师审计准则的规定执行了审计工作。中国注册会计师审计准则要求我们遵守中国注册会计师职业道德守则，计划和执行审计工作以对财务报表是否不存在重大错报获取合理保证。

审计工作涉及实施审计程序，以获取有关合并财务报表金额和披露的审计证据。选择的审计程序取决于注册会计师的判断，包括对由于舞弊或错误导致的合并财务报表重大错报风险的评估。在进行风险评估时，注册会计师考虑与合并财务报表编制和公允列报相关的内部控制，以设计恰当的审计程序，但目的并非对内部控制的有效性发表意见。审计工作还包括评价管理层选用会计政策的恰当性和做出会计估计的合理性，以及评价合并财务报表的总体列报。

我们相信，我们获取的审计证据是充分、适当的，为发表审计意见提供了基础。

三、导致否定意见的事项

如财务报表附注×所述，20×1 年 ABC 公司通过非同一控制下的企业合并获得对 XYZ 公司的控制权，因未能取得购买日 XYZ 公司某些重要资产和负债的公允价值，故未将 XYZ 公司纳入合并财务报表的范围，而是按成本法核算对 XYZ 公司的股权投资。ABC 公司的这项会计处理不符合企业会计准则的规定。如果将 XYZ 公司纳入合并财务报表的范围，ABC 公司合并财务报表的多个报表项目将受到重大影响。但我们无法确定未将 XYZ 公司纳入合并范围对财务报表产生的影响。

四、否定意见

我们认为，由于“三、导致否定意见的事项”段所述事项的重要性，ABC 公司的合并财务报表没有在所有重大方面按照企业会计准则的规定编制，未能公允反映 ABC 公司及其子公司 20×1 年 12 月 31 日的财务状况以及 20×1 年度的经营成果和现金流量。

××会计师事务所　　　　　　　　　　　　中国注册会计师：×××

（盖章）　　　　　　　　　　　　　　　　（签名并盖章）

　　　　　　　　　　　　　　　　　　　　中国注册会计师：×××

　　　　　　　　　　　　　　　　　　　　（签名并盖章）

中国××市　　　　　　　　　　　　　　　二〇×二年×月×日

（五）发表无法表示意见

1. 无法表示意见的审计报告出具的条件

无法获取充分、适当的审计证据以作为形成审计意见的基础，但认为未发现的错报（如存在）对财务报表可能产生的影响重大且具有广泛性，注册会计师应当发表无法表示意见。

2. 无法表示意见的审计报告措辞

当由于无法获取充分、适当的审计证据而发表无法表示意见时，注册会计师应当在审计意见段中说明：由于导致无法表示意见的事项段所述事项的重要性，注册会计师无法获取充分、适当的审计证据以为发表审计意见提供基础，因此，注册会计师不对这些财务报表发表审计意见。

由于注册会计师无法针对财务报表多个要素获取充分、适当的审计证据而出具无法表示意见的审计报告参考格式如下：

审计报告

ABC 股份有限公司全体股东：

我们接受委托，审计后附的 ABC 股份有限公司（以下简称 ABC 公司）财务报表，包括 20×1 年 12 月 31 日的资产负债表，20×1 年度的利润表、现金流量表和股东权益变动表以及财务报表附注。

1. 管理层对财务报表的责任

编制和公允列报财务报表是 ABC 公司管理层的责任，这种责任包括：(1) 按照企业会计准则的规定编制财务报表，并使其实现公允反映；(2) 设计、执行和维护必要的内部控制，以使财务报表不存在由于舞弊或错误导致的重大错报。

二、注册会计师的责任

我们的责任是在按照中国注册会计师审计准则的规定执行审计工作的基础上对财务报表发表审计意见。但由于“三、导致无法表示意见的事项”段中所述的事项，我们无法获取充分、适当的审计证据以为发表审计意见提供基础。

三、导致无法表示意见的事项

我们于 20×2 年 1 月接受 ABC 公司的审计委托，因而未能对 ABC 公司 20×1年初金额为×元的存货和年末金额为×元的存货实施监盘程序。此外，我们也无法实施替代审计程序获取充分、适当的审计证据。并且，ABC 公司于 20×1年 9 月采用新的应收账款电算化系统，由于存在系统缺陷导致应收账款出现大量错误。截至审计报告日，管理层仍在纠正系统缺陷并更正错误，我们也无法实施替代审计程序，以对截至 20×1 年 12 月 31 日的应收账款总额×元获取充分、适当的审计证据。因此，我们无法确定是否有必要对存货、应收账款以及财务报表其他项目作出调整，也无法确定应调整的金额。

四、无法表示意见

由于“三、导致无法表示意见的事项”段所述事项的重要性，我们无法获取充分、适当的审计证据以为发表审计意见提供基础，因此，我们不对 ABC 公司财务报表发表审计意见。

××会计师事务所　　　　　　　　　　　　中国注册会计师：×××

（盖章）　　　　　　　　　　　　　　　　（签名并盖章）

　　　　　　　　　　　　　　　　　　　　中国注册会计师：×××

　　　　　　　　　　　　　　　　　　　　（签名并盖章）

中国××市　　　　　　　　　　　　　　　　二〇×二年×月×日

二、审计报告的强调事项段

（一）强调事项段的含义

强调事项段，是指审计报告中含有的一个段落，该段落提及已在财务报表中恰当列报或披露的事项，根据注册会计师的职业判断，该事项对财务报表使用者理解财务报表至关重要。

（二）增加强调事项段的情形

如果认为有必要提醒财务报表使用者关注已在财务报表中列报或披露，且根据职业判断认为对财务报表使用者理解财务报表至关重要的事项，注册会计师在已获取充分、适当的审计证据证明该事项在财务报表中不存在重大错报的条件下，应当在审计报告中增加强调事项段。强调事项段应当仅提及已在财务报表中列报或披露的信息。

注册会计师可能认为需要增加强调事项段的情形举例如下：

（1）异常诉讼或监管行动的未来结果存在不确定性；

（2）提前应用（在允许的情况下）对财务报表有广泛影响的新会计准则；

（3）存在已经或持续对被审计单位财务状况产生重大影响的特大灾难。

（三）在审计报告中增加强调事项段时注册会计师应当采取的措施

（1）将强调事项段紧接在审计意见段之后；

（2）使用“强调事项”或其他适当标题；

（3）明确提及被强调事项以及相关披露的位置，以便能够在财务报表中找到对该事项的详细描述；

（4）指出审计意见没有因该强调事项而改变。

带强调事项段的保留意见审计报告参考格式如下：

审计报告

ABC 股份有限公司全体股东：

我们审计了后附的 ABC 股份有限公司（以下简称 ABC 公司）财务报表，包括 20×1 年 12 月 31 日的资产负债表，20×1 年度的利润表、现金流量表和股东权益变动表以及财务报表附注。

一、管理层对财务报表的责任

编制和公允列报财务报表是 ABC 公司管理层的责任，这种责任包括：(1) 按照企业会计准则的规定编制财务报表，并使其实现公允反映；(2) 设计、执行和维护必要的内部控制，以使财务报表不存在由于舞弊或错误而导致的重大错报。

二、注册会计师的责任

我们的责任是在执行审计工作的基础上对财务报表发表审计意见。我们按照中国注册会计师审计准则的规定执行了审计工作。中国注册会计师审计准则要求我们遵守中国注册会计师职业道德守则，计划和执行审计工作以对财务报表是否不存在重大错报获取合理保证。

审计工作涉及实施审计程序，以获取有关财务报表金额和披露的审计证据。选择的审计程序取决于注册会计师的判断，包括对由于舞弊或错误导致的财务报表重大错报风险的评估。在进行风险评估时，注册会计师考虑与财务报表编制和公允列报相关的内部控制，以设计恰当的审计程序，但目的并非对内部控制的有效性发表意见。审计工作还包括评价管理层选用会计政策的恰当性和做出会计估计的合理性，以及评价财务报表的总体列报。

我们相信，我们获取的审计证据是充分、适当的，为发表审计意见提供了基础。

三、导致保留意见的事项

ABC 公司于 20×1 年 12 月 31 日资产负债表中反映的交易性金融资产为×元，ABC 公司管理层对这些交易性金融资产未按照公允价值进行后续计量，而是按照其历史成本进行计量，这不符合企业会计准则的规定。如果按照公允价值进行后续计量，ABC 公司 20×1 年度利润表中公允价值变动损失将增加×元，20×1 年 12 月 31 日资产负债表中交易性金融资产将减少×元，相应地，资产减值损失将增加×元，所得税、净利润和股东权益将分别减少×元、×元和×元。

四、保留意见

我们认为，除“三、导致保留意见的事项”段所述事项产生的影响外，ABC 公司财务报表在所有重大方面按照企业会计准则的规定编制，公允反映了 ABC

公司20×1年12月31日的财务状况以及20×1年度的经营成果和现金流量。

五、强调事项

我们提醒财务报表使用者关注，如财务报表附注×所述，截至财务报表批准日，XYZ公司对ABC公司提出的诉讼尚在审理当中，其结果具有不确定性。本段内容不影响已发表的审计意见。

××会计师事务所　　　　　　　　　　中国注册会计师：×××
（盖章）　　　　　　　　　　　　　　（签名并盖章）
　　　　　　　　　　　　　　　　　　中国注册会计师：×××
　　　　　　　　　　　　　　　　　　（签名并盖章）
中国××市　　　　　　　　　　　　　二〇×二年×月×日

练习题

一、单项选择题

1. 注册会计师对ABC股份有限公司的年度财务报表进行审计后出具的审计报告的收件人应为（　　）。

A. ABC股份有限公司　　B. ABC股份有限公司管理层

C. ABC股份有限公司全体股东　　D. ABC股份有限公司董事会

2. 如果注册会计师无法就关联方和关联方交易获取充分、适当的审计证据，应视同审计范围受到限制，并根据其对财务报表的影响程度，出具（　　）。

A. 无保留意见或否定意见　　B. 否定意见或无法表示意见

C. 保留意见或否定意见　　D. 保留意见或无法表示意见

3. 以下关于审计报告的叙述中，正确的是（　　）。

A. 审计报告应该由两位注册会计师签名盖章，但其中一名必须是主任会计师

B. 注册会计师如果出具非无保留意见的审计报告，应在意见段之前增加导致非无保留意见的事项段

C. 审计报告的日期是指编写完审计报告的日期

D. 审计报告的收件人是指被审计单位

4. 审计意见形成的基础是（　　）。

A. 审计证据　　B. 审计程序

C. 审计准则　　D. 审计人员

5. 以下与审计报告及审计意见相关的说法中，正确的是（　　）。

A. 各种非无保留意见审计报告的意见段是相同的

B. 因审计范围受限与因存在错报而出具的保留意见的说明段是相同的

C. 审计意见的类型不会因增加强调事项段而改变

D. 因审计范围受限出具的保留意见与无法表示意见的引言段是相同的审计意见段

6. 在获取充分、适当的审计证据后，如果认为错报单独或汇总起来对财务报表的影响（　），注册会计师应当发表否定意见。

A. 重大　　B. 具有广泛性

C. 重大且具有广泛性　　D. 重大但不具有广泛性

二、多项选择题

1. 下列文字摘自某注册会计师所签发的审计报告，不恰当的是（　）。

A. 我们的审计是按照中国注册会计师法进行的

B. 我们接受委托对贵公司 20×3 年度资产负债表、利润表及现金流量表进行了审计

C. 经过审查，我们认为贵公司财务报表正确地反映了贵公司财务状况和经营成果

D. 我们的责任是在实施审计工作的基础上对财务报表发表审计意见

2. 标准审计报告，是指同时满足下列（　）特征的审计报告。

A. 不含强调事项段　　B. 意见类型为无保留意见

C. 不含其他事项段　　D. 意见类型为非无保留意见

3. 下列属于审计报告引言段要说明的内容有（　）。

A. 指出构成整套财务报表的每张财务报表的名称

B. 提及财务报表附注

C. 提及财务报表附注的内容，因为财务报表附注也是财务报表的组成部分

D. 指明财务报表的日期和涵盖的期间

4. 以下关于审计报告的叙述中，不正确的是（　）。

A. 审计报告应该由两位注册会计师签名盖章，但其中一名必须是主任会计师

B. 注册会计师如果出具非无保留意见的审计报告，应在意见段之前增加说明段

C. 审计报告的日期是指编写完审计报告的日期

D. 审计报告的收件人是指被审计单位

5. 下列情况中，注册会计师应在审计报告的意见段之后增加强调事项段的有（　）。

A. 财务报表日后被审计单位发生火灾，损失重大，已在财务报表中进行了

适当的披露

B. 可能无法偿还将要到期的重大债务，已有相应的措施，且已在财务报表中进行了适当的披露

C. 可能无法偿还将要到期的重大债务，已有相应的措施，但未在财务报表中进行适当的披露

D. 涉及其他注册会计师的工作，但无法复核

三、判断题

1. 当审计的范围和程序受到限制时，注册会计师应出具无法表示意见的审计报告。（　　）

2. 当发生重大不确定事项时，如果被审计单位已在财务报表附注中作了充分的披露，注册会计师应当出具保留意见的审计报告。（　　）

3. 对一个制造企业进行审计，存货在整个资产中占比重较大，而被审计单位拒绝监盘，无法证实这部分存货是否真实存在，对企业财务状况和经营成果的影响巨大，应发表无法表示意见的审计报告。（　　）

4. 注册会计师出具无法表示意见的审计报告是因为注册会计师不愿对被审计单位财务报表的公允性和合法性表示意见。（　　）

四、实训题

资料一：中大公司未经审计的20×3年度财务报表部分项目的年末余额或本年发生额如下：

项目	金额（万元）
资产总额	21 000
股本	7 500
资本公积——股本溢价	4 000
法定盈余公积	1 000
未分配利润	900
营业收入	18 000
利润总额	300
净利润	200

资料二：在对中大公司的审计过程中，A和B注册会计师注意到以下事项：

(1) A和B注册会计师在审计中大公司20×3年度财务报表时，通过实施销售截止测试发现，中大公司20×3年1月主营业务收入明细账和主营业务成本明细账上记载的一批甲产品的销售业务，在20×2年12月已收妥款项，并符合销售收入确认条件，但在当月未作任何会计处理，而在20×3年1月作了如下会计处理：借记“银行存款”1 170万元，贷记“主营业务收入”1 000万元、“应交

税费——应交增值税（销项税额）”170万元；同时结转相应的主营业务成本，借记“主营业务成本”870万元，贷记“库存商品——甲产品”870万元。在对20×2年度财务报表审计时，A和B注册会计师建议调整中大公司20×2年度财务报表。中大公司调整了20×2年度财务报表，但未调整20×3年度相关账户和财务报表。

(2) 20×3年12月28日，中大公司将到期日为20×4年4月5日的600万元商业承兑汇票贴现，贴现利息为18万元，贴现银行保留对中大公司的追索权。中大公司作了如下会计处理：借记“银行存款”582万元、“财务费用”18万元，贷记“应收票据”600万元。

(3) 为建造厂房和生产线，中大公司于20×3年6月1日分别向F银行借入年利率为5%的专项长期借款900万元，向H银行借入年利率为6%的专项长期借款600万元。该工程预计建造期为1年6个月，采用出包方式，按照工程进度于每月月初支付当月工程进度款。20×3年6月至12月，每月月初实际支付的工程进度款分别为800万元、250万元、50万元、50万元、100万元、20万元和100万元。尚未动用的借款资金存入银行，取得的利息收入为3.6万元。中大公司20×3年12月31日未经审计的该项在建工程余额为1 413.65万元，其中包括利息费用43.65万元。

(4) 中大公司会计政策规定，对应收账款采用账龄分析法计提坏账准备。根据债务单位的财务状况、现金流量等情况，确定坏账准备计提比例分别为：账龄1年以内的（含1年，以下类推），按其余额的10%计提；账龄1～2年的，按其余额的30%计提；账龄2～3年的，按其余额的50%计提；账龄3年以上的，按其余额的80%计提。中大公司20×3年12月31日未经审计的应收账款账面余额为5 192.9万元，相应的坏账准备余额为636.49万元。应收账款账面余额明细情况如下：（单位：万元）

账龄客户名称	1年以内	1～2年	2～3年	3年以上
应收账款——a公司	3 515	50	93.2	
应收账款——b公司	200	1 510	5.4	
应收账款——c公司	60		2.5	
应收账款——d公司	950	−1 200		
应收账款——e公司				6.8
小计	4 725	360	101.1	6.8

(5) 中大公司根据企业会计准则的规定，按照“成本与可变现净值孰低”对期末存货进行计价。20×3年11月末，中大公司持有的500公斤乙产品的账面成本总额为900万元，由于市场价格下跌，预计可变现净值为800万元，由此计提

了存货跌价准备100万元。20×3年12月，乙产品的数量未发生增减变动，但中大公司与Z公司于20×3年12月5日签订了购销合同，约定于20×4年1月以每公斤1.24万元的价格（不含增值税，下同）向Z公司销售乙产品400公斤。20×3年12月31日，由于市场价格上升，乙产品的单位可变现净值为每公斤1.85万元。对此，中大公司未作任何会计处理，仍保留100万元的存货跌价准备。

要求：

(1) 在资料一的基础上，如果不考虑审计重要性水平，针对资料二中事项(1)至事项(5)，请分别回答A和B注册会计师是否需要提出审计处理建议？若需提出审计调整建议，请直接列示审计调整分录（审计调整分录均不考虑对中大公司20×3年度的企业所得税、期末结转损益及利润分配的影响，下同）。

(2) 在资料一的基础上，如果考虑审计重要性水平（假定重要性水平是120万元），假定中大公司分别只存在资料二的5个事项中的1个事项，中大公司拒绝接受A和B注册会计师针对事项(1)至事项(5)提出的审计处理建议（如果有）。在不考虑其他条件的前提下，请指出A和B注册会计师应当针对该5个独立存在的事项分别出具何种意见类型的审计报告。

(3) 在资料一的基础上，如果考虑审计重要性水平（假定重要性水平是120万元），假定中大公司存在资料二中的事项(5)，并且拒绝接受A和B注册会计师对事项(5)提出的审计处理建议（如果有）。在不考虑其他条件的前提下，请指出A和B注册会计师应当出具何种意见类型的审计报告，并请代为续编以下审计报告。

审计报告

X股份有限公司全体股东：

我们审计了后附的X股份有限公司（以下简称中大公司）财务报表，包括20×3年12月31日的资产负债表，20×3年度的利润表、股东权益变动表和现金流量表以及财务报表附注。

一、管理层对财务报表的责任

编制和公允列报财务报表是中大公司管理层的责任。这种责任包括：(1) 按照企业会计准则的规定编制财务报表，并使其实现公允反映；(2) 设计、执行和维护必要的内部控制以使财务报表不存在由于舞弊或错误导致的重大错报。

二、注册会计师的责任

我们的责任是在执行审计工作的基础上对财务报表发表审计意见。我们按照中国注册会计师审计准则的规定执行了审计工作。中国注册会计师审计准则要求我们遵守中国注册会计师职业道德守则，计划和实施审计工作以对财务报表是否不存在重大错报获取合理保证。

审计工作涉及实施审计程序，以获取有关财务报表金额和披露的审计证据。选择的审计程序取决于注册会计师的判断，包括对由于舞弊或错误导致的财务报表重大错报风险的评估。在进行风险评估时，我们考虑与财务报表编制和公允列报相关的内容控制，以设计恰当的审计程序，但目的并非对内部控制的有效性发表意见。审计工作还包括评价管理层选用会计政策的恰当性和做出会计估计的合理性，以及评价财务报表的总体列报。

我们相信，我们获取的审计证据是充分、适当的，为发表审计意见提供了基础。

……

五、小组讨论题

请访问中国注册会计师协会网站（http://www.cicpa.org.cn），点击“行业监管”，进入“年报审计快报”专栏，查阅上市公司年度审计报告，分析审计报告的类型，以及出具非标准审计报告的具体情形。